KB266794

소셜 셀프

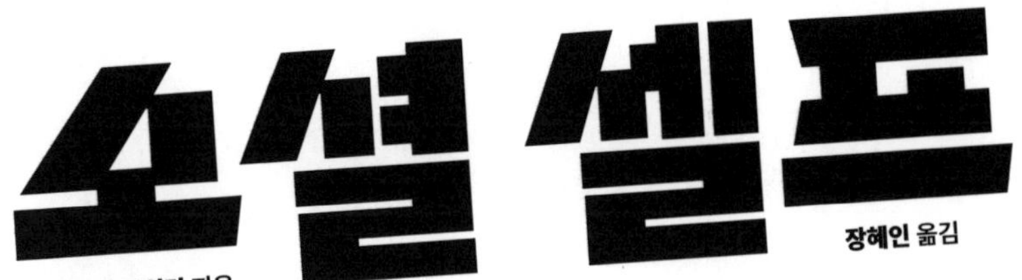

소셜 셀프

브라이언 로워리 지음 · 장혜인 옮김

관계 속에서 만들어지는 자유와 자아

우리는 어떻게 서로를 변화시키는가

Social Self

상상스퀘어

일러두기

1. 단행본은 《》, 신문·잡지·시·영화·그림·노래·글 등은 〈〉로 표기했다.
2. 본문에 언급한 단행본이 국내에 출간된 경우에는 국역본 제목으로 표기했고, 출간되지 않은 경우 원서에 가깝게 번역하고 원제를 처음에만 병기했다.
3. 독자의 이해를 돕기 위한 옮긴이 주는 '옮긴이'로 표기했다.
4. 이 책에 나오는 외래어는 국립국어원 외래어표기법을 따랐으나, 외래어표기법과 다르게 굳어진 일부 용어의 경우에는 예외를 두었다.

신시아에게 바칩니다.

들어가며

당신은 나의 거울이다

내 생각을 독자에게 제대로 전달할 말을 찾아 고심하는 지금, 초조하면서도 한편으로는 편안하다. 이것이 바로 나, 내 자아가 느끼는 감정임을 확신하기 때문이다. 이 글을 읽는 당신은 나름대로 느낄 것이다. 나는 나라는 존재 자체로 온전하다고 느끼며 세상을 살아가고, 적당해 보이는 사람과 교류하거나 그러지 않는다. 당신도 마찬가지일 것이다. 당신은 자신이 '당신'이라는 사실을 알고 있다. 당신이 겪은 모든 경험과 욕구, 필요, 행동과 그 부재는 하나의 원천에서 비롯된 일관된 전체를 이룬다. 그것이 바로 당신 자신이다.

하루를 보내는 동안 내 자아만큼 나와 가깝고 온전히 나 자신처럼 느껴지는 것은 없다. 자아는 항상 내가 생각하고 느끼고 행동을 지시하는 어딘가에 존재한다. 그곳에서는 마치 작은 '내'가 상황을 통제하고 있는 듯하다. 그러나 자아가 내 안에 있는 누군가라는 생각을 조금만 자세히 살펴봐도 이런 생각에 균열이 일어나기 시작한다.

나는 지난 25년간 사회심리학을 연구하면서 세상을 바라보는 우리 경험이 연구 결과와 늘 일치하지는 않는다고 말할 수 있게 되었다. 복권에 당첨되어 경제 문제가 전부 해결되었다고 상상해보자. 별안간 필요하거나 원하는 무엇이든 살 수 있게 되었다. 멋지지 않은가? 그러나 연구자들은 그런 상황이 생각만큼 멋지지는 않다고 주장한다. 사실 우리는 새로운 상황에서 스스로가 어떻게 느낄지 그다지 잘 예상하지 못한다. 우리는 극단적으로 생각하는 경향이 있다. 나쁜 일은 실제보다 더 나쁘리라 여기고 좋은 일은 실제보다 더 좋으리라 기대한다. 나름의 이론이나 생각을 통해 세상 속 자아를 바라보는데, 이런 관점이 정확할 때도 있지만 그렇지 않을 때도 있다. 자아가 실제로 어떻게 작동하는지 직접 알 수는 없다.[1,2,3,4]

이렇게 생각해보자. 우리는 내면에서 일어나거나 외부 세계와 만날 때 발생하는 아주 복잡한 상호작용을 완전히 이해하지는 못한다. 그래도 스스로가 납득할 만한 방식으로 세상과 관계 맺는다. 말하자면 컴퓨터 모니터 속 작은 아이콘이나 사용자 인터페이스와 비슷하다. 어떤 항목을 끌어다 '휴지통'에 넣는다고 해서 그 작은 아이콘이 실제로 휴지통에 버려지지는 않는다. 무언가를 강조 표시하거나 휴지통으로 끌어다 넣는 행위는 훨씬 더 복잡한 여러 과정을 나타낼 뿐이다. 우리는 이와 상당히 비슷한 방식으로 사회와 관계 맺는다.[5]

따라서 '나는 남편을/아내를 사랑해'라고 생각할 때, 그 생각은 복잡한 생물학적 과정에서 나온 신체적 신호인 감정을 문화적 맥락과 개인의 경험 속에서 형성된 관계 방식에 따라 해석한 것이다. 우리는 우리 문화에서 지금껏 살아오면서 사랑이 무슨 의미이고 어떤 모습인지 배웠다. 각자의 경험을 바탕으로 무엇보다 감정을 조심스럽게 다루거나 자유롭게 표현해야 한다는 사실을 안다. 이러한 깨달음은 상대방과 나눈 경험을 기꺼이 사랑이라 이름 붙일 수 있을지 여부에 영향을 미친다. 이런 문화나 개인의 영향에는 이름 붙일 수 있는 부분도 있지만 이해할 수 없거나 심지어 접근할 수 없는 부분도 있다. 크고 작은 과거의 여러 경험 가운데 무엇이 상대방을 사랑하는 데 필요했는지 알 수 있는 사람이 있을까? 다른 시간, 다른 장소에서도 같은 사람을 사랑했을지 누가 알겠는가? 그런 것을 모른다 해도 지금 느끼는 사랑의 현실성과 중요성이 약해지지는 않는다. 과거의 영향은 그저 우리가 이 사회와 얼마나 깊이 얽혀 있는지, 그런 관계가 자신에게 얼마나 영향을 미치는지 보여준다.

사회의 영향은 누군가를 사랑할 때만 뚜렷해지는 것은 아니다. 사회는 옳고 그름을 판단할 때도 영향을 미친다. 아이들이 어른의 지도 없이 밖에서 저들끼리 놀도록 내버려둬도 될까? 결혼 적령기는 언제일까? 특정 상황이라면 다른 사람을 죽여도 되는 것일까? 이런 질문에 대한 대답은 시대와 문화, 공동체에 따라 계속 변화해왔다.

자아에 대한 착각 그리고 타인의 영향

시중에 출간된 인기 있는 자기계발서를 읽다 보면, 자아를 다듬어주는 주변 환경에 기대어서는 안 된다는 인상을 받게 된다. 이런 책 대부분은 당당하고 거리낌 없는, 진정한 자아가 될 수 있도록 돕는다고 강조한다. 진정한 자아가 되려는 목표에 맞서라고 하기보다 오히려 그런 목표가 충분히 가능하다고 주장한다. 그러나 사람들은 사회에 참여하기를 원하고 그래야 한다고 느낀다. 외부에서 오는 영향과 제약에서 완전히 벗어날 수 없다는 뜻이다.

자신을 어떤 사람이라고 여기고 싶은지는 대체로 현실과 다르다. 많은 이가 자신을 실제보다 더 똑똑하고 더 잘생기고 더 착하다고 생각한다. 자선 단체에 돈을 기부하는 등 선행을 베풀 때는 자신이 좋은 사람이기 때문이라고 생각한다. 나쁜 짓을 하거나 도움이 필요한 사람을 무시할 때는 어쩔 수 없었다고 변명한다.[6] 자기 심리도 실제보다 더 잘 알고 있다고 생각한다. 그러나 세상에 대해 지닌 믿음은 때로 다른 사람의 믿음에 반응해 자신도 모르게 바뀌기도 한다. 다시 말해 스스로 작동하는 방식을 계속 방해하는 셈이다. 그러나 이 책은 우리가 어떻게 일을 그르치고 혼란을 일으키는지를 다루는 책이 아니다. 오히려 나는 자신이 누구인지, 자아를 갖는 것과 자신이 된다는 것이 무슨 의미인지에 주목하고자 한다.[7,8,9]

자아는 관계와 상호작용으로 구성되며, 제약을 받는 동시에 자유롭다는 느낌을 추구한다. 인간이 된다는 것은 이러한 긴장 속에서 일관된 존재로 있고 싶어 하고, 언제 어떤 상황에서든 그러한 자아로 행동하려는 욕망으로 상당 부분 정의된다. 자아에 대한 경험은 어디에서 올까? 왜 자유롭다는 느낌이 필요하며, 자아와 자유 사이의 긴장은 왜 존재할까? 그리고 이런 문제들이 왜 중요할까?

자아 경험은 분명 어딘가에서 비롯되었다. 우리가 내린 결정에 대한 해석, 즉 자신이 누구인지 스스로 말하는 이야기는 분명 기원이 있다. 인간은 이런 부분에 대해 다양하게 고찰해왔다. 지크문트 프로이트Sigmund Freud는 자아가 성적 발달과 밀접하게 연관되어 있다는 이론을 제창했다. 1900년대 초 미국 사회학자 찰스 쿨리Charles Cooley는 자아란 부분적으로는 타인이 자신을 어떻게 본다고 생각하는지에 따라 구성된다고 주장하며 '거울 자아the looking glass self'라는 용어를 만들었다.10 1930년대 사회학자 조지 미드George Mead는 자아가 사회적 상호작용을 거치며 발달한다고 주장했다. 타인의 눈을 통해 자신을 보지 못한다면, 미드는 우리에게 자아가 없는 것이라고 말할지도 모른다.11 물론 자아란 과학적인 개념만은 아니다. 일부 문화적 관점에서는 자아가 선천적인 것이라고 주장했다. 즉, 사람은 특정한 모습으로 태어나 변하지 않는다는 것이다. 또 다른 관점에서는 자아가 위로부터 주어졌다고 본다. 곧 신이 인간을 창조했다는 믿음이다. 가령 칼뱅주의자들은 인간이 영생을 얻거나 지옥에 떨어지도록 예정된 채 태어난다고 믿었다.

당신은 나를 볼 때 무엇을 보는가? 남성? 흑인? 교수? 후드티를 입은 사람? 나는 당신에게 위협인가, 아니면 새로운 친구인가?

우리가 만나고 교류할 때 사실 당신은 있는 그대로의 나만을 바라보지는 않는다. 그동안 사람들과 관계 맺으며 나 같은 사람에 대해 습득한 면모들을 보는 것이다. 미국 출신이라면 '흑인의 생명도 소중하다Black Lives Matter' 운동 같은 오늘날 사회적 관심사의 렌즈를 거쳐 인종 문제의 역사를 바라본다. 최근 달라진 젠더 기대치를 통해 서로를 바라볼 수도 있고, 심지어 자신을 지칭하는 인칭대명사를 먼저 밝힐 수도 있다. 나를 교수로 보고, 교수라면 어떤 정치적 견해를 지녔으리라 믿고 이를 바탕으로 관계를 정립할 수도 있다. 나와 있을 때 편안한가, 아니면 내가 당신을 판단할까 봐 걱정하는가? 우리가 동료라고 생각하는가, 아니면 내 지위가 당신보다 더 높거나 더 낮다고 생각하는가? 중요한 문제를 두고 우리의 견해가 일치한다고 생각하는가? 우리가 친구가 될 수 있다고 기대하며 대화에 참여하는가? 당신이 나에 대해 지닌 믿음은 우리가 상호작용하는 방식에 영향을 미친다. 반대로 당신의 믿음이나 행동도 내 자아의 본질에 영향을 미친다. 당신이 나를 보는 관점을 내가 받아들이든 거부하든, 당신의 관점은 나를 바꾼다. 우리는 다면적인 자아를 관계 속으로 끌어오고, 그 안에서 서로를 끊임없이 함께 창조한다.

사회적 상호작용이 형성하는 수많은 '나'

자아는 사람 내면에 선천적으로 존재하는 어떤 본질에서 비롯되지 않는다. 오히려 자아는 관계 속에서 형성된다. 배우자나 친구, 이웃이나 낯선 사람, 배달원이나 경찰 같은 타인은 모두 나와의 상호작용을 거쳐 내 자아를 어떻게 보는지 되돌려준다. 그들이 '나는 당신을 이렇게 봅니다'라고 직접 말하지는 않아도, 당신을 대하는 방식, 당신에게 말하는 방식, 미묘한 몸짓을 통해 그들의 관점을 전달한다. 어떤 상호작용에서든 사람들은 당신을 생각하는 방식에 대해 무언가를 알려준다. 상대방이 미소 짓는가? 두려워하는 것 같은가? 당신을 무례하게 대하거나 존중하는가? 우리가 맺는 상호작용은 모두 내 자아를 '볼' 기회다. 사실 사회적 상호작용만이 자아를 바라볼 유일한 방법이다.

그러나 타인이 비추는 모습은 당신이 누구이고 어떤 사람인지를 보여주는 '진짜' 모습이 아니며, 그들 자신이 누구인지를 드러내지도 않는다. 타인이 비추는 모습은 그들의 자아를 통해 걸러낸 구성물일 뿐이다. 그 순간 당신도 그들의 자아를 함께 만든다. 우리는 거울의 방에서 우리를 둘러싼 수많은 사람에게 반사되고 굴절된 자아를 본다.

이는 중요한 질문으로 이어진다. 어떤 말이나 행동이 내 자아와 가장 일치하는지 궁금하다면 이렇게 질문해야 한다. 나의 어떤 자아 말인가? 마치 반은 다정하고 반은 살인마인 한 인물이 등장하는 심리 스릴러에 나올 법한 질문 같다. 지킬 박사와 하이드 씨는 하나의 몸에 든 둘 또는 그 이상의 서로 다른 자아다. 소설보다는 덜 충격적이겠지만 비슷한 설정은 현실의 우리 모두에게도 적용된다.

우리 모두에게는 부모, 자녀, 직원, 운동선수, 연인 등 여러 자아가 있다.[12,13] 관계망 속에서 정의되는 각각의 자아에는 고유한 속성이 있다. 주어진 상황에서 내가 어떤 사람인지는 무엇이 결정하는 걸까? 누구인지를 결정하는 가장 큰 요인은 내가 어디에 있는지다. 여기서 '어디에 있는지'는 상황을 둘러싼 모든 요소다. 물리적 위치(레스토랑인지 집인지), 함께 있는 사람(친구인지 가족인지), 거주하는 나라, 하루 중 특정 시간이 될 수도 있다. 저녁 식사 뒤 가족과 술 한잔을 나눌 때의 자아와 대학 친구들과 만나는 술자리에서의 자아는 다르다. 최근 친구들과 외출했던 날을 떠올려보자. 당신이 어떻게 말하고, 어떤 말을 쓰고, 얼마나 큰 소리로 이야기했는지 생각해보자. 낯선 사람이 당신을 보고 어떻게 생각했을지 상상해보자. 이번에는 최근 직장에서 있었던 일, 이를테면 회의 같은 상황을 떠올려보자. 분명 다르게 행동했을 것이다. 적어도 그랬기를 바란다. 자아가 항상 똑같다고 여길지 모른다. 그러나 실제로 그럴까? 항상 똑같이 느껴지는가? 아마 아닐 것이다. 이 '자아들selves'은 모두 당신이지만 서로 다른 당신들yous일 가능성도 생각해보자.

그다지 놀랍지 않을지도 모르지만 뜻밖의 사실이 있다. 우리 정체성의 구성 요소가 때로 충돌한다는 점이다. 미국에서 교수라고 할 때 떠오르는 이미지는 사회에서 일반적으로 흑인을 묘사하는 내용과 일치하지 않는다. 내가 처음 교실에 들어서면, 사람들은 좀처럼 나를 교수라고 생각하지 않는다. 나는 교수라는 정체성과 흑인 남성이라는 정체성을 함께 조화시켜야 한다. 각각의 정체성을 구성하는 관계까지 관리해야 하기 때문이다. 나는 흑인 남성이라는 지위보다 명문대 교수라는 사회적 지위가 더 높다는 사실을 잘 안다. 흑인 남성으로 살아가는 사회적 비용을 상쇄하기 위해 교수라는 지위를 과시해야 할까? 저명한 사회심리학자인 클로드 스틸Claude Steele은 한 젊은 흑인 대학원생이 밤에 백인 동네를 걸어갈 때면 비발디의 음악을 흥얼거리며 걷는다고 이야기했다.14 자신은 백인들이 생각하는 '보통' 흑인이 아니라고 알리기 위해서다. 그러나 '비발디를 흥얼거리며' 걷는다면 그 순간 자신이 흑인이라는 사실을 부정하는 것일까? 흑인 공동체의 구성원이 된다는 의미를 배신하는 셈일까?

사회심리학자 마거릿 시Margaret Shih는 사람들이 서로 상충하는 정체성을 어떻게 관리하는지 파악하기 위해, 아시아계 미국인 여성과 수학의 관계에 대한 연구를 설계했다. 아시아계 미국인은 수학을 잘한다는 고정관념이 있고, 여성은 수학을 못한다는 고정관념도 있다. 시와 동료들은 이 두 고정관념이 미치는 영향을 연구하기 위해 아시아계 미국인 여성들에게 자신을 다르게 규정하도록 요청했다. 한 번은 아시아계 미국인인지, 한번은 여성인지를 물은 것이다. 그다음 이들에게 수학 문제를 냈다.[15,16,17]

시험 전에 인종을 말해달라고 요청받은 참가자들은 성별을 말해달라고 요청받은 참가자들보다 시험 성적이 높았다. 바뀐 것이라곤 그들 주변의 거울, 즉 그들을 비추는 반영뿐이었다. 그러나 실제 결과는 달라졌다.

자신이 수학 시험을 잘 보지 못할 것이라고 다른 사람들이 예상하리라는 사실을 아는 참가자들은 실제로도 시험을 잘 보지 못했다. 바로 이 지점에서 자아의 변화가 일어났다. 자아를 정의하는 관계에서 변화가 일어나자 참가자들은 불안해지고 수학 시험 성적에 영향을 미쳤다. 자신을 아시아계 미국인으로 생각하는지, 여성으로 생각하는지에 따라 타인과 맺는 관계가 달라지고, 그에 따라 성적이 달라진다는 구체적인 결과가 나타났다. 말 그대로 자아에 변화가 일어난 것이다.

자아는 타인이 우리를 바라보는 시선의 반영 그 자체다. 삶에 대해 생각해보자. 사회라는 영토를 탐색할 때 자아를 구성하는 거울은 얼마나 자주 바뀌거나 기울어지는가? 우리는 부모였다가 직원이었다가 친구가 된다. 각각의 자아에는 다양한 기대와 책임이 따라붙는다. 모르는 사이에 달라진 자아 때문에 어떤 시험에 합격하거나 불합격한 적은 없는가?

내면의 힘, 외면의 힘

그러나 자아가 변하지 않는다는 개념이 환상이듯, 현대 사회가 추구하는 것처럼 자아가 제한 없이 자유롭다는 생각 역시 환상이다. 자아는 완벽하게 자유로울 수는 없다. 관계에서 오는 제약 없이는 결코 자아를 가질 수 없기 때문이다. 혼자서 자신이 될 수는 없다.

자아와 자유의 관계를 이해하는 것은 삶과 사회의 여러 부분을 이해하는 데 토대가 된다. 자율성과 자유의지를 추구하는 욕망 그리고 자아의 일관성을 만드는 데 필요한 제약 사이에는 애초부터 긴장이 있다. 우리는 때로 친구, 연인, 정부 같은 타인이 부과하는 제약에 불만을 품지만, 삶을 더욱 가치 있고 일관되게 만드는 관계를 꿈꾸기도 한다. 나를 정의하는 타인과 공동체에 결속되어 있지 않다면 나는 누구이며 어떤 사람일까? '홀로 이루어진 진짜 자아를 벗어난다selfless'는 것은 자유롭다는 뜻이지만 분명 상실이기도 하다.

혼자 남겨진다는 생각이나 외부의 제약에서 자유로워진다는 생각은, 내면에서 오는 힘과 외부에서 오는 힘의 차이를 명확히 이해할 수 있다는 사실을 전제한다. 우리는 자기 생각이나 감정, 행위가 내면의 힘에서 온다고 믿을 때 자유롭다고 느낀다. 문제는 무엇을 내적으로 보느냐다. 누군가가 책을 빌려달라고 해서 그 책을 빌려준다면 그 행위는 자유일까? 책을 빌려달라고 한 사람이 그저 당신을 추켜세우려는 의도로 그랬다면 어떨까? 그것이 그 사람의 의도였다 해도 그 의도를 몰랐다면 당신의 행동은 내면의 힘에서 온 것일까, 아니면 외부의 힘에서 온 것일까? 내면의 힘에서 왔다고 본다면 당신은 스스로 자유롭게 책을 빌려주었다고 생각할 것이다. 그러나 외부의 힘에서 왔다고 본다면 그 사람이 당신을 조종했다고 느낄 수도 있다. 두 경우 모두 당신은 타인의 행위에 반응했다. 차이가 있다면 그 사람의 의도를 인지했는지 여부다. 상대방이 자신의 의도를 잘못 표현해서, 당신이 자유롭게 행동하는 데 필요한 정보를 얻지 못했다고 할지도 모른다. 그러나 상대방조차 무엇이 자기 행동을 이끌었는지 확실히 알지 못했다면 어떨까? 더 깊이 파고들어 보면 내면의 힘과 외부의 힘 사이의 경계는 생각보다 명확하지 않다.

내면과 외부의 차이를 좀 더 살펴보자. 지금 오른손 새끼손가락을 떠올려보자. 살짝 움직여보자.

잠깐이었지만 우리는 방금 시공간을 넘어 작은 움직임을 함께했다. 나는 약간 색다른 생각을 떠올려 여기에 적었고, 언제 어디서 이 글을 읽을지 모를 당신은 내 생각을 실행에 옮겼다.

이 작은 움직임이 일어나려면 셀 수 없을 정도로 많은 마법의 순간이 필요하다. 먼저 엄청나게 복잡한 출판 산업이 필요하고, 내가 지금 글을 쓰는 컴퓨터나 당신이 이 글을 읽을 책 또는 기기를 물리적으로 만들 사람 수천 명도 필요하다. 그러나 여기서 내가 가장 중요하다고 여기는 점은 내 생각이 당신의 행동에 영향을 미쳤다는 사실이다. 이 사실은 당신의 자아에 대해 무엇을 말해주는가? 이 책을 읽는 당신의 자아는 정말 내 자아와 분리되어 있는가? 내가 존재하는데도 당신은 자유로운가? 당신이 이 글을 읽기 수개월 또는 수년 전, 책상 앞에 앉아 글을 쓰며 당신을 상상하던 나는 진정 자유로웠을까? 아니면 당신을 상상하면서 제약을 받았을까? 나는 당신을 모르지만 당신이 똑똑하고 호기심 많고 비판적인 독자라고 상상한다. 그리고 지금 우리가 맺는 상호작용 안에서 내가 당신을 바라보는 이런 관점은 내게 무언가를 요구하고, 따라서 이 순간 나를 형성한다. 당신을 떠올리는 생각은 이 책을 읽기 훨씬 전부터 내 행동과 이 책의 내용에 영향을 미쳤다. 나는 당신을 염두에 두고 자료를 읽었다. 심지어 당신에게 어떻게 들릴지 궁금해하며 이 책을 소리 내어 읽어보기도 했다. 당신이 나를 작가로 만들어준 셈이다!

다시 말해 우리가 자신을 정의하는 방식, 즉 당신과 나를 구별하는 일은 자유를 어떻게 이해하는지와 얽혀 있다. 우리는 아마 만난 적이 없겠지만 나는 당신에게 영향을 미쳤고 당신도 내 행동과 생각에 영향을 미쳤다.

당신이 새끼손가락을 꼼지락거리거나 그렇게 하려고 생각했을 때 그 행동을 하게 만든 것은 내 생각이었을까 아니면 당신의 생각이었을까? 내가 당신에게 무언가를 했을까? 아니면 당신의 행동이 내 생각을 현실로 만들었을까?

분명 둘 다 사실이다. 당신이 손가락을 꼼지락거렸다면 스스로 그렇게 하도록 선택한 것이지 내가 강요한 것은 아니다. 그러나 동시에 내가 제안하지 않았다면 당신은 행동하지 않았을 것이다. 심지어 손가락을 꼼지락거리지 않았어도 적어도 그런 행동을 떠올리기는 했을 것이다. 실제로 문장을 읽으면 그 생각을 아예 하지 않을 수는 없기 때문이다. 만약 생각조차 하지 않았다면 그러지 않기로 선택한 것이다. 따라서 나는 손가락을 움직이라고는 강요하지 않았지만 결정을 강요한 셈이다. 당신의 자아와 내가 맺는 관계는 어떻게 된 것일까? 자아란 어느 정도 스스로 내리는 결정이라고 생각한다면 나는 당신의 자아를 형성한 셈이다. 자유란 타인의 영향을 받지 않는 것이라고 생각했다면 나는 당신의 자유를 막은 셈이다. 당신과 나 사이에 일어난 이런 소소한 상호작용은 일상생활의 축소판이다.

일상은 상호작용이다

평범한 하루를 떠올려보자. 당신의 하루는 다른 사람들을 둘러싸고 돌아간다. 다른 사람과 함께 살면 일어나자마자 관계를 탐색하게 된다. 배우자나 자녀, 룸메이트와 욕실을 함께 쓰고 밥을 먹는다. 친구나 동료가 보낸 이메일이나 문자에 답장한다. 한 번도 만난 적 없는 사람과도 교류한다. 먼 곳에 사는 사람들이나 유명인의 행보, 정치인의 발표를 다룬 뉴스를 읽는다. 집에서 한 발짝 나서기도 전에 이런 상호작용이 모두 일어난다.

이제 계획했든 우연이든 온종일 일어나는 무수한 만남을 떠올려보자. 모든 상호작용은 당신에게 무언가를 요구하며, 무엇보다 당신 자신에게 영향을 미친다. 물론 스쳐 지나가는 사람 대부분은 잊히겠지만 그렇다고 해서 이런 찰나의 상호작용이 아무런 결과도 낳지 않는다는 뜻은 아니다. 당신을 매력적으로 보든 부주의한 사람으로 보든, 위협으로 보든 친구로 보든, 누구든 그날 당신의 생각과 행동을 전부 바꿀 수 있다. 집을 나서기 직전 배우자나 룸메이트에게 당신이 입고 있는 옷이 이상하다는 말을 들었다고 치자. 그 말은 자신감을 떨어뜨린다. 당신은 타인의 시선을 걱정하기 시작한다. 회사에서 중요한 발표를 할 때도 자신감이 떨어지고 일이 생각했던 대로 잘 풀리지 않는다. 퇴근하고도 평소보다 약간 의기소침하다. 마주치는 사람들에게 말을 잘 걸지 않게 된다. 집에 돌아와서도 기분이 좋지 않아 룸메이트나 배우자와 싸운다. 그저 운수 없는 날처럼 들릴지 모르지만 이런 반향은 생각보다 크다. 발표를 제대로 못하면 직장에 불만이 생기고 직업 정체성에 결속감이 떨어진다. 운수 없는 날에 배우자의 불안까지 더해져 싸움이 일어나면 서로를 대하는 방식이 영영 바뀔 수도 있다. 사소한 원인은 큰 영향을 미친다.

타인의 행동은 결국 당신이 세상에서 어떻게 행동할지에 영향을 미친다. 아까 당신은 '혼자' 책을 읽고 있었는데도 한 번도 본 적 없는 누군가에게 선택을 강요당했다. 다른 어떤 선택이 당신에게 강요되며, 그 선택은 누가 강요할까?

사회는 사람들 사이의 복잡한 게임이다.[18] 우리는 아는 규칙을 따르고, 종종 아무 생각 없이 그 행동에 반응하는 사람들에게 의존해 산다. 어떤 규칙인지 설명할 수는 없어도 규칙은 행동 방식을 형성한다. 대중교통을 이용할 때는 빈자리가 더 멀리 있어도 낯선 사람 옆자리에는 잘 앉지 않는다. 보통 도시 사람들은 낯선 사람에게 말을 걸지도 않고 자기 일에만 신경 쓴다. 이런 무언의 규칙은 불편한 상황이나 일상적인 통근을 방해할 만한 일을 최소화하는 데 도움이 된다. 규칙이 주는 질서 덕분에 대중교통을 타기가 더 수월해지고, 하루를 보낼 힘을 비축할 수 있으며, 저녁 시간이 좀 더 편안해진다.

우리가 살아가려면 세상에는 질서가 있어야 한다. 내 행동이 실제로 세상에 영향을 미치며, 행동의 결과가 적어도 이론적으로는 예측 가능하다고 믿어야 한다. 다이어트를 한다고 생각해보자. 덜 먹고 더 운동하고 생각할 수 있는 일을 다 해봐도 체중이 줄지 않는다면 금세 포기할 것이다. 경제적 상황 같은 삶의 다른 영역에서도 비슷한 일이 일어난다고 생각해보자. 계속 일해도 물가가 올라서 삶을 꾸려나갈 수가 없다면 어떨까. 행동이 아무런 의미가 없다고 생각하면 너무 힘들기 때문에, 차라리 자신이나 타인에게 어떤 영향을 미칠지 예측할 수 없다고 쉽게 받아들이게 된다. 자기 선택이 중요하고 실제로 스스로 결과를 선택할 수 있다고 여기려면 우리는 질서를 지각하고 구성해야 한다.[19,20,21]

내 목표는 우리에게 결정 능력이 있는지 논쟁하려는 것이 아니다. 우리와 타인 사이의 경계가 생각보다 명확하지 않을 수 있다는 가능성을 깊이 고려해보자는 것이다. 자아가 우리 생각과 다르다는 것은 우리에게 무슨 의미일까? 타인과 우리가 관계 맺는 방식이 타인을 재구성하고 관계에 영향을 미친다는 것은 우리에게 무슨 의미일까? 이런 생각은 '우리' 공동체를 정의하는 방식을 바꿀 수도 있다. 공동체는 더 확장되고, 더욱 다양해지며, 한층 활기를 띠게 될 것이다. 우리는 상호작용을 더욱 진지하게 받아들이고, 관계와 공동체의 상황에 대해서도 한층 더 책임감을 느끼게 된다.

사회적 상호작용 속에서의 자아

자아와 자유에 대해 잘 알게 되면 다른 질문으로 넘어갈 수 있다. 자아의 기능은 무엇인가? 우리에게 자아는 대체 왜 필요한가? 오늘날 우리는 개인적이고 독립적이며 자율적인 자아가 존재한다고 가정한다. 그러나 왜 그렇게 생각할까? 공동체로 살아가는 데 이런 개념이 필요할까? 여과되지 않은 현실은 우리를 당황스럽게 만들기 때문에, 우리는 자아를 필요로 한다. 자아는 우리가 세상에서 기능할 수 있도록 일정한 질서를 제공하는 관점으로, 상상하는 바를 넘어선 세상을 다룰 수 있게 해준다. 자아는 궁극적으로 헤아릴 수 없고 '살아 움직이며 뒤엉켜 있는 혼란스런 현실'을 이해할 수 있게 해주는 사회 구조다. 자아가 제대로 기능하면 예측 가능하고 안정적이며 확실하다고 느낄 수 있다.

우리는 흔히 말로 표현할 수 없는 문화적·개인적 정보를 바탕으로 타인이나 사회적 상황을 즉각 이해한다. 누군가가 사적 영역에 들어오면 불편함을 느끼지만, 너무 가깝다는 그 판단은 그 사람과의 관계나 당신의 출신지 등에 따라 다르다. 낯선 사람이나 친구, 가족과 얼마나 거리를 둬야 하는지 아무도 말해주지 않아도 우리는 잘 안다. 예를 들면 '노르웨이(또는 스페인, 또는 다른 어딘가)에서 낯선 사람과의 거리치고는 너무 가깝네'라고 생각하지는 않더라도, 그 사람이 부적절하게 가까이 있다고는 느낀다. 이런 느낌은 어디서 올까? 당신도 분명 알겠지만 사적 영역은 문화마다 다르다. 사적 영역은 보편적으로 존재하지만 이 요구가 어떻게 경험되는지는 공동체가 결정한다. 이는 우리가 주변 사람으로부터 배운 무언의 규칙에서 나온 산물이다. 말로 표현할 수 있든 없든 공동체의 영향은 심오하다.

연구에 따르면 사람은 출신지와 관계없이 비언어적인 '감정 표현'을 인식한다. 독일 사람도 에콰도르 사람이 느끼는 두려움이 어떤 것인지 안다. 그러나 감정 표현에는 지역마다 독특한 특성이 있다는 사실이 밝혀졌다. 하버드대학교 연구자들은 관련해 독창적인 연구를 실시했다. 중립적인 표정 또는 공포, 혐오, 슬픔, 놀람 등 감정적인 표정을 짓는 일본인과 일본계 미국인의 사진을 참가자들에게 보여주었다. 여기서 중요한 사실은 사진 속 인물의 옷으로 국적에 대한 힌트는 주지 않는 등 겉모습으로는 문화적 차이가 잘 드러나지 않도록 설계되었다는 점이다. 그런데도 참가자들은 우연히 맞춘 것이라고 보기에는 일본인과 일본계 미국인의 차이를 상당히 잘 구분했고, 사진 속 인물이 감정을 드러낼 때는 둘의 차이를 훨씬 잘 구분했다. 다시 말하면 사람들은 감정을 표현하는 방식에서 나타나는, 공동체가 만든 매우 미묘한 차이를 알아볼 수 있다. 우리는 공동체가 어떤 영향을 미치는지 알기 때문에 공동체 구성원을 알아본다. 공포나 슬픔을 드러내는 방식처럼 지극히 개인적인 표현에조차 당신을 정의하는 사람들의 흔적이 남아 있다.[22]

이는 자아가 끊임없이 진화하는 관계의 소용돌이 속에서 구성되고 재구성된다는 의미다. 이런 관계와 상호작용에서 나오는 생각이 사회적 정체성을 생성하고, 자신이나 타인을 이해할 때 젠더, 민족, 직업적 정체성 등을 이용한다. 자아는 우리를 세상 속에 놓고, 세상을 바라볼 관점을 제공한다. 자아의 구성은 복잡할지 모르지만 자아를 통한 경험은 상당히 단순하다. 그러나 공짜는 아니다. 자아가 주는 단순화에는 대가가 따른다.

진정한 자아의 발견을 위해

이 책의 1부에서는 자아라는 개념을 탐구한다. 친숙하지만 어떤 면에서는 전혀 모르는 자아란 정확히 무엇일까? 자아는 자유와 그 밖의 여러 가지를 둘러싼 오해에서 어떻게 진실을 드러낼까? 여기에서 다양한 흐름을 깊이 탐구하며 자아를 둘러싼 여러 개념을 함께 살펴본다. 자아를 형언할 수 없는 영혼이나 생물학적 운명으로 보며 복잡한 질문에 명확한 답을 던지려 할 때 흔히 간과되는 약점이 무엇인지도 살펴본다. 대신 나는 자아를 놀이공원의 거울방처럼 제시하며, 수없이 많은 반사 속에서 자유를 찾기가 얼마나 어려운지 보여주고자 한다.

2부에서는 자아를 총체적인 개념으로 보고, 이런 개념이 인간관계를 향한 기본적인 욕구에 어떻게 의존하고, 동시에 자유를 추구하는 욕망에는 어떻게 도전하는지 탐구한다. 나는 구조와 자유, 예측 가능성과 불확실성, 질서와 혼돈을 추구하는 서로 얽힌 욕망 사이의 밀고 당김이 사회를 이끄는 근본적인 인간의 조건이라고 주장하고 싶다. 그다음 인종, 젠더, 민족성 같은 사회 집단의 정체성에 의문을 던지며 자아와 자유 사이에서 벌어지는 긴장을 살펴본다. 아울러 기술이 자아를 확장하는 동시에 제한하는 데 어떤 역할을 하는지도 탐구한다.

3부에서는 구조와 자유 사이의 긴장이 삶의 가장 중요한 질문에 어떤 의미를 던지는지 살펴본다. 효과적으로 살아가려면 세상을 이해해야 한다. 인간에게는 지각된 질서인 구조가 필요하다. 그러나 살아 있다고 느끼려면 자유를 경험해야 한다. 내일 아침에 눈을 떴는데 과거, 현재, 미래가 모두 운명 지어져 있다면 어떨까? 삶의 의미는 대부분 사라질 것이다. 자유롭게 결정할 수 있고, 그 결정이 중요하다고 믿을수록 삶은 더 풍성해진다.

발밑에 펼쳐진 거대한 미지의 세계를 바라보고 그것을 받아들이는 것과, 시선을 돌려 마찬가지로 알 수 없는 광대한 자아를 대면하는 것은 완전히 다른 문제다. 내가 생각하는 그런 사람이 아닐지도 모른다는 가능성을 마주하면 몹시 불편할지도 모른다. 내가 누구인지 확인하고 싶은 이런 욕망은 자기 발견에 오히려 방해가 되기도 한다. 우리는 때로 자신을 보는 방식이 마음에 들지 않더라도, 그 방식을 강화하는 사람들 주변에 있으려 한다. 낯선 자기 모습을 마주하느니, 차라리 익숙한 악마를 택하는 편이 낫기 때문이다.[23,24] 자아에 대한 새로운 사실을 배우려면, 자신이 안다고 믿어온 것에 의문을 던져야 한다.

우리 각자가 얼마나 특별한 사람인지 알려주는 책들이 책장에 넘쳐난다. 자아를 발견하는 방법, 싫어하는 사람을 대수롭지 않게 넘기는 방법, 가치 있는 삶을 설계하는 방법, 방해받거나 억눌리지 않고 진정한 자아가 되는 방법을 알려주는 책들이다. 이런 책들은 자신을 아는 것이 곧 내가 원하는 것과 내게 필요한 것을 얻는 첫걸음이라고 말한다. 어떻게 하면 최고의 '나'가 될 수 있는지도 이야기하며, 행복한 삶, 또는 적어도 만족스러운 삶을 갈망하는 사람들에게 말을 건넨다.

이 책은 그런 책이 아니다. 나는 우리가 자신에 대해 믿고 싶어 하는 것에 영합하지 않을 것이다. 우리 안에 사는 누군가가 자유로워져 꿈꾸는 삶을 살기만을 기다린다는 믿음, 우리 삶을 전적으로 통솔할 수 있다는 믿음, 깊고 진실되게 자신을 알 수 있다는 믿음 말이다.

우리는 타인과 체계로 이루어진 복잡한 관계 속에 산다. 부모, 형제자매, 친구, 사랑하는 사람은 당신이 과거에 누구였고, 지금 누구이며, 앞으로 어떤 사람이 될 수 있는지에 영향을 미친다. 우리가 사회 제도 안에서 살아가는 방식은 행동과 상상의 여지를 제한한다. 어떤 사람이 될 수 있는지, 삶이 어떠했거나 어떻게 될 수 있는지 상상하는 일은 우리가 지닌 문화적 재료로 한정된다. 우리는 주어진 것으로만 창조할 수 있다.

우리는 사회의 산물이다. 따라서 인생을 '고칠' 간단한 공식이나 정해진 방법은 없다. 주변 환경을 바꾸고 자신을 돌보는 일은 모두가 함께하는 노력이다. 타인은 우리를 만들고 우리는 타인을 만든다. 자아를 알려면 먼저 이 호혜 관계를 이해해야 한다.

1부

당신과 자아

당신과
자아

*

1장

진짜 '나'는
존재하는가?

나는 오늘날 자아에 흔히 부여되는
예외적인 탁월함을 무너뜨리고 싶다.

- 〈개성의 부질없음The Nothingness of Personality〉, 호르헤 루이스 보르헤스Jorge Luis Borges1

도로와 카드놀이에서의 신뢰 실험

자동차를 운전할 때 교차로에 이르면 우리는 다른 사람들도 도로 규칙을 잘 지키리라 여기고 차례대로 전진하거나 회전한다. 그럴 때마다 교통 흐름이 작동하는 방식에 대한 무언의 믿음이 강화되므로, 운전하면서 다른 사람들 역시 분별 있고 예측 가능하다고 여길 가능성이 커진다. 그러나 내일 익숙한 교차로에 이르렀는데 다른 차들이 도로 규칙을 어긴 채 쌩쌩 달리며 신호를 무시하고 차선을 넘나들며 마구잡이로 회전한다고 상상해보자. 다음 날도, 그다음 날도 똑같은 일이 계속 일어난다. 그렇다면 이제 내가 아는 규칙을 다른 사람들도 지키리라 예상할 수 없다. 따라서 다른 사람들이 무슨 짓을 할지 모른다고 생각하며 운전해야 한다. 수년 동안 지켜온 규칙을 버리는 데는 그리 오래 걸리지 않는다. 다른 사람이 빨간불에서 멈추리라고 예상할 수 없으니, 속도를 늦추고 심지어 다른 차와 부딪히지 않으려고 파란불에서 멈춰야 할 수도 있다. 엄청난 혼란에 빠지지 않고 계속 운전하려면 새로운 규칙이 나타나야 하고, 이런 규칙이 나타나면 우리는 재빨리 받아들일 것이다.

영화 〈프리키 프라이데이Freaky Friday〉(13일의 금요일마다 다른 사람과 몸이 뒤바뀌는 설정의 코미디 영화-옮긴이)와 유사한 사고실험을 하나 해보자. 전혀 다른 사람과 몸이 바뀌어서, 주변 사람들이 원래 그를 대하던 방식대로 당신을 대한다고 가정해보자. 당신이 따라야 한다고 배웠던 낡은 규칙은 더는 적용되지 않는다. 무슨 말을 해도 사람들은 전보다 당신의 말에 더 집중하거나 집중하지 않는다. 전에 어떤 가게에 들어갔을 때 사람들이 호감을 보였다면 지금은 그 반대다. 전에 당신을 무시했던 사람들이 말을 걸고, 말을 걸던 사람들은 당신을 무시한다. 전날에는 도로 규칙을 잘 지켰던 사람들이 하루아침에 정지신호를 무시하는 상황과 비슷하다. 그런 일이 일어나면 무언가 설명이 필요한, 비정상적인 상황이라는 사실을 감지하게 된다. 꼭 집어 말할 수는 없지만 뭔가 불편하다. 그러나 이런 상황이 새로운 일상이 된다면, 즉 기존 사회 구조가 흔들리고 바뀌고 사라진다면 당신은 새로운 자아가 될 것이다.

공상과학 영화에서 몸이 뒤바뀌는 상황보다 훨씬 점진적이기는 하지만 이런 일은 우리 삶 전반에서 실제로 일어난다. 일찍 자야 하고, 혼자 길을 건너면 안 되고, 채소를 먹어야 하는 등 어렸을 때 적용되던 규칙은 십 대가 되면 바뀐다. 어른의 지도 없이는 집에서 멀리 떨어진 곳에 갈 수 없었지만, 이제는 부모님에게 정확히 어디에 간다고 굳이 알리지 않고도 먼 곳에 갈 수 있다. 어른이 되면 이런 변화가 다시 일어나고, 사람들이 당신을 노인이라고 보기 시작할 때 또다시 나타난다. 사실 아주 나이가 많아지면 흔히 어린 시절과 비슷한 역할을 맡게 된다. 더 세심한 보살핌을 받아야 하고, 운전이나 은행 업무 같은 일을 혼자 해내지 못하게 된다. 심지어 누군가가 음식을 먹여주어야 할 때도 있다. 실제로 누군가와 몸이 뒤바뀌지는 않지만 우리는 살아가면서 여러 새로운 자아로 거듭난다.

간단한 카드놀이로도 타인에게 비추어 자신을 어떻게 이해하는지 알 수 있다. 당신도 아마 해봤을 것이다. 놀이에 참여한 사람들에게 '가치'를 부여한 카드를 나눠준다. 참가자는 카드를 받아 이마에 붙인다. 따라서 상대방은 그 카드를 볼 수 있지만 자기는 보지 못한다. 참가자들은 상대방 이마에 붙은 카드의 가치가 곧 그 사람인 것처럼 서로를 대한다. '왕' 카드를 붙인 사람을 만나면 머리를 조아리고 존경할 만한 사람처럼 대한다. '3' 카드를 붙인 사람을 만나면 청소부나 계산원처럼 돈을 많이 벌지 못하거나 사회적으로 존중받지 못하는 사람처럼 대한다. 상대방을 대하는 방식은 당신이 사회에서 이런 사람들을 어떻게 대하는지 보여준다. 정해진 시간이 지나면 참가자 모두는 자기 카드를 알아맞혀야 한다. 대부분의 사람들은 놀라울 정도로 정확하게 맞혔다. 카드를 보지 않고도 보통 한두 사람만 거치면 자기 지위를 추측할 수 있다. 이 카드놀이는 우리가 늘 하는 게임을 단순화한 형태다. 우리는 문화가 부여하는 규칙과 자신이 받는 대우를 바탕으로 자아를 이해한다.

사회적 상호작용으로 만들어지는 자아

누구나 자아를 내밀하게 잘 안다고 생각하지만 실은 막연하게 이해할 뿐이다. 우리는 가끔 자기 행동에 놀라거나 인생의 어느 시점에 서서 이렇게 자문하기도 한다. '난 누구지? 어쩌다 여기 와 있지? 어쩌다 내 인생이 이렇게 되었지?' 이런 질문에는 적어도 '내'가 어떤 사람인지 안다는 무언의 가정이 깔려 있다.

자아는 신비롭다. 우리는 자아에서 벗어날 수 없다. 무엇을 하든 어디에 가든 우리는 자아와 함께다. 항상 곁에 있으므로 우리는 자아를 잘 이해한다고 생각한다. 그러나 당신도 나처럼 때로는 더 좋은 방향으로, 때로는 더 나쁜 방향으로 스스로에게 놀랄 것이다.

자아가 내면의 안정된 본질이라고 여기면 자아를 명확하게 보기 힘들다.

자아를 한 국가라고 생각해보자. 정권이 바뀌고 국민이 오가도 국가는 거의 그대로다. 사람들 사이의 상호작용이 이어지고 역사와 문화가 지속되리라 믿으면 안정된 실체를 경험할 수 있다. 국가라는 개념을 말할 때는 흔히 나라와 나라 사이의 물리적 경계인 국경을 떠올리기 쉽지만, 국경이 곧 국가를 정의하지는 않는다. 국가는 자신을 국가 구성원이라 믿는 사람들 사이의 관계로 구성된다. 국가는 여러 자아의 집합이다. 자아는 물리적 경계로 정의되는 것이 아니라 사람들 사이의 상호작용으로 구성된다는 점에서 국가와 닮았다. 국가와 자아는 모두 관계망 안에서 사람들이 공유하는 합의로 정의된다. 다시 말해 자아는 사회적 상호작용으로 이루어진, 끊임없이 변화하는 구조 자체다.[2]

자아는 우리가 타인을 보는 관점이며, 타인도 그들의 관점에서 우리를 볼 것이라 가정한다. 이런 사고방식이 작동하려면, 타인도 나와 비슷한 방식으로 존재한다고 여기며 그들과 교류해야 한다. 내가 당신에게 글을 쓸 수 있는 것은 당신도 나처럼 내가 한 말을 고민한 다음 받아들이거나 거절하리라고 가정하기 때문이다. 당신의 마음도 내 마음과 비슷하리라고 여겨야 관계가 이루어진다. 전문 용어로 나는 '마음 이론'을 따른다. '마음 이론'이란 타인의 마음도 내 마음과 비슷하게 존재하리라는 믿음이다. 나는 사물을 있는 그대로가 아닌 다른 모습으로 상상할 수 있고 이런 다른 현실을 당신에게 전달하려 애쓴다. 그리고 당신도 그리리라 생각한다.

'들어가는 말'에서 새끼손가락을 꼼지락거려보라고 했을 때 당신은 그 이유가 궁금했을 것이다. 이런 궁금증은 내게도 무언가 이유가 있으리라는 가정에서 온다. 당신을 어디로 이끌려 하는지, 무슨 생각을 하는지, 목표가 무엇이고 무엇을 이루려 하는지도 궁금했을 것이다. 나는 손가락을 꼼지락거리는 행동을 통해 당신이 관계에 대한 내 생각을 좀 더 잘 이해하기를 바라며 소소한 계획을 글로 옮겼다. 그리고 사회적 관계가 어떻게 작동하는지도 보여주려 했다.

우리는 행동하고 서로 영향을 미친다. 인생을 결정하는 중요한 관계나 덧없고 사소해 보이는 상호작용을 거치며 우리의 선택과 행동은 주변 사람의 선택과 행동에 따라 형성된다. 나는 1980년대에서 1990년대 사이 성장기 동안 미시시피, 시카고, 캘리포니아를 거쳐 여러 번 이사했다. 사실 대학에 들어가기 전 시카고에서는 여섯 번이나 학교를 옮기기도 했다. 부모님은 복잡한 이유로 자주 이사를 결심했고, 이런 결정은 나 자신은 물론 새 학교에서 아이들과 교류하는 방식에도 영향을 미쳤다. 나는 몇 번이나 새로 전학 온 아이를 연기해야 했고, 이런 경험을 하며 외부인으로서 다른 사람과 교류하는 방법을 배웠다. 어떤 상황에서는 유용하지만 다른 상황에서는 문제가 될 수도 있는 여러 기술도 배웠다. 가령 나는 새로운 환경에서 나를 밀어주고 통찰을 주는 끈끈한 사회 모임을 재빨리 형성할 수 있다. 그러나 그런 행동은 유용하고 만족스러운 다른 관계를 성급하게 차단할 수도 있다. 부모님은 내 인간관계와 관계 맺는 방식을 형성하면서 무심코 내 행동 방식도 형성했다. 타인의 행동이 당신이 누구인지, 어떤 사람이 될지에 궁정적이든 부정적이든 영향을 준 사례가 분명히 있을 것이다. 성인이 되어도 배우자가 직장을 옮기거나 자녀가 다른 스포츠를 하려고 할 때 당신도 영향을 받는다. 배우자를 따라 이사해야 할까? 자녀가 대회나 모임, 경기에 참가할 때마다 여기저기 태워다 주어야 할까? 매우 보수적이거나 매우 진보적인 지역으로 이사할까? '운동하는 자녀를 둔 부모 모임'에서 어울릴까? 배우자의 직장 동료들과 자주 만나는 '동행' 배우자인가? 이런 가능성은 모두 분명하고도 한편으로는 모호한 방식으로 영향을 미친다.

배우자가 다른 도시로 직장을 옮길 때처럼 가까운 사람이 내린 중대한 결정이 우리에게 직접 어떤 영향을 미치는지는 쉽게 알 수 있다. 그러나 우리는 사소하고 우연적인 상호작용에서도 항상 영향을 받는다. 최근에 뜻하지 않게 낯선 사람에게 칭찬받았던 일을 떠올려보자. 기분이 어땠는가? 그 일은 그날 당신이 타인과 교류하는 방식에 어떤 영향을 주었는가? 기분이 좋아졌거나 자신감이 생겼을 수도 있다. 이제 당신이 그날 온종일 얼마나 더 행복하고 자신감 있게 행동하며 다른 사람과 교류했는지 떠올려보자. 타인의 행동은 내가 느끼고 생각하고 행동하는 방식을 바꾼다.

나 자신을 충분히 알고 있는가?

그러나 내면의 성격도 느끼고 생각하고 행동하는 방식에 영향을 미치지 않는가? 그렇다, 그런 증거도 있다. 사람들에게는 타고난 생물학적 특성이 있고, 이것이 성격(즉, 기질)을 형성하며 사회적 상황에서 보이는 반응에 영향을 준다.[3,4,5] 화를 잘 내는 기질인 사람에게 누군가 소리 지르면 신체적 싸움이 일어날지도 모른다. 부끄러워하는 기질이라면 눈물을 쏟을지도 모른다. 그러나 어떤 상황인지도 중요하다. 나를 말로 공격한 사람과의 체격이나 싸움 실력 차이가 클 경우, 싸우고 싶은 마음도 달라진다. 비슷한 상황에서 전에 몸싸움을 한 경험 여부도 내 행동에 영향을 미친다. 하지만 결국 나의 반응을 결정하는 것은 상대방의 행동과 그 사람이 왜 그렇게 행동했는지에 대한 나의 해석이다.

자아가 그토록 역동적이라는 생각은 터무니없이 들릴 수도 있다. 그럴 리 없다는 확신이 들 수도 있다. 무언가가 너무 흔하면 이미 그것을 잘 안다고 느끼게 된다. 이는 지식의 재미있는 특징이다. 게다가 우리는 자아와 아주 많은 시간을 보내기 때문에 자아를 잘 안다고 느낀다. 그러나 우리는 자아에 대해 무엇을 알고 있는가?

2500년 전 델포이 신탁을 떠올려보자. 신전 입구에는 '너 자신을 알라'라는 문구가 새겨져 있다. 인생을 살아가는 것만으로 자아의 면모를 밝히는 데 충분하다면 '너 자신을 알라'라는 훈계는 말이 되지 않는다. 그저 '살아라'라는 말이나 다름없기 때문이다. 이 문구는 사물이 보기와 다르거나 적어도 보기보다 훨씬 복잡하다고 속삭인다.

사람들에게 '진정한 자아'가 무엇인지 물으면 흔히 공감이나 관대함 같은 도덕적 속성, 또는 잔인함이나 이기심 같은 부정적인 속성을 지적한다. 좋은 사람과 나쁜 사람을 구분할 때 인식하는 속성이다. 우리는 옳고 그름을 구별할 때 사용하는 속성이 '자아'의 본질을 만든다고 여기는 경향이 있다. 한 연구에서는 타인의 자아를 어떻게 지각하는지 살펴보기 위해, 참가자들에게 가까운 미래에 어떤 사람이 교통사고를 당해 뇌 교체 수술을 받았다고 상상해보라고 했다. 그리고 수술 후 다섯 가지 중 하나의 결과가 나타났다고 설명했다. 1) 사람은 똑같다, 2) 사람은 똑같지만 잘 보이는 사물도 인식하지 못한다, 3) 욕망을 전부 잃었지만 전과 똑같이 행동하고 생각한다, 4) 기억을 모두 잃었지만 전과 똑같이 행동하고 생각한다, 5) 도덕적 양심을 잃어서 옳고 그름을 구분할 수 없지만 다른 면에서는 전과 똑같이 행동하고 생각한다. 연구 결과 어떤 사람이 더는 예전의 그가 아니라고 느끼는 데는 도덕적 양심을 잃은 상황이 가장 큰 영향을 미쳤다. 같은 연구자들이 실시한 관련 연구에서는 도덕성과 연관된 속성(양심적임, 공손함, 공감 등)이 성격과 연관된 속성(수줍음, 근면함, 불안 등)보다 '자아' 개념과 더 깊이 결부된다는 사실을 발견했다.6

그렇다면 나는 누구인가? 나는 정의에 헌신하고, 평등한 기회 접근을 중시하며, 추상적 이념보다 타인 삶의 실질적 결과를 더 중요하게 여기는 사람이라고 스스로를 생각한다. 내가 가장 소중하게 여기는 신념보다 더 '나다운' 것이 있을까? 직업이나 관계와 달리 신념은 저절로 습득되지 않는다. 우리는 여러 신념 사이에서 선택해야 한다. 어떤 신념을 선택하든 그것을 막을 수 있는 것은 아무것도 없다. 부자로 태어나거나 특정 학교를 나오거나 특별한 인맥이 있어야 할 필요도 없다. 원치 않는다면 신념을 밝히지 않아도 된다. 그저 선택만 하면 된다. 이것보다 자아를 잘 정의하는 것이 있을까?

우리는 자신이 누군지 마음 깊이 알고 있다. 자기가 좋은 의도를 지녔고, 꼭 해야 하거나 어쩔 수 없는 상황일 때만 잘못된 일을 한다고 믿는다. 누군가를 때렸다면 자신을 방어하거나 다른 사람을 보호하거나 어떤 교훈을 주기 위해서, 아니면 누구라도 같은 상황이라면 그렇게 했을 것이라고 생각한다. 어떤 경우든 스스로를 바라보는 관점과 자신의 생각 및 행동을 도덕적으로 해석하는 방식이 자아를 규정하는 핵심이다.

사회적 상호작용이 자아에 미치는 영향

그러나 이게 다 헛소리라면 어떨까? 자아가 우리 안, 마음속 또는 어디에도 존재하지 않는다면 어떨까? 자아가 사회적 상호작용과 공유된 이야기로 만들어졌다면 어떨까? 행동과 신념이 나를 정의한다면 이는 오로지 이 행동과 신념에 사회적 의미가 있기 때문이다. 돈이 필요한 사람이나 어려운 이웃을 돕는다는 대의를 위해 돈을 낸다면 당신은 좋은 사람일까 아니면 잘 속는 바보일까? 당신을 정의하는 것은 행동 그 자체가 아니라 그 행동이 타인에게 어떻게 이해되는지, 그리고 그 이해가 당신에게 어떻게 되돌아오는지다. 당신이 중요하게 여기는 사람들이 노력과 재능만으로 결과가 결정되어야 하고 실제로도 그렇다고 믿는다면, 당신은 바보 같은 사람이다. 당신은 분명 자격 미달인 사람에게 돈을 주고 자기 즐거움을 외면한 채, 심지어 다른 사람의 게으름을 지원한 셈이다. 반대로 그들이 본인 잘못이 아닌 상황 때문에 어려움을 겪을 수 있다고 믿는다면, 당신은 어려운 처지의 사람을 도운 일로 칭찬받을 수 있고 스스로에 대해 뿌듯함을 느낄 것이다. 우리는 관계라는 맥락 속에서 행동과 신념을 이해한다. 행동과 신념이 나를 정의할 수 있는 이유는, 그것들이 관계 속에 존재하기 때문이다.

흔히 우리는 현실을 명확하게 볼 수 있다고 여기며, 내가 경험하는 것이 바로 현실이라고 믿는다.7 내가 자아를 보는 관점을 고려해주기를 바라지만, 그 관점이 당신이 경험해온 것과 맞지 않는다면 문제가 생긴다. 당신의 경험이 현실을 직접 반영하지 않았거나 자아를 바라보는 내 견해가 잘못되었거나 둘 중 하나다. 여기서 우리는 실험(즉, 경험 과학)을 통해 검증할 수 있는 객관적 현실과 현실을 바라보는 지각인 주관적 현실을 구분해야 한다. 내 견해가 틀렸다고 느껴진다면 당신의 주관적인 현실 경험, 즉 당신이 세상을 보는 방식을 이야기하는 것이다. 사람들은 흔히 경험적으로 증명할 수 있는 것보다 현실이라고 느껴지는 것에 관심을 가진다. 수많은 음모론과 컬트가 지닌 힘을 볼 때 놀라운 일은 아니다. 그러나 주관적 현실이 반드시 객관적 현실을 반영하지는 않는다는 점을 명심해야 한다. 많은 사람이 생각하는 방식으로 자신이 존재하지 않을 수도 있다는 가능성을 고려하자는 말이다. 자아를 포착하는 안정적이며 변치 않는 내면의 타고난 본질 같은 것은 없을지도 모른다는 가능성 말이다. 자아는 상호작용과 관계의 흐름이며, 우리가 느끼는 자아 역시 이런 흐름 안에서 만들어졌다는 사실을 잊지 말자.8,9

말도 안 되는 소리일 수도 있다. 나도 내 내면의 삶을 잘 안다고 느낀다. 나는 머릿속에 존재하는 단일한 존재이며, 때로는 다른 사람들과 느슨하게만 연결되어 있다는 느낌 말이다. 그러나 사회

심리학자인 나는, 인간이 자기 마음의 작동 방식에 내적으로 직접 접근하기는 어렵다는 사실을 끊임없이 떠올린다. 실험심리학자들은 흔히 새로운 사회적 상황에 놓인 사람의 반응을 살핀다. 여기서 '사회적 상황'이라는 말은 실제든 상상이든 타인의 존재를 만나는 모든 상황을 뜻하는 매우 광범위한 의미로 받아들여야 한다.10 이 정의에 따르면, 사회적 상황은 낯선 사람 옆에 앉는 일부터 정치인에게 투표하는 일, 누군가에게 서비스 비용을 지불하는 일, 친구나 가족 또는 낯선 사람의 사진을 보는 일 같은 모든 상황을 포함한다.

사실 우리 삶에서 사회적이지 않은 순간은 거의 없다. 출근하고 가게에 가고 개를 산책시키고 영화를 보고 교회 신도석에 앉아 있는 등, 모든 행동은 생각보다 우리 삶에 큰 영향을 미친다. 사회적 상황이 미치는 힘이 크다는 사실은 정말 의미심장한 말이다. 그 영향력이 흔히 우리가 알고 공감하는 것보다 훨씬 강력하기 때문이다.

상호작용을 하면서 자아는 변화하고 움직인다

최근 나는 동료와 함께 대학원생들 앞에서 이 책의 아이디어를 두고 이야기를 나눴다. 동료는 자아가 유동적이라는 내 생각에 반박했다. 나는 자아가 완전히 유동적이며, 시시각각 바뀌고 변화할 때마다 새로운 것이 된다고 가능한 한 가장 극단적인 주장을 펼쳤다. 바로 그 순간에도 내가 동료의 자아를 바꾸고 있다고 주장했다. 동료는 매 순간 새로운 무언가, 새로운 누군가가 되고 있었다는 말이다. 나는 우리의 연구를 두고 이전에 논의했던 내용을 다시 꺼냈다. 동료는 내가 자아와 정체성의 작동 방식에 대한 자신의 생각을 바꿨다는 점에 동의했었고, 세상과 그의 연구에 대한 사고방식의 변화가 곧 자신의 변화라는 점도 인정했었다. 그 말을 듣고 동료는 내가 자신을 내향적인 사람에서 외향적인 사람으로 바꾸거나, 진보적인 사람에서 보수적인 사람으로 바꾼 것은 아니라고 응수했다. 나는 여기에는 동의한다. 그러나 얼마나 변화해야 자아가 변했다고 볼 수 있는지 논의할 수는 있어도, 동료에게 약간의 변화가 일어났다는 사실은 부정할 수 없다고 지적했다.

자아가 유동적이라는 생각을 받아들이면서 동료의 마음이 바뀌었고, 그것이 동료의 자아에 일어난 중요한 변화였는지는 차치하더라도, 나는 그 논쟁이 우리의 상호작용을 지켜보던 대학원생들에게도 영향을 미쳤다는 점을 강조하고 싶다. 학생들은 내가 고집 세고 동료는 완고하다고 생각했을 수도 있다. 동료와 내가 서로 논쟁하기를 좋아한다는 사실도 알았을 것이다. 그런 상황에서 반론을 제기하는 것도 학계 동료로서 해야 하는 적절한 일이며, 학자로서 그들 역시 같은 방식으로 참여해야 한다는 사실도 이해했을 것이다. 아마 다른 관계에서 논쟁하면 안 된다고 배워온 학생들도 있을 것이다. 이런 학생들은 학계가 자기에게 맞지 않는다고 생각하게 될지도 모른다. 학생들이 토론에 적극적으로 참여하지는 않았지만 대화를 목격하는 것만으로도 학자가 된다는 것이 어떤 의미인지 이해하는 데 영향을 받았을 것이다. 사회적 상호작용은 연관된 모든 자아를 통해 반영되고 굴절된다. 그러면서 예상을 훨씬 뛰어넘는 복잡한 영향을 낳는다.

이런 심오하고 흔히 감지할 수 없는 효과가 일어난다는 사실은 우리가 현실을 있는 그대로 보지 못한다는 의미다. 우리는 (현실을 객관적으로 그대로 보지 못하고) 감각을 통해 정보를 받아들여 바깥 현실을 재구성한다. 구조를 지각한다는 것은 진실을 냉정하게 인식하는 것이 아니다. 연구에 따르면 이러한 지각에는 동기가 있다. 우리는 불확실성을 마주하거나 통제력을 잃고 혼란에 빠질 때 구조를 찾으려 한다.[11,12] 우리 마음은 세상을 효과적으로 탐색할 수 있도록 현실을 구성한다.[13] 20세기 초 탄생한 게슈탈트 심리학Gestalt psychology은 인간의 경험을 기본 감각 입력으로 낱낱이 분해해서는 깊이 이해할 수 없다고 주장했다. 이들은 지각 연구에서 이에 대한 증거를 제시했다.[14,15]

우리는 많은 상황에서 관련 없는 정보 조각을 엮어 구조를 발견한다. 원의 윤곽을 이루는 선은 원이 아니다. 그래도 우리는 거기에서 원을 본다. 우리에게는 빈칸을 채우는 경향이 있다. 이 과정을 '실체화reification'라고 한다. 실체화란 여러 요소의 집합을 개별 부분이 아닌 의미 있는 하나의 전체로 지각하는 것이다. 우리는 세상을 객관적으로 보지 않는다. 사전 지식, 경험, 구조에 대한 욕구가 우리 경험에 영향을 미친다.

최근 영국의 심리학자들은 사람들에게 단순한 애니메이션을 보여주는 연구를 수행했다. 알록달록한 블록 세 개가 일렬로 늘어서 있다. 첫 번째 블록이 움직이고 그다음 두 번째, 세 번째 블록이 움직인다. 어떤 경우에는 첫 번째 블록이 두 번째 블록을 밀고, 이어 두 번째 블록이 세 번째 블록을 밀어 움직이게 만드는 것처럼 보인다. 당구공이 부딪히거나 도미노가 쓰러지는 모습을 떠올리면 된다. 다른 경우에는 각 블록이 같은 방향으로 똑같이 움직이지만 움직이는 순서가 바뀐다. 이때는 세 번째 블록이 먼저 움직이기 때문에 두 번째 블록이 세 번째 블록을 미는 것은 아니다. 이런 사건 배열은 우리가 예상하는 세상의 작동 원리, 즉 힘이 작용하지 않는 한 물체의 움직임은 변하지 않는다는 뉴턴의 제1 운동법칙과 맞지 않는다. 참가자들에게 무슨 일이 일어났는지 설명해보라고 하자, 이들은 실제로 보인 상황이 아니라 각자 이해한 대로 두 번째 블록이 세 번째 블록을 밀어 움직였다고 말했다. 우리는 세상을 있는 그대로 보지 않고 이해하는 대로 본다. 앞선 연구 사례는 일관성이 없을 때도 우리가 일관성을 지각한다는 증거다. 장미가 은은한 향기와 벨벳 같은 꽃잎 이상인 것과 마찬가지다. 이런 사례에서 우리는 각 요소를 개별적으로 보지 않는다. 대신 우리에게 의미 있고, 세상에 대한 우리의 믿음이나 필요에 부합하는 전체를 만들어 낸다.[16]

타인의 복잡성을 이해하기

무생물을 지각할 때만 이런 효과가 일어나는 것은 아니다. 인간으로 산다는 것은 다른 사람들과 상호작용한다는 뜻이지만, 사람이란 매우 복잡한 존재다. 다른 사람의 행동을 이해하기는 매우 어렵다. '그는 왜 그렇게 말했을까? 그의 행동은 무슨 의미일까? 이 사람은 나를 좋아할까?' 가족, 친구, 교사, 상사, 동료, 심지어 길에서 마주치는 사람에 이르기까지 모든 관계에서 우리는 그들이 무슨 생각을 하고 왜 그런 행동을 하는지 알아보려 끊임없이 의문을 품는다. 우리는 사람들을 움직이게 하는 것이 무엇인지 알아내려 하지만, 인간이란 감정, 생각, 행동이 뒤섞인 비일관적이고 모순으로 가득한 혼란 덩어리일 때가 많다. 우리는 질서와 의미를 추구하며, 그래서 불완전한 정보를 채워 완성한다.

인간으로서 잘 살아간다는 것은 타인의 복잡성을 받아들인다는 뜻이다. 문제는 이렇게 할 시간, 정보, 능력이 제한되어 있다는 점이다. 마주치는 사람 모두를 파악해야 한다면 우리는 금방 나가떨어질 것이다. 그렇다면 무엇을 해야 할까? 우리는 여러 지름길을 사용해 이해할 수 있는 구조, 즉 의미 있고 예측 가능한 세상을 급조한다.[17]

우리는 타인을 이해하기 위해 제한된 정보를 이야기로 채운다. 사람들을 집단으로 묶고 일부 구성원에 대한 정보를 전체로 확장한다. 회의 전에 커피를 따르고 있는 여성을 본다면 비서라고 생각한다. 비서에 대한 기대를 바탕으로 그의 행동을 예측하고 공유된 이야기 속에서 그와 상호작용한다. 어떤 직장에서는 비서를 지위가 낮은 직원으로 보기도 한다. 비서에게 친절하게 대하지만 진짜 존중하지는 않는다. 그런 경우라면 직접 부탁하거나 딱히 그의 기분을 깊이 고려하지 않은 채 커피 한잔을 요청하거나 전화를 받아달라고 할지도 모른다. 내가 아는 비교적 젊은 흑인 남성은 저녁 식사를 마치고 발렛파킹 직원이 차를 가져오기를 기다리며 식당 앞에 서 있었다. 그때 식당에서 나온 어떤 백인 부부는 그가 발렛파킹 직원이라 여기고 차를 가져다달라고 요청했다. 그가 분위기는 비슷해도 백인이었다면 그 부부가 그런 실수를 저질렀을 리 없다. 우리는 제한된 지식을 바탕으로 가정을 세워 사회를 단순화하고 탐색한다. 이런 가정은 우리가 이용할 수 있는 구조를 만들어주지만, 때로 우리를 잘못된 길로 인도하기도 한다.[18]

방금 말한 사례들은 종종 충격을 안긴다. 어떤 사람들은 이런 고정관념도 유용하다고 주장한다. 그러나 우리가 통계적 사실을 직감적으로 알기 때문에 고정관념을 사용하는 것은 아니다. 우리는 명백히 틀린 신념을 고수하고 그에 따라 행동한다. 틀린 이야기도 세상을 하나로 묶어주기 때문에 우리는 이를 이용한다. 우리는 세상을 이해하기 위해 구조를 만든다. 통제하고 있다는 느낌을 얻기 위해 예측 가능성을 원한다. 안락함과 안전을 위해 이야기를 만들 뿐만 아니라 이야기에 집착하고 그런 이야기가 위협받으면 방어한다. 구조를 바라는 욕구는 강력하다. 인간은 의미를 추구하고 만들어내는 존재다.[19,20]

구조는 실존적인 요구를 충족시키며, 우리 주변 세상을 보여주는 지도다. 어떤 이들은 이 구조가 '하느님의 계획'에서 왔다고 여긴다. 다른 이들에게는 모든 사람의 결과가 개인의 노력과 재능의 산물이라는 능력주의 개념이 이와 비슷한 역할을 한다.[21] 주변 세상을 이해할 수 있어야 우리 자신이 될 수 있다. 그러나 의식적으로 모든 구조를 중시하지는 않는다. 아마 가장 중요한 구조는 당신과 나 자신이다. 당신이 하나의 자아로 존재한다는 생각은 우리가 세상과 관계 맺는 토대다. 자신을 남성이나 여성이라고 느끼지 않고, 인종이나 직업적 정체성이 있다고 느끼지도 않으며, 정치적 소속감도 없다고 생각해보자. 친구나 낯선 사람이나 별 차이가 없고, 친구도 당신을 처음 보는 사람처럼 대한다고 생각해보자. 타인과 관계 맺을 때 어떤 예측도 할 수 없다고 상상해보자. 자아감 그리고 타인의 자아 역시 비슷하게 존재하리라는 믿음이 없다면 세상을 탐색하기는 거의 불가능할 것이다.

과학, 종교, 철학도 세상에서 자신의 위치를 이해하는 데 도움이 되는 구조다. 과학자들은 세상의 작동 방식에 대한 개념인 이론을 만들고, 이를 바탕으로 가설을 도출해 관찰 결과로 검증한다. 철학자들은 이성적인 탐구를 통해 경험과 현실 자체의 근본적인 진실을 탐구한다. 종교를 믿는 사람들은 초자연적인 힘에 대한 믿음을 통해 세상을 이해하려 한다. 과학, 종교, 철학은 각각 공동의 실천으로 존재한다. 과학에는 여러 분야가 있고 종교에는 여러 신앙이 있으며 철학에는 여러 학파가 있듯, 공동체는 집단행동을 통해 경계를 설정하고 다스리며 새로운 일원을 양성하고 구조를 유지한다. 조금만 거리를 두고 보면 과학, 종교, 철학을 창조하고 운영하는 사람들의 역할을 볼 수 있다. 그러나 자아에 대해서는 이런 방식이 통하지 않는다. 자아는 인간이 창조한 것을 넘어선 어딘가에서 발생하는 신비로운 존재처럼 보인다. 그러나 이는 사실과는 거리가 멀다.

자아를 포함한 구조는 집단행동으로 창조되고 유지된다. 자신만의 세계에 틀어박힌 사람은 정신이상자로 간주된다. 한편 공동으로 창조된 세계에서 당신에게 동조하는 사람이 더 많을수록 그 내용과 관계없이 당신은 더 정상적으로 보인다. 이 글을 쓰는 동안에도 어떤 사람들은 일부 미국 민주당 지도자들이 아이들의 피를 마시는 사탄 숭배자라고 믿는다. 함께 믿기만 한다면, 이런 기괴한 생각조차 놀라울 정도로 많은 사람에게 받아들여진다. 그 반대도 마찬가지다. 자신이 속한 사회 집단에서 받아들인 현실을 믿지 않는다면, 너무 순진하거나 부패하거나 정신 나간 사람으로 여겨진다.

자아를 움직이는 타인의 영향력

자아와 현실 감각이 객관적인 현실을 반영한 것이 아니라 집단이 만든 구성물에 가깝다고 본다면, 사람들이 흔히 자기 행동을 잘 예측하지 못한다는 사실도 그다지 놀랍지 않을 것이다. 우리는 자아를 객관적인 관점으로 볼 수 없다. 그런 관점이란 애초에 존재하지 않기 때문이다. 누군가에게 특정 상황에서 어떻게 생각하고 행동할지 묻는다고 해서, 실제 상황에서 그들이 하는 행동을 살펴보는 것과 같을 수는 없다. 심지어 누군가가 이런저런 행동을 한 뒤에 이유를 묻는다 해도 그 이야기는 종종 틀릴 수 있다. 제대로 말하면 보상을 주겠다고 해도 사람들은 자기 행동을 유도한 동기나 목표를 정확히 짚어내지 못하는 경우가 많다.

그렇다면 이를 어떻게 알 수 있을까? 실험자가 행동을 유발하는 상황의 요소를 통제할 수 있기 때문에 가능한 일이다. 최근 호텔에 가본 적이 있다면 매일 깨끗한 수건과 시트를 무조건 갈아주지 않고 재사용하도록 장려하는 것을 보았을 것이다. 예를 들어 한 호텔에서 본 문구에는 '함께 환경을 보호해요. 머무시는 동안 수건을 재사용하면 자연을 아끼고 환경 보호에 이바지할 수 있습니다'라고 적혀 있었다. 연구자들은 이 프로그램을 이용해 실험하면 설득이 어떻게 작용하는지, 그리고 그 과정에서 사람들이 자기 행동의 동기를 어떻게 설명하는지를 연구할 절호의 기회라고 판단했다. 이 실험에서는 호텔 일부 객실에 서로 다른 문구를 걸었다. "환경 보호에 동참해주십시오. 2003년 가을에 실시된 연구에 따르면, 손님의 75퍼센트가 수건을 두 번 이상 사용함으로써 새로운 자원 절약 프로그램에 참여했습니다. 머무시는 동안 수건을 재사용해 이 프로그램에 동참하고, 여러분의 동료 시민들과 환경 보호에 함께해주십시오." 다른 객실에는 객실 번호에 초점을 맞춘 문구를 걸었다. 문구에는 다음과 같이 적혀 있었다. "환경 보호에 동참해주십시오. 2003년 가을에 실시된 연구에 따르면, 이 객실 ○○○에 머문 손님의 75퍼센트가 수건을 두 번 이상 사용함으로써 새로운 자원 절약 프로그램에 참여했습니다. 머무시는 동안 수건을 재사용해 다른 손님들과 함께 이 프로그램에 동참하고 환경 보호에 기여해주십시오."[22]

시민이 된다는 것과 호텔 특정 객실의 손님이 된다는 것 가운데 무엇이 더 중요하다고 생각하는가?

대부분은 호텔에 머무는 동안 이런 문구를 읽는다면 자신을 특정 객실의 손님보다 시민으로 인식하리라고 추측했다. 그러나 둘 중 하나의 문구를 본 손님들은, 해당 객실에 머문 다른 손님과 자신을 연관 짓는 문구를 보았을 때 수건을 재사용할 가능성이 더 높았다.

실험 결과 우리는 무엇이 자신의 행동에 영향을 미치는지 알기 어렵다는 사실이 드러났다. 흔히 자아에 대한 우리의 이론이 틀렸기 때문이다. 무엇이 우리에게 영향을 미치고, 무엇에 관심을 기울이며, 무엇을 중요하게 여겨야 하는지 우리는 나름의 이야기를 갖고 있다. 그러나 그 이야기는 신중한 관찰과 통제된 연구가 밝힌 바를 제대로 담아내지 못하는 경우가 많다. 같은 객실에 묵었던 손님들의 행동을 담은 문구가 그토록 큰 영향을 미치리라고는 예상하지 못했을 것이다. 그러나 이런 문구는 생각보다 훨씬 설득력 있음이 밝혀졌다. 관련이 없어 보여도, 나와 비슷한 사람들의 행동을 생각할 때 일어나는 사회적 위치의 변화는 예상할 수 없는 방식으로 행동에 영향을 미친다. 손가락을 꼼지락거려보라고 요청한 나나, 수학 시험을 치르는 아시아계 미국인 여성도 마찬가지다. 거울이 바뀌면 당신도 바뀐다.

얼굴 동화 효과

인종이나 젠더가 수학 시험 결과에 어떻게 영향을 미치는지, 왜 무언가는 잊어버리고 다른 것은 기억하는지, 비슷한 상황에서 어떤 때는 슬프고 다른 때는 화가 나는지 등, 마음이 작동하는 방식을 직접 알 수 없다고 생각할지 모른다. 그러나 감각에는 접근할 수 있다고 생각할지 모른다. 우리는 빨간색이 어떻게 보이는지 직접 경험한다. 그러나 내면의 상태를 생각할 때 순수한 감각만 생각하는 경우는 거의 없다. 짙은 붉은빛과 은은한 꽃향기, 하늘하늘한 꽃잎과 날카로운 가시에 대한 경험이 장미에 대한 경험과 똑같다고 할 수는 없다. 장미에 대한 느낌은 색깔, 향기, 촉감을 느끼는 총체적인 경험이다. 이 경험은 일련의 감각 입력이 만드는 의미다.

이 의미는 수많은 기억과 감정을 불러일으킨다. 장미는 결코 단순한 장미가 아니다. 사랑, 지루함, 지적 기쁨도 마찬가지다. 이러한 명칭은 복잡한 감각들을 하나로 묶는 역할을 한다. 개별 감각들은 모여 더 의미 있는 전체를 이룬다.

경험이 미각, 촉각, 후각, 시각, 청각 같은 개별 감각을 초월한다고 믿는다면 우리의 자아 역시 신체를 넘어선 것이라 생각할 수 있다. 이를 뒷받침하는 증거를 더 들 수 있다. 어떤 무생물체도 신체의 일부처럼 느껴지게 만들 수 있다. 손이 있을 만한 자리에 고무손을 놓아 시각을 조작한 다음 실제 손과 고무손을 동시에 쓰다듬으면, 고무손이 실제 신체의 일부로 느껴지는 감각이 부분적으로 발생한다. 그다음 고무손을 망치로 때리면 그 사람은 깜짝 놀랄 것이다.23

이와 관련된 현상을 심리학자들은 '얼굴 동화 효과enfacement effect'라고 한다. 사람들은 자아를 다른 사람의 얼굴과 연결한다. 연구자들은 대인 다중 감각Interpersonal Multisensory Stimulation, IMS을 이용해 이런 느낌을 만든다. 이 방법은, 누군가 내 얼굴을 만지는 동안 동시에 다른 사람의 얼굴도 똑같이 만져지는 것을 보는 경험을 가리킨다. 심리학자 애너 스포르자Anna Sforza와 동료들은 젠더나 인종이 같아 얼굴 특징이 비슷한 자원자 열네 쌍을 대상으로 이 현상을 실험했다. 두 참가자 중 한 명의 눈 주위에 두꺼운 흰 종이를 둘러 상대방의 얼굴만 볼 수 있도록 한 다음, 훈련된 실험자가 똑같은 붓으로 두 사람의 얼굴을 정확히 동시에 쓸어내린다. 그다음 눈 주위에 흰 종이를 두른 참가자에게, 자신의 얼굴에서 시작해 점점 상대방의 얼굴과 비슷하게 바뀌다가 마지막에는 완전히 상대방의 얼굴이 되는 일련의 이미지를 연달아 보여준다. 흥미롭게도 동시에 붓으로 얼굴을 쓸어내리는 경험을 한 참가자들은 상대방 얼굴이 51퍼센트에서 59퍼센트 정도 합성된 사진을 자기 얼굴로 오인하는 경향을 보였다. 문자 그대로 자기 자아에서 상대방의 얼굴 일부를 본 것이다![24,25]

어떤 면에서 얼굴 동화 효과는 그다지 놀랍지 않다. 신체 변화가 반드시 자아 감각의 변화로 이어지지는 않는다는 사실을 받아들이려면, 자아와 신체의 연결에 어느 정도 유연성이 있어야 한다. 나이가 들거나 얼굴에 기미가 생긴다고 거울 속 자기 얼굴을 못 알아볼 리는 없다. 그러나 우리 자아에서 타인의 얼굴을 볼 수 있다는 사실은 놀랍게 다가온다.

신체적 특징이 자아에 미치는 영향

내가 여기서 설명하는 자아는 몸속에 존재하지 않는다. 그런데도 이 자아는 신체의 영향을 받고 신체에 영향을 미친다. 신체는 자아가 형성되는 물리적 실체다. 그리고 신체는 인종, 성별, 계급 등 수많은 사회적 단서를 바탕으로 사회적 상호작용과 관계에 영향을 미치며, 이는 다시 자아에 영향을 미친다.

우리가 세상에 나올 때 지닌 신체적 특징은 다른 사람이 우리와 관계 맺는 방식에 영향을 미친다. 남성이든 여성이든, 키가 크든 작든, 피부색이 밝든 어둡든, 매력적으로 여겨지든 그렇지 않든 이런 특징들은 모두 중요하다. 이런 차이는 우리가 타인과 상호작용하는 방식을 형성하고 나아가 자아를 형성한다. 한 연구에 따르면 엄마들은 예쁘지 않은 아기보다 예쁜 아기에게 더 다정하게 대하고 더 많은 주의를 기울이며 더 잘 놀아준다. 또한 못생긴 아기보다 귀여운 아기에게 더 애정 어린 보살핌을 주고 더 활발하게 소통한다. 어릴 적 상호작용에서 나타나는 차이는 성인이 되어서도 계속 이어진다. 보통 우리는 매력적인 사람에게 더욱 관심을 기울이고, 매력적인 사람은 덜 매력적인 또래보다 더 나은 사회적 기술을 개발하는 경향이 있다.[26,27]

신체적 특징이 자아 형성에 영향을 미친다는 사실에 누구도 놀라지 않을 것이다. 그러나 한 걸음 더 나아가보자. 유전적 구성 역시 우리가 세상을 보는 방식과 환경에서 무엇에 주의를 기울이는지에 영향을 미친다. 사회적으로 거부당하거나 그 가능성을 두려워하는 일은 많은 사람에게 큰 고통의 원인이 된다. 그런데 스트레스에 덜 민감한 몸을 지녔다고 상상해보자. 고통이 조금은 덜 절박하게 느껴질 것이다. 누군가의 신체, 예를 들어 짐Jim의 신체가 고통에 덜 민감하다면 그는 사회적 거부를 덜 두려워할 것이다. 따라서 선뜻 행동하지 못하는 예민한 또래보다 더 매력적인 연애 상대에게 접근할 수 있다. 덜 민감하다는 점은 더 외향적이고 만족스러운 관계를 형성한다는 의미이기도 하다. 짐은 주변에서 기회를 보지만, 고통에 더 민감한 신체를 지닌 사람은 위험을 먼저 볼 수도 있다. 이런 차이 때문에 같은 사회 환경에서 두 사람의 몸이 반응하는 방식이 근본적으로 달라지고, 그 결과 시간이 지나면서 전혀 다른 자아가 형성된다. 짐은 결국 민감한 사람보다 더 매력적인 상대를 만나고 더 넓은 교우 관계를 맺으며 더 모험적인 삶을 살

것이다. 그러나 짐은 자신이나 다른 사람에게 해가 되는 사고를 더 많이 일으킬 수도 있다. 어떤 이들은 그가 타인의 욕구에 무신경하거나 신체적·감정적으로 신중하지 못하다고 여길 수도 있다. 이제 민감성뿐만 아니라 다양한 신체적 특징의 차이에 대해서도 이같이 생각해보자.

모든 사회적 상호작용이 자아에 영향을 미친다

우리는 백지 상태가 아니다. 그러나 운명은 DNA로만 결정되지도 않는다. 관계와 사회적 상호작용으로 이루어진 독특한 집합체인 자아는 신체에도 영향을 미친다. 예를 들어 비교적 평등한 농경 사회나 수렵 채집 집단에서도 사회적 지위가 낮을수록 스트레스 호르몬인 코르티솔 수치가 높아 건강이 나쁘리라 예측할 수 있다. 사회적으로 고립되어도 건강에 좋지 않다는 사실은 오래전부터 여러 연구를 통해 알려져 있다. 사회 환경이 유전자 발현에 영향을 미칠 수 있다는 사실은 더욱 놀라운 증거다.[28,29] 사회 환경은 가장 기본적인 수준에서 신체 작동 방식에 영향을 미친다. 사회는 위험에 맞서 싸우거나 도망가라고 요구할 뿐만 아니라, 우리 몸이 세상에 존재하는 방식을 결정하는 지침까지 바꾼다.

누구도 사회적 관계와 완전히 단절된 채 태어나지 않는다. 우리는 기존 관계, 다면적인 사회적 역학관계, 광범위한 문화적 규범을 물려받는다. 이미 존재하는 이런 조건은 여러 신체적 측면에 의미를 부여한다. 예를 들어 출생 시 성별은 특정 성 역할 수행과 같은 일련의 믿음과 기대와 연관되어, 우리가 눈을 뜨기도 전에 관계에 영향을 미친다. 부모의 인종, 언어, 소득, 교육 수준은 아기의 자아와 인생 궤적에 큰 영향을 미친다. 부모에 대한 약간의 정보만 있어도 신생아가 어떤 삶을 살아갈지 놀라울 만큼 정확하게 예측할 수 있다. 자아 형성에 영향을 미칠 삶의 조건은 태어나기도 전에 결정된다. 미국에서는 아이가 태어난 동네만으로도 그 아이의 경제적 이동성(개인이나 가족의 경제적 지위가 자신 또는 다음 세대에 개선될 수 있는 능력-옮긴이)을 상당히 정확하게 예측할 수 있다.[30]

그러나 태어난 환경과 관계없이 아기는 다른 사람에게도 막대한 영향을 미친다. 우리 몸은 자신의 자아에 영향을 미칠 뿐만 아니라 타인의 자아에도 영향을 미친다. 아기는 태어나기 전부터 타인의 자아에 영향을 미치기 시작한다. 부부는 새로 태어날 아기가 두 사람의 관계를 어떻게 바꿀지 궁금해하고, 친구들은 밤에 함께 외출하는 횟수를 줄여야 한다고 생각한다. 부부의 부모들은 조부모가 될 준비를 시작하고, 직장 동료들은 출산휴가가 언제 시작될지 걱정한다. 이런 변화는 모두 관련된 사람들의 자아에 영향을 미칠 관계 변화를 나타낸다. 이처럼 태어날 아기에 대해 그저 생각하기만 해도 아기가 태어나기 훨씬 전부터 그 궤도에 놓인 사람들의 사회적 짜임이 바뀌기 시작한다. 관계와 상호작용이 재편되면 예비 부모의 자아도 함께 변화한다. 그리고 다른 사람들 역시 자신의 자녀, 친구, 동료, 배우자가 부모가 되었을 때 겪으리라 예상되는 변화에 영향을 받는다.[31]

새로 태어날 아기가 미칠 복잡한 영향과 그 파급효과는 어렵지 않게 짐작할 수 있다. 그러나 이 책을 끝까지 읽으며 어린 시절부터 노년에 이르기까지 우리가 맺는 모든 상호작용이 내 자아와 타인의 자아에 파급효과를 일으킨다는 사실을 알게 되기를 바란다. 모든 자아는 나와 타인의 자아가 만나는 사회 구조를 밀고, 당기고, 비틀고, 잡아 늘인다.

2장

거짓 약속:
자기계발과 자율성의 신화

현대적 자아와 '끌어당김의 법칙'

"나는 병적인 인간이다. …나는 심술궂은 사람이다." 많은 이들이 실존주의의 문을 연 첫 소설로 여기는 표도르 도스토옙스키Fyodor Dostoevsky의 1864년 소설 《지하 생활자의 수기》에서 지하실에 숨은 남자는 이렇게 말한다. 이 소설에서 중간급 관료인 화자는 청원자와 상관 때문에 "비굴할 만치 괴롭고 경련이 일어날 정도였다. 결국 몸까지 너무 아파져 사람들에게 질려버렸다." 그는 "과도한 의식은 질병이다"라고 말한다. 어쩌다 그런 생각을 떠올렸을까? 우리는 외부자의 관점에서 자아를 볼 수 있지만, 결국 그 관점이 온당치 않다는 사실을 알게 된다. 자아가 사회적으로 창조되었고 부족함이 있다는 사실을 깨달으면 괴롭다. 160여 년 전 몹시 정확하게 표현된 어떤 이의 자학적인 경험은 오늘날 서양에서 자아를 느끼는 경험과 놀랍도록 비슷하다.

도스토옙스키가 묘사한 대로 결핍을 자각하고 공허한 허세와 자기 연민, 두려움으로 가득 찬 현대적 자아는 결코 허구가 아니다. 그러나 여기에서도 자의식을 금세 알아볼 수 있다. 이 무명의 남자는 자아를 예리하게 의식한다. 자신이 내린 선택의 의미와 존재의 가능성을 잘 안다. 실로 그는 바로 그 의식 때문에 쥐구멍 속 생쥐처럼 얼어붙고 부끄러워진다.

어떤 결정을 둘러싼 수많은 의미를 끝없이 곱씹으며 깊이 생각해본 적이 있는가? 어떤 생각 때문에 당혹스러워 분개하거나 자책하며 자신을 혐오한 적이 있는가? 지하 생활자는 이런 느낌이 현대인의 질병이라고 말한다. 이런 느낌은 자아를 보는 독특한 관점에서 온다. 자아를 자신만의 고유한 현실관으로 세상을 바라보는 내적 행위자로 여기는 관점이다.

자아를 보는 이런 관점이 그저 하나의 사고방식이 아니라 현실에 대한 인식이라고 착각하기 쉽다. 그러나 우리가 언제나 자아를 지금처럼 이해해온 것은 아니다. 오늘날 우리가 자아를 이해하는 관점이 예전보다 더 '진화'했다고 생각하고 싶은 유혹이 들기도 한다. 끊임없이 발전한다고 생각하면 안심이 되기 때문이다. 그러나 자아에 대한 우리의 이해가 발전했는지 여부는 핵심이 아니다. 중요한 것은 무엇이 자아를 구성하는지가 명확하지 않다는 점이다.

현대의 자아 개념은 특별한 힘이 있는 것 같다. 2007년 론다 번Rhonda Byrne은 〈오프라 윈프리 쇼〉에 출연해 자신의 베스트셀러인 《시크릿》을 소개했다 쇼는 2회에 걸쳐 '끌어당김의 법칙Law of Attraction'이라는 상당히 매력적인 개념을 집중적으로 다루었다. 번의 설명에 따르면 끌어당김의 법칙이란 간단히 말하면 '당신은 스스로 생각하는 것을 이루어낸다'라는 개념이다. 실수로 잘못된 장소에 떨어지게 될지도 모른다고 걱정하면 지진이나 허리케인으로 폐허가 된 도시에 있게 될 가능성이 크다. 수백만 달러 규모의 사업을 이끌게 되리라고 진심으로 믿으면 실제로 이루어진다는 주장이다. 〈뉴욕타임스〉 기사에서 인터뷰에 응한 사람들은 끌어당김의 법칙, 또는 요즘 말로 '소원성취manifesting'를 믿는 이유로, 불안한 시기에 자신이 통제력을 갖는다는 느낌을 받을 수 있다는 점을 들었다. 뉴욕의 한 트렌드 예측가는 "이 법칙은 일종의 자기 위안이다. 아무것도 이해할 수 없는 순간에 상황을 이해하는 방법이다"라고 말했다.[1] 사실상 무의미한 것을 이해하려는 노력은 극심한 상실의 시대였던 대침체기 직전에 나온 《시크릿》의 핵심 개념과 잘 맞아떨어진다.

이런 믿음이 얼마나 특이한지 주목할 만하다. 중세 유럽이라면 자기 생각만으로 세상 속 자신의 위치를 뒤바꿀 수 있다고 믿었던 사람은 거의 없었을 것이다. 제빵사는 자신이 대장장이가 되거나 그래야 한다고 생각했을 리 없다. 당시 자유라는 느낌은 오늘날 기준으로 보면 놀라울 만큼 좁은 범위 안에 머물러 있었다.[2,3,4]

고대 그리스 로마의 자아관과 현대 자기중심주의의 차이점

오늘날에는 인간의 잠재력, 더 나아가 당신의 잠재력은 무한하다고 생각하는 듯하다. 성공을 가로막는 유일한 장벽은 바로 당신 자신이다. 당신의 현실만이 이 세계에 존재하는 유일한 것이라는 세계관보다 더 자기중심적인 생각은 떠올리기 어렵다. 자아는 현실의 창조자로 격상된다. 원하고 믿으라, 그러면 이루어질 것이다. 그러나 다른 사람들이 당신이 바라는 것과 상반된 것을 원하고 믿는 세상에서 이런 생각이 어떻게 작동할지 알 수 없다. 그런 상황에서는 누구의 생각이 현실이 될까? 우리는 타인과 맺는 복잡한 관계 속에 존재한다. 수백만 달러의 가치가 있는 아이디어를 구현하려면 대출을 받아야 한다. 그러나 은행이 당신 같은 사람에게 대출을 내주지 않으려 한다면 어떻게 될까?

자기 삶을 완전히 휘어잡고 있다는 번의 생각은 매력적이다. 진심으로 믿기만 한다면 우리가 살고 싶은 세상을 만들 수 있다는 믿음은 멋지다. 일이 잘 풀린다면 이런 상황이 당신이 구축한 현실을 보여준다고 여길 수도 있다. 일이 잘 풀려가는가? 훌륭하다! 당신은 그것을 현실로 만들었으므로 마땅히 누릴 자격이 있다. 세상 저편에 있을지도 모를 불공정함 따위는 걱정하지 않아도 된다. 당신이 그런 불공정함에서 이득을 보았을 리는 없다. 그러나 일이 잘 풀리지 않는다면 어떨까. 《시크릿》이 희망은 주겠지만 상황이 나아지리라는 굳은 믿음 말고는 그다지 좋은 조언을 주지는 못한다. 오히려 비난한다. 일이 잘 풀리지 않는가? 자초한 일이다. 그런 일은 분명, 우연한 사건, 복잡한 사회적 불공정, 다른 사람의 행동 같은 일상적인 일에서 온 결과는 아니다. 우리가 통제할 수 없는 것은 아무것도 없으므로 그런 결과도 우리의 손 밖에 있을 리 없다.

어떻게 수백만 명이 자기 생각만으로 우주를 바꿀 수 있다는 믿음에 동조하게 되었을까? 자아를 생각하는 방식과 이런 믿음은 어떤 관련이 있을까?

우리는 자아를 매우 즉각적으로 경험하기에, 우리가 느끼는 자아 감각에 누군가가 의문을 제기하리라고는 생각하기 어렵다. 그러나 적어도 서구 사회에서 우리가 공유하는 자아라는 개념이 지금껏 사람들이 자아를 이해해온 유일한 방식은 아니다.

예를 들어 고대 그리스·로마에서는 오늘날 우리가 생각하듯 자아를 고유한 '나' 중심으로 이해하지 않았다. 고대 사상 교수이자 고대 그리스·로마의 인격과 자아 개념을 다룬 두 권의 책을 저술한 크리스토퍼 길Christopher Gill은 고대 그리스·로마인이 "자아가 고유하며 개인적이고 '나' 중심이라는 개념을 발전시켰다"라는 주장에 논쟁의 여지가 있다고 말했다.

카를 바인트라우브Karl Weintraub는 자서전 역사를 통한 자아 연구에서, 성 아우구스티누스St. Augustine가 서기 397년부터 3년간 쓴 《고백록》이 풍부한 내면의 삶을 다룬 이전 시대의 어떤 저술보다 뛰어나다고 지적한다. 오늘날이라면 어떤 작가가 자기 자신을 이야기의 주인공으로 삼아 자기 내면에 초점을 맞추어 서술했다고 놀라지 않는다. 그러나 바인트라우브는 고대 그리스·로마인들에 대해 이렇게 말한다. "개인주의와 개성이 고도로 분화된 사회에 사는 우리는, 옛사람들이 기본적으로 사회적·혈연적 관계에 얽혀 살며 그 속에서 자아의 의미를 끌어냈다는 사실을 잘 이해하지 못한다." 길이 연구하고 바인트라우브가 묘사한 사회에서 의미 있는 삶은 사회적 상호작용과 공동의 관계에 뿌리내리고 있었다. 이는 자족적이고 본질적인 자아에 초점을 맞추는 오늘날의 방식과는 다르다. 현대에서 성취는 진정한 믿음을 통해 내적 욕망을 외적 현실로 전환하는 것에서 나온다. 아마도 우리는 개인주의라는 길을 오래 걸어왔기 때문에, 내면의 삶으로 정의되지 않는 자아는 거의 상상할 수 없게 되었을지도 모른다.

길과 바인트라우브가 묘사한 세계에는 오늘날 우리가 아는 사적 자아가 존재할 여지가 거의 없었다. 자아는 내면의 자아감이나 개인적 가치와 태도가 아니라 친족 관계, 사회적 지위, 평판으로 정의되었다. 자아를 이해하고 싶다면 내면이 아니라 외면을 바라보며 공동체에 속한 자신의 위치를 이해해야 한다. 자신의 지위를 넘어설 수 있다는 생각, 지금 있는 위치가 아닌 어딘가로 오르내릴 수 있다는 생각은, 하늘을 나는 새가 된다는 생각만큼이나 허황된 것이었다. 자신이 내면의 '개성'으로 정의된다는 생각은 이해하기조차 힘들었다.

자아가 자기 생각을 새로운 현실로 만들 수 있는 마법 같은 힘을 지녔다는 오늘날의 생각과는 상당히 다른 개념이다. 손가락을 꼼지락거리는 실험에서 제기된 의문을 떠올려보면 역사적 관점과 오늘날 지배적인 관점의 차이를 이해할 수 있다. 내면과 외면 사이의 경계는 어디인가? 본질적인 자아란 무엇인가? 고대에는 공동체 속에서의 위치가 자아를 구성하는 본질적인 요소였다. 당신이 누구인지는 공동체 속 관계로 정의되었다. 그러나 오늘날 많은 이들은 사회적 관계를 외부에서 오는 자극으로 여기는 반면, 성찰을 통해 얻는 생각과 감정이 자신을 정의한다고 느낀다.[5,6,7,8]

계몽주의적 자아에서 자기중심주의로

1976년 8월 〈뉴욕〉은 '자기중심주의의 10년The Me Decade'이라는 제목을 표지에 내걸었다. 톰 울프Tom Wolfe는 기사에서 1970년대에 공동체의 선보다 자기 이익을 추구하는 새로운 태도가 미국에 자리 잡았다고 주장했다. 그는 경제 호황이 당시 젊은이들에게 '돈을 갖고 튀어라'라고 자극하며 자신을 위해 더 나은 삶을 구축하는 데 초점을 맞추도록 부추겼다고 썼다. 그로부터 대략 37년 후인 2013년 5월, 〈타임〉은 '나 나 나 세대The Me Me Me Generation'라는 제목을 내걸고 휴대전화를 들여다보는 소녀의 이미지를 실었다. 이번에는 기술과 함께 성장한 젊은이들이 점점 더 나르시시즘에 빠지게 되었다는 주장이 제기되었다. 두 표지는 모두 외면에서 내면으로 전환하고 자아에 초점을 맞추며 자기중심적으로 바뀌는 세대 변화를 설명했다.

젊음과 자기중심성 사이에서 나타난 관계가 그다지 새로운 것은 아니지만 자아에 대한 믿음은 시간이 지나며 바뀌었다.9 찰스 테일러Charles Taylor는 저서 《자아의 원천들》에서 르네상스 예술이 오늘날의 자아관을 예견했다고 주장한다. 오늘날 우리는 자아를 신비롭고 무한한 가능성을 지닌 존재로 바라보는데, 테일러는 그 기원이 르네상스에 있다고 본 것이다. 그는 이 시대 예술가들이 자연을 더 분명하게 모방하는 쪽으로 나아갔다고 말했다. 회화와 조각은 현실을 반영하는 것이었고 이런 생각에 따라 화가들은 대상과 한층 거리를 두었다. 르네상스 화가들은 우주의 일부가 아니라 대상을 관찰하는 사람이 되었다. 관찰자인 개인은 포착하고자 하는 대상의 바깥에 있고 그 대상에 얽매이지 않는다. 화가는 신과 같은 창조자가 된 것이다. 오늘날 번의 말을 믿는다면 우리는 모두 르네상스 시대 화가나 다름없다. 세상 위에 앉아 우리가 보는 대로, 또는 우리가 원하는 대로 현실을 창조한다. 자아라는 존재는 사회 질서에 의존하지 않는다. 이런 관점에서 자아는 타인을 관찰하고 조작하거나, 타인에 의해 관찰되고 조작된다. 그러나 어떤 경우에도 자아는 타인과 독립적으로 존재한다.10,11

오늘날 서구에서 이해하는 자아는 분명 르네 데카르트René Descartes와 이후 이마누엘 칸트Immanuel Kant가 정립한 계몽주의적 자아관에 가장 단단히 뿌리내리고 있다. 이런 관점에서 자아는 각자의 몸에 있으며 도덕 법칙은 인간의 자율성과 이성의 산물이다.12 칸트는 《순수이성비판》에서 "우리의 지식은 모두 감각에서 시작하며 이해로 나아가고 이성으로 귀결된다. 이성보다 더 고결한 것은 없다”라고 썼다.[13] 이런 계몽주의적 자아관의 영향은 칸트와 동시대인인 애덤 스미스Adam Smith의 연구와 결론에서 가장 분명하게 드러난다.

1776년 애덤 스미스는 《국부론》을 썼다.[14] 그는 《도덕감정론》에서 자아와 도덕성을 다루며 '보이지 않는 손'이라는 표현을 처음 사용한 바 있지만, 이 표현은 《국부론》에 나타난 근대적 경제 사고방식을 설명하고 정당화하는 은유로 더 널리 알려져 있다.[15] 스미스의 저서는 역사적 전환의 표상이자 동인이었다. 자본주의가 부상하기 전에는 중상주의가 국가 간 경제 관계의 지배적 방식이었는데, 이는 각 국가의 수출을 늘리고 수입을 최소화하는 데 중점을 둔 체제였다. 그 뒤 개인의 선택이 주도하는 자유 시장이 근대적이고 전 세계적인 경제 체계로 등장했다.

흔히 개인의 사리사욕을 챙기는 본성으로 이해되는 이기심은 현대 경제의 기초다. 폴 새뮤얼슨Paul Samuelson은 1948년 경제학 교과서에서 스미스의 보이지 않는 손을 현대적으로 해석했다. 새뮤얼슨은 “각 개인은 자신의 이기적 이익을 추구하는 과정에서, 마치 보이지 않는 손에 이끌리듯 모두에게 최선의 이익을 달성하게 된다”라고 썼다. 토마토를 재배하는 농부, 운반하는 운전사, 비축하는 도매업자, 종자 유통업자에서 포장 업자에 이르는 모든 사람이 관심을 두는 것은, 다른 사람이 샐러드나 토마토소스를 좋아할지 여부가 아니라 토마토에서 자신이 무엇을 얻을 수 있는지다. 잘 익은 토마토를 제공한 모든 사람 사이에 일어나는 협력은 바로 보이지 않는 손이 작동한 결과다.[16]

자기중심주의적 자아라는 개념이 진화하면서 그 영향은 경제 조직을 넘어 삶 전반으로 확장되었다. 아이들은 각자 방이 있어야 한다는 생각, 개인 욕실이 있어야 한다는 생각, 개인의 정체성은 각자의 선택으로 정의되고 그래야 한다는 생각 등은 모두 불가피하고 본질적인 자연의 질서를 반영한 것이 아니라, 세상에 대한 특정 관점을 바탕으로 우리가 내린 선택의 산물이다.

뇌과학으로 본 자아

개인주의에 대한 관심을 모두 따져보면 개인이 된다는 것의 의미를 정확히 파악할 수 있다고 생각할 것이다. 그렇다면 우리 몸속에 있는 자아란 대체 무엇일까? 유전학과 신성한 영혼이라는 개념은 이미 살펴보았다. 그러나 다른 개념도 있다. 바로 우리 뇌다.

오늘날에는 신경과학 또는 기타 물리과학이 자아를 이해하는 방법이라고 믿는 경우가 많다. 신체 교환이 가능할지 떠올릴 때 당신은 분명 뇌 또는 신경 활동이 지금 당신의 몸에서 다른 어딘가로 옮겨진다고 생각했을 것이다. 자아가 내면의 생각이나 느낌이라고 여기면 우리는 자신을 정의하는 요소가 자리한 곳인 뇌에 자아가 있다고 믿게 된다.[17]

이런 생각에도 다른 개념처럼 역사가 있다. 미국 제41대 대통령 조지 부시George H. W. Bush는 1990년대를 '뇌의 10년'이라고 선언했다. 이 시기에는 신경과학자들에게 자금과 과학적 흥분이 쏟아졌고 놀라운 발전이 이어졌다. 이런 혁신 중 하나는 매우 강력한 자석을 이용해 뇌의 혈류를 모니터링하는 영상 기술인 기능적자기공명영상functional magnetic resonance imaging, fMRI의 보급이었다. 이 기술 덕분에 과학자들은 뇌 활성화 패턴을 실시간으로 탐색할 수 있게 되었다. 사람을 기계에 넣고 뇌 활동과 관련된 혈류 변화를 관찰하는 방식이다. 특정 뇌 영역이 활성화될수록 그 부분으로 혈액이 더 많이 흐른다. fMRI를 이용해 뇌가 실시간으로 작동하는 모습을 볼 수 있게 되자, 뇌의 특정 영역에서 무슨 일이 일어나는지 더 잘 알게 되었다는 생각이 커졌다.[18]

다른 분야에서도 뇌를 엿보는 이런 능력을 지나칠 수 없었다. 이런 연구에 따라오는 학문적 명성과 풍부한 연구비도 한몫했다. 신경과학 접근법으로 인간의 생각, 의사 결정, 경험을 탐구하는 연구가 다양한 분야에서 엄청나게 쏟아져나왔다. 일부 사회과학 분야에서는 MRI 같은 수백만 달러짜리 장비를 도입하고 이 장비를 운용할 사람을 고용하기도 했다.[19,20]

뇌에 집중했던 이 시기에 사회심리학 분야에서는 대체로 고전적인 연구를 재조사해 뇌의 어떤 영역에서 특정 과정이 일어나는지 확인하는 일을 수행했다. 어떤 경험이 뇌 어디에서 일어나는지 찾아내면 결과에 더욱 무게가 실리고, 과거에는 겉으로 드러나는 행동으로만 볼 수 있던 경험의 진실을 밝힐 수 있을 듯했다. 마치 뇌를 살펴보면 그 안에 들어앉아 통제하는 사람을 볼 수 있고 그 사람이 무엇을 하는지도 판단할 수 있을 것 같았다.

자아를 이처럼 신체 과정으로 환원해 이해하면 금방 컴퓨터에도 비유할 수 있다. 신체가 그저 생화학적 기계에 불과하고 자아는 신체에 불과하다면 기계도 자아가 될 수 있다. 이렇게 생각하면 마음은 소프트웨어고 이 소프트웨어가 바로 자아다. 신체는 자아가 작동하는 하드웨어다. 이런 비유에 따르면 자아는 복사되고, 업로드되고, 다운로드될 수 있다. 적어도 이론적으로 자아는 무한히 업그레이드 가능한 신체에 무한히 존재할 수 있다.[21,22]

이처럼 자신이 어떤 사람인지를 신체로 환원하는 관점에 동의하지 않더라도, 적어도 내가 누구인지는 안다고 느낄 수 있다. 자신의 가장 내밀한 생각, 희망, 꿈, 불안은 자기 자신만이 안다. 오직 자신만이 자신의 생각과 느낌을 직접 알 수 있다. 그러나 정말 그럴까?

무의식이 만들어내는 자아

누구도 타인의 마음을 직접 읽을 수는 없다. 문제는 타인의 내적 인지 과정을 알 수 없다는 사실이 자신의 내적 인지 과정도 알 수 없다는 생각으로까지 확장될 수 있다는 점이다. 티모시 윌슨 Timothy Wilson이 저서 《나는 왜 내가 낯설까》에서 설명했듯 "적응적 무의식을 연구한 바에 따르면 우리가 보고 싶은 것 대부분은 보이지 않는다".[23] 지금껏 논의한 대로 세상은 의식적 수준에서 이해하기 어려울 만큼 복잡하다. 그러나 세상을 이해하는 우리의 능력은 의식적으로 접근 가능한 수준을 넘어선다는 사실도 밝혀졌다. 우리는 의식적으로 패턴을 깨닫지 않고도 패턴을 학습하고 전략적으로 대응할 수 있다.

화면에 여러 숫자와 문자가 든 작은 상자가 나타난다고 상상해보자. 당신의 임무는 가능한 한 빨리 숫자 6을 찾는 것이다. 6을 찾을 때마다 새로운 숫자와 문자 배열이 나타나고 또 6을 찾아야 한다. 계속할수록 더 잘하게 되고 더 빨리 6을 찾는다. 연습해서 더 빨라졌다고 느끼겠지만 실은 반복하면서 6이 나타날 위치를 예측하는 데 도움이 되는 패턴을 익혔기 때문이다. 그저 연습해서 된 것이 아니라는 사실을 과학자들은 어떻게 알았을까? 패턴을 제거하면 속도가 금세 느려지기 때문이다. 패턴이 매우 복잡하다는 사실도 흥미롭다. 사실 너무 복잡해서 의식적으로 식별할 수 없고, 식별할 수 있더라도 의도적으로 그 패턴을 이용해 속도를 올릴 수는 없다. 패턴이 있다는 사실조차 모른다는 것을 과학자들은 어떻게 알았을까? 연구자들은 어떻게 한 것인지 말해주면 100달러를 주겠다고 제안했지만 아무도 말하지 못했다. 심지어 심리학 교수들에게 물었을 때도 마찬가지였다. 분명히 말하지만 그들이 패턴을 설명할 수 없었다는 말이 아니다. 패턴이 너무 복잡하기 때문에 설명을 요구하는 것 자체가 다소 불공평한 일일 것이다. 참가자들은 자신이 과제를 점점 빨리 수행할 수 있게 된 이유가 패턴 때문이라는 사실조차 몰랐던 것이다.[24,25]

생각해보면 정말 놀라운 일이다. 우리는 의식적으로 '볼' 수 있는 것보다 더 많이 안다. 그러나 이때의 단점은 어떻게 했는지 모르면 대개 자신이 그것을 하고 있다는 사실조차 모른다는 점이다. 자아에 대해 알고 싶은 것 역시 우리가 접근할 수 있는 능력 밖이라는 의미이기도 하다. 자신의 내적 상태를 직접 알 수 있다는 느낌은 전혀 사실이 아닐 수도 있다.

누군가가 자신도 모르는 행동을 통해 당신에게 무언가를 알려준 적이 분명히 있을 것이다. 어떤 사람의 이름을 꺼냈는데 친구의 뺨이 살짝 붉어진다면, 그 친구는 자신의 감정을 아직 깨닫지 못했더라도 그 사람을 좋아하는 감정을 키우고 있다는 단서를 준다. 자신의 생각, 욕구, 필요의 근원을 스스로 제대로 이해하지 못한다는 사실은 어렵지 않게 납득할 수 있다. 그런데도 우리 대부분은 개인적 정체성을 강하게 느낀다. 그런 정체성이 어디에서 왔는지는 모르지만 안정된 무언가가 있다는 느낌은 분명하다.

흄의 정체성 철학으로 바라본 유사성과 기억

18세기 스코틀랜드 철학자 데이비드 흄David Hume은 개인의 정체성에 대한 확고한 느낌이 유사성과 인과성이라는 두 과정의 결과라고 주장했다.26 첫 번째 과정인 유사성은 하나에서 다른 하나로 바뀌는 전환이 매끄럽고 사실상 감지할 수 없을 만큼 미세하게 일어난다는 개념이다. 새로운 사회적 상호작용이나 관계에서 일어난 작은 변화는 자아를 바꾸지만, 그 변화는 너무 순조롭고 사소한 탓에 전혀 알아차리지 못한 채 지나간다. 두 번째 과정인 인과성은 한 가지 원인으로 여러 요소 사이에서 일어난 복잡한 상호작용들이 하나의 통일된 것으로 느껴진다는 개념이다. 정체성을 바라보는 이런 두 가지 관점은 자아 모델에서 중요한 의미를 지닌다.

흄에 따르면 유사성은 기억이 "정체성을 발견할 뿐만 아니라 정체성 생성에도 이바지한다"라는 증거다. 이런 사고방식은 개인의 정체성을 심리학적으로 이해하는 심오한 방법이다. 우리가 누구였는지, 지금은 누구인지 이해하는 감각은 기억을 통해 걸러진 과거의 조각으로 구성된다. 기억은 말 전달 놀이처럼 작동한다. 여러 사람이 줄지어 서서 옆 사람에게 연이어 말을 전달하면서, 원래 말은 왜곡되거나 최악의 경우 전혀 알아들을 수 없게 된다.

기억은 매우 유연해서 일어나지 않았던 일도 기억하게 만든다. 어떤 연구에서는 청소년에게 결코 저지른 적이 없는 범죄에 대한 기억을 떠올리게 하거나 성인에게 어린 시절 사건을 잘못 기억하도록 유도했다. 기억은 필요할 때 경험에서 끌어낼 수 있는 충실한 기록이 아니다. 기억은 과거의 경험과 그 경험을 회상하려는 시도 사이에 개입하는 여러 사건의 영향을 받는다.[27,28] 우리는 변하고 따라서 기억도 변한다. 그러므로 자아감이 자신을 고유하게 만드는 특성과 이야기를 떠올리는 데 달려 있다면, 자신을 되돌아보는 경험은 곧 자아를 떠올리는 경험일 것이다. 그러나 기억은 충실한 기록이 아니기 때문에, 자신의 기억이 곧 자신이라고 믿는다면 자아를 느끼는 모든 경험은 새로 창조된 것이라 볼 수 있다. 자아를 떠올릴 때마다 우리는 새로 태어난다.

유사성이라는 개념은 깨어 있는 모든 순간을 자아와 함께 보낸다는 사실과 엮여 자아를 경험하는 방식과 타인을 경험하는 방식 사이에 차이를 만든다. 자신을 생각할 때는 변화를 깨닫기 어렵다. 어떤 상태에서 다른 상태로 아주 작은 단계를 밟으며 조금씩 바뀌기 때문이다. 앞서 동료와의 우호적인 논쟁에서 내가 동료의 마음을 바꾸었고 따라서 동료의 자아를 바꾼 사례를 들었을 때, 동료는 내가 자신을 내향적인 사람에서 외향적인 사람으로 바꾼 것은 아니라고 반박했다. 이때 그는 유사성을 이야기하고 있다. 나는 그가 지닌 여러 신념 가운데 하나에 소소한 영향을 미쳤을지 모르지만, 이런 변화는 자아의 변화로 보기에는 너무 작고 하찮았다. 그러나 흄이 주장하는 요점은 변화란 보통 작고 점진적이기 때문에 자신의 변화를 알아채기는 힘들다는 사실이다. 우리가 보기에 느린 진화는 자아의 변화로 느껴지지 않는다. 우리는 자아와 계속 만나므로 변화를 파악하기 어렵고, 따라서 이것을 변화가 일어나지 않았다는 증거로 오인한다.

오랜만에 누군가를 만났을 때 상대방이 신체적으로 얼마나 달라졌는지 놀란 경험이 있을 것이다. 머리카락이 가늘어졌든, 눈가에 잔주름이 생겼든, 체중이 늘었든 이런 변화는 때로 충격적으로 느껴진다. 지난 만남과 이번 만남 사이에 시간이 연속되어 있다는 환상이 깨진다. 우리는 다른 사람에게 얼마나 많은 변화가 보이는지 깜짝 놀라고, 그러면서 그동안 자신은 덜 변했다는 느낌을 과장해서 느낀다.

1960년대 문화와 자아의 형성: 개인주의와 도덕적 자아

앞서 나는 자아가 사회 환경에서 구성된 것이라고 주장했다. 자아는 우리가 언제 어디서 자랐고 지금은 어디에 있는지에 따라 구성된다. 자아를 탐구하는 일, 즉 일부 사람들의 말처럼 '자아 찾기'에 얼마나 관심이 있는지도 우리가 어디에서, 언제 태어났는지에 영향을 받는다. 미국에서는 '진정한 자아'를 찾으려는 오늘날의 강박이 1960년대에서 1970년대에 일어난 사회운동과 연관 있다고 보기도 한다. 히피 문화, 인간 잠재력 운동, '뉴에이지' 영성 같은 운동은 부분적으로 지난 수십 년 동안 이어진 소비주의와 순응 사회에 대한 반발이었다.29

새로운 사상가들이 보기에 흰 울타리 쳐진 교외 주택으로 이사하고, 자녀 몇 명과 개를 키우고, 이웃과의 사회생활에 아무 생각 없이 참여하는 등 사회적 규범과 기대를 따르는 행동은 자아를 억누르는 일이었다. 이들은 임금 노동, 물질주의, 진부한 사회적 관습으로부터 자유로울 때만 진정한 자아를 볼 수 있다고 생각했다. 어떤 사람들은 1960년대를 자유 연애의 시대로 보았다. 존 맥윌리엄스John McWilliams는 1960년대 문화 혁명을 다룬 저서에서 히피를 "기독교, 일부일처제, 전통 복장, 사유 재산을 거부하는 이들"로 묘사했다.30

학자와 영적 구도자, 물리학자, 심리학자들은 많은 이가 인간 잠재력 운동의 본거지로 여기는 캘리포니아 북부 해안 에설런 수행 센터에서 아시아 전통과 연관된 '무교' 방식의 종교를 탐구했다. 라이스대학교에서 철학과 종교사상을 연구하는 교수 제프리 크리펄Jeffrey Kripal은 에설런의 역사를 다룬 저서에서 이곳을 "현대 민주주의 원칙, 개인주의적 가치, 과학이 내린 축복, 종교의 세속적 개념을 개인적 선택과 창의성과 관련된, 사적인 문제이자 사회적 제약에서 벗어난 의제로 간주하고 운영하기로 한 장소"라고 설명했다.31

당대 저명한 철학자인 아인 랜드Ayn Rand는 다소 다른 접근법을 적용해 이기심을 도덕적 선이라고 옹호했지만, 여기서 이기심이란 원하는 것을 무엇이든 하는 것이 아니라 합리적인 자기이익을 위해 행동하는 것이라고 명확히 밝혔다. 이런 철학은 그의 디스토피아적인 소설 《아틀라스》를 통해 가장 널리 알려졌다. 이 책에서 그는 창의적인 사상가, 사업가, 과학자가 모두 파업에 돌입한다면 세상에 어떤 결과가 일어날지 탐구한다. 그는 자신의 철학을 객관주의 Objectivism라고 했는데, 이는 개인을 승격하고 종종 타인의 요구와 공동체의 표준 가치를 무시해도 된다고 허용하는 개념이다.

개인적 자아를 승격하고 개인의 필요와 욕구를 사회적 관심보다 우위에 둔다는 이런 생각은 애덤 스미스 같은 사상가를 보는 현대적 이해와 아주 가깝다. 개인이 이기적인 목적을 자유롭게 추구한다면 더 많이, 더 값싸게 생산해 물질적으로 모두의 삶의 질이 높아지며 더 잘살게 된다는 것이다. 스미스와 랜드의 관점에서 본다면 이기심의 자유로운 발현이 세상을 더욱 풍요롭게 하고 삶을 나아지게 한다. 1960년대 반문화에 몸담은 일부 사람들은 세상이 치유될 수 있다고 보았다.

자아가 개인적으로 정의된다고 믿고, 그런 자아의 요구를 승격한다면 결국 외부에서 오는 제약은 나쁘다고 여기고 이기적인 추구를 미화하게 된다. 개인주의는 이미 자본주의적 사고의 바탕이었기 때문에, 1960년대 자아관이 반문화적인 개념에서 상당히 주류적인 개념으로 바뀌는 데는 그리 오래 걸리지 않았다. '흥분하라, 함께하라, 이탈하라'라는 구호가 '욕심은 좋은 것'으로 바뀌는 데는 금방이었다.

1960년대 사회운동으로 떠받들어진 자아에 대한 통찰은 직전의 지배적인 분위기와는 극명한 대조를 이루었지만, 개별적인 자아를 발견하고 함양해야 한다는 낭만적인 생각은 그다지 새로운 것이 아니었다. 랠프 월도 에머슨Ralph Waldo Emerson은 결국 "자신 외에 당신에게 평화를 가져다줄 수 있는 것은 아무것도 없다"라고 믿었다.[32] 적어도 장 자크 루소Jean-Jacques Rousseau 이후 많은 사상가는 인간이 자연 상태에서는 본질적으로 선하다는 믿음을 바탕으로 유토피아적 이상을 구축했다. 루소의 낭만주의는 부분적으로 이성의 시대에서 나온 합리주의에 대한 반작용이었다. 루소와 다른 낭만주의자들은 개인, 상상력, 개인성, 감정을 강조했다. 일부 낭만주의자들은 자연 상태란 우리를 타락시키는 외부 세력으로부터 자유로워지는 것이라고 보았다.[33,34,35]

적어도 오늘날 사람들은 타고난 낭만주의자처럼 보인다. 도덕적 행동이 그 사람의 '진정한 자아'에서 비롯된다고 믿는 사람이 많다는 점에서 말이다. 연구에 따르면 우리는 부도덕한 행동을 무언가 설명이 필요한 일탈이라고 생각한다. 진정한 자아가 된다면 선해질 것이라 여긴다. 우리는 자아의 본질이 긍정적인 도덕적 특성과 일치하며, '나쁜' 특성은 모두 '진정한' 자아 외부의 무언가에서 비롯된다고 본다.[36,37,38]

'진정한 자아'를 타고난다는 착각

지금쯤 짐작했겠지만 나는 누구나 '진정한 자아'를 타고났다는 생각에 반대한다. 도덕적 행동은 내면에서 온 것이어서 진정한 자아를 담고 있지만, 비도덕적 행동은 그저 외부 영향에서 온 것일 뿐이라는 생각은 애초에 사람들이 내적 힘과 외적 힘을 구별할 수 있다는 가정을 전제한다. 그리고 지금까지 살펴보았듯 이런 구별은 생각만큼 쉽지 않다. 진정한 자아가 있다는 믿음은 우리가 일부 행동, 즉 도덕적 행위에 대해 독자적인 소유권을 지닌다는 사실도 암시한다. 여기서 분명히 해야 할 것은, 자아를 지니려면 타인이 필요하다는 점이다. 그러나 그저 주변에 다른 사람이 있는 것만으로는 충분하지 않다. 주변에 타인이 있다는 사실을 인식하고 받아들여야 한다. 둘의 차이가 그다지 크게 보이지 않을 수도 있다. 타인이 주변에 있다면 분명 그 사실을 알게 될 것이기 때문이다. 그러나 반드시 그렇지는 않다. 인간은 동료 인간을 비인간화하고 그들의 인간성을 부정할 수 있다. '비인간화dehumanization'라는 단어가 상당히 부정적으로 들릴지도 모른다. 비인간화는 대량 학살의 중요한 구성 요소가 되기도 하고, 해충으로 묘사된 사람들을 박멸해야 할 침입자로 여기게 만들기도 한다.

그러나 누군가를 하찮은 존재로 취급하는 것도 비인간화다. 흔히 서비스 업종에 종사하는 사람들을 얼마나 하찮게 보는지 떠올려보라. 택시를 불러도 실제로 운전사를 보지는 않고, 식당에서 물을 따라 주는 사람도 거의 인지하지 못한다. 어느 순간부터 우리는 일상에서 마주치는 누군가의 온전한 인간성을 인식하지 못하게 되었다.[39,40,41]

타인을 인지하는 것은 능동적인 과정이다. 우리를 완전한 인간으로 만드는 것은 단순히 다른 호모 사피엔스가 물리적으로 존재한다는 사실이 아니라, 우리가 공유하는 인간성을 인식한다는 사실이다.

이런 생각은 어디로 이어지는가? 첫째, 자아는 복잡한 개념이라는 점이다. 자신을 알거나 이해한다고 말할 때 우리는 흔히 자아가 복잡하다는 점을 과소평가한다.

둘째, 자아는 세상에 앉아 그저 이해되기를 기다리는 무언가가 아니다. 인간은 자아에 대한 관념을 스스로 만들어내며, 따라서 자아는 변한다.

셋째, 자아라는 개념은 중요하다. 이 개념은 우리가 세상과 관계 맺는 방식에 영향을 미치며, 따라서 세상이 조직되는 방식과 밀접한 관련이 있다.

*

3장

자유의지는
어디까지 가능한가?

모든 사람이 추구하는 것은 무엇일까?
좋은 상태에 있고, 행복하고, 하고 싶은 대로 하고,
좌절하지 않고, 강요받지 않는 것이다.

– 에픽테토스Epictetus

타인의 방해 없이 행동하고 말할 권리

자유롭다는 것은 무엇일까? 자유라는 개념이 어째서 투옥될 위험까지 감수하는 시위나 더 극단적이고 심각하게는 국가적 선전포고 같은 중대한 행위를 고취하고 정당화하는가? 자유라는 단어는 마법 같은 속성을 부여한다. 자유라는 단어를 붙이면 정의롭다는 느낌이 더해진다. 정치적 자유, 학문의 자유, 언론의 자유, 종교의 자유 같은 말을 보라. 어떤 개념이든 자유를 붙이면 비난받기는커녕 오히려 받들어진다. 자유라는 말이 더해지면 모두 정화되는 듯하다. 반대로 자유가 부정된다는 것은 죽음보다 더 나쁜 운명으로 여겨진다. 뉴햄프셔주의 모토는 '자유가 아니면 죽음을'이다. 적어도 뉴햄프셔에서 자유 없는 삶은 생명을 잃는 것보다 못하다는 점이 분명해 보인다.

코로나19 대유행 동안 우리는 이런 개념이 전면에 대규모로 등장하는 상황을 목격했다. 많은 사람이 마스크 착용과 백신 접종 의무화를 자유에 대한 침해로 여겼고, 이 규칙에 저항했다. 이런 사람들은 자신이나 타인의 죽음에 일조했을 수 있다.

'자유가 아니면 죽음을' 같은 문구에 사용된 자유라는 개념은 사랑이라는 단어와 비슷하다. 둘 다 정확히 정의하기 어려운 인간의 갈망, 즉 원초적인 욕구를 포착한다. 사람들이 흔히 '보면 알아'라고 할 때 떠올리는 개념이다. 그러나 우리의 목적에는 이것으로 충분하지 않다.

자아와 자유 사이의 관계를 이해하려면 자유의 개념과 정의를 좀 더 파고들어야 한다. 적어도 서구 사회에서 자유라는 개념은 오랫동안 사회가 어떻게 조직되어야 하는지, 좋은 삶을 위해 무엇이 필요한지, 인간과 신의 관계는 어떠해야 하는지를 설명하는 기본 원칙이었다. 자유의 중요성을 제대로 이해하려면 다음 세 가지 질문을 던져야 한다. 1) 자유롭다는 것은 무슨 의미인가? 2) 우리는 자유로워질 수 있는가? 3) 우리는 자유로워지기를 원하는가? 이 책은 부분적으로 세 번째 질문인 '우리는 자유로워지기를 원하는가'와 그에 대한 대답의 결과를 성찰하는 것으로도 읽을 수 있다. 이 질문에 대한 내 대답은 '사실은 아니다' 또는 적어도 '전적으로 그렇지는 않다'이다.

내가 말하는 자유가 무슨 의미인지 명확히 밝히지 않은 채 우리가 실은 완전히 자유로워지기를 원하지 않는다고 말한다면, 공평하지 않을 것이다. 자유라는 단어를 쓸 때 사람들은 흔히 '타인의 방해 없이 내가 하고 싶은 대로 행동하고 말할 권리' 같은 의미를 떠올린다. 사람들이 자유에 대해 이렇게 말할 때는 그저 이 정의를 읊는 것 이상으로 무언가를 의미한다는 느낌이 든다. 내가 말하는 자유가 무엇을 뜻하는지 더 분명히 하기 위해 자유의 정의를 다음과 같이 세 부분으로 나눠보겠다. '타인의 방해 없이', '내가 하고 싶은 대로', '행동하고 말할 권리'다. 순서대로 살펴보자.[1]

권력과 불평등, 보이지 않는 억압

자유를 박탈당한다고 할 때 우리는 보통 누군가가 내 마음대로 살지 못하도록 방해하는 모습을 떠올린다. 배우자가 어떤 영화를 보자고 청할 때처럼 사소한 일일 수도 있고, 내 피부색 때문에 거주지나 직장을 얻을 기회, 안전하다는 감각 등에 제한받을 때처럼 복잡한 일일 수도 있다. 후자의 예를 들어보겠다. 1990년대 초반 내가 열일곱 살 무렵 일어난 사건이다. 어느 날 오후 나는 친구와 함께 우리 둘의 머리를 깎아주기로 한 친구를 데리러 운전해 갔다. 시카고였고 화창한 오후였다. 우리는 잘 다듬어진 잔디 사이로 나무가 늘어선 한적한 거리로 차를 몰았다. 차를 세운 다음 내 친구는 차에서 내려 자기 친구네 집 초인종을 눌렀다. 내가 차에서 기다리는데 한 블록 아래 길에 경찰차가 나타났다. 경찰 두 명이 차에서 내려 모퉁이에서 놀고 있는 사람들을 수색했다. 경찰이 사람들을 금방 풀어준 것으로 보아 아무것도 찾지 못한 듯했다. 나는 그 일에 전혀 관여하지 않은 채 차 안에서 이 상황을 지켜보았다. 그때 경찰이 총에 손을 얹은 채 내 쪽으로 걸어와 차에서 내리라고 명령했다.

나는 차에서 내려 침착하게 "무슨 일이세요, 경관님?"이라고 물었다. 내 친구와 다른 친구가 나를 향해 걸어오고 있었다. 경찰 한 명이 내 친구를 차 보닛에 밀어붙이고 몸을 수색했지만 역시 아무것도 나오지 않았다. 경찰들은 나와 다른 친구에게 차에 바짝 붙어 서라고 명령한 다음 주머니를 수색해도 되겠냐고 물었다. 나는 침착하게 거절했다. 경찰은 수색에 동의하지 않으면 연행하겠다고 말했다. 내가 재차 거부하자 경찰은 내게 수갑을 채우고 경찰차 뒷좌석에 밀어 넣었다. 경찰은 내 차를 뒤진 다음 끌고 갔다. 나는 경찰서에 연행되었고 체포 불응 혐의로 기소되어 다음 날 아침까지 유치장에 구금되었다.

그 순간 경찰은 분명한 방식으로 내 자유를 제한했다. 내게 수갑을 채워 이동의 자유를 박탈했고 나를 경찰차에 밀어 넣고 나중에는 유치장에 가두어 신체의 자유를 박탈했다. 이발도 못하게 했고, 그날 계획했던 일을 모두 방해했다.

그러나 이것은 자유에 대한 가장 눈에 띄는 침해일 뿐이다. 경찰이 나를 제지하지 않았더라도 의심하고 무례하게 대했다면 역시 내게서 무언가를 박탈한 것이다. 그들은 시민의 안전을 보호해야 할 바로 그 기관인 경찰을 통해 내 안전감을 짓밟았고, 사회에서 존중받는다는 느낌마저 빼앗았다.

흑인이나 유색인종이라면 대부분 그날 내가 겪은 일과 상당히 비슷한 경험을 한 적이 있을 것이다. 사실 공공 안전을 보호한다는 명목으로 이런 일이 허용된 것은 이 나라 정치적 유산의 일부다. 1990년대 뉴욕시 경찰국은 불심검문을 확대하기 시작했다. 2002년에서 2019년 사이 500만 명이 넘는 사람이 불분명한 이유로 체포되어 수색과 심문을 받았다. 이런 검문에서 불법이거나 위험한 밀수품이 발견되는 경우는 거의 없었다. 검문받은 사람의 90퍼센트 이상이 무죄였다. 그러나 검문받을 때마다 누군가는 조금씩 자유를 빼앗겼다. 공권력에 위협받을지 모른다는 두려움 없이 거리를 걸을 자유 말이다.[2]

내가 하고 싶은 것을 '타인이 방해'하는 상황을 떠올릴 때 경찰이 막아서거나 몸수색하는 상황만을 떠올리기 쉽지만, 이는 상황을 매우 좁게 보는 일이다. 사회 대부분은 위계적으로 구성된다. 어떤 사람은 다른 사람보다 권한을 더 많이 받는다. 공적 조직 계층처럼 합의된 목표를 이루기 위해 의도적이고 투명하게 이루어지는 계층 구분도 있다. 자연환경이나 역사적 사건이 만들어낸 유리한 조건을 개인 또는 집단이 이용하면서 계층이 구분되기도 한다. 자신보다 힘센 사람 때문에 자유를 빼앗긴 경험이 분명히 있을 것이다. 상사가 일을 마무리하라고 요구해서 주말을 빼앗겼거나 당신보다 덩치가 크고 힘센 누군가가 당신을 밀쳐냈을 수도 있다. 어떤 정당이 영향력을 행사해 자유를 제한하는 법을 제정했을 수도 있다.[3]

어렸을 때 동네 친구들을 괴롭히는 아이가 있었다. 그 애는 나나 친구들보다 나이가 많고 몸집도 컸으며 그저 장난삼아 폭력을 휘두르며 우리를 위협했다. 나는 그 애가 근처에 있을지도 모른다는 두려움에 현관 앞에서 멈칫거렸던 일이 기억난다. 사실 그 애가 길에 나와 있지 않을 수도 있고, 심지어 동네에 없을 수도 있었다. 그러나 해를 입을 가능성이 있다는 사실을 아는 것만으로도 우리는 바깥에 나가지 못했다. 이제 막대기를 들고 다니는 문제아 말고 총을 든 경찰을 떠올려보자. 불심검문은 검문당한 사람은 물론 검문당할까 봐 걱정하는 사람 모두에게 위협이 되었다. 사실 불심검문 정책은 위협, 즉 자유를 가로막는 수단으로 고안된 것이었다.

욕망과 선택, 보이지 않는 속박

물리적 개입 없이 누군가의 자유를 제한하는 방법에는 위협만 있는 것이 아니다. 누군가가 당신에게 비교적 쉬운 어떤 일을 해달라고 100만 달러, 또는 1000만 달러를 제안한다면 어떨까? 싫다고 하겠는가? '황금 족쇄'는 어떤 사람이 조직을 떠나지 못하도록 매우 매력적인 보상을 제안하는 일을 가리키는 신조어다. 거절하기 힘든 제안을 던지는 것이다. 부유하고 매력적이지만 지루하고 성격이 어두운 사람에게 프러포즈를 받는 것이나 마찬가지다. 사람에게는 두려움뿐만 아니라 욕구와 욕망도 있다. 두려움 때문에 당신이 원하는 것을 말하거나 행동할 능력이 줄어들 수도 있다는 사실을 받아들인다면, 욕구와 욕망 역시 그렇지 않겠는가?

이런 욕구와 필요에 따라 어떤 일을 할 때 자유를 잃기도 한다. 어떤 일을 하는 대가로 돈을 받는다면 다른 일을 할 기회를 잃는다. 당신에게 10달러가 있는데 내가 당신을 구슬려 어떤 물건에 그 돈을 쓰도록 한다면, 나는 당신이 다른 물건에 그 돈을 쓰지 못하게 한 셈이다. 광고는 사람들의 돈을 빼낼 목적으로 고안된다. 예를 들어, 어떤 브랜드의 어떤 차를 운전하면 사람들이 당신을 더 매력적으로 볼 것이라고 설득해 그 차를 사도록 유도한다. 잘생기고 멋지게 차려입은 사람들이 번쩍이는 새 차의 운전자에게 눈길을 돌리는 자동차 광고를 본 적이 있을 것이다. 어떤 일을 하지 못하도록 명시적으로 막든 어떤 일을 하도록 유도하든 나는 당신의 자유를 줄인 셈이다. 당신은 나를 만나기 전보다 선택지가 줄었다.

'타인이 방해한다'라는 개념을 더욱 폭넓게 이해하면 자유라는 개념의 기반이 더욱 위태로워진다. 우리의 행동이나 말 대부분은 다른 사람의 요구에 영향을 받는다. 폭력이나 두려움을 이용해 남이 원하는 것을 하거나 말할 능력을 노골적으로 침해하기도 한다. 광고를 이용해 타인의 욕구와 욕망을 조작하기도 하고, 돈을 제시해 필요한 것을 직접 제공하기도 한다. 그저 타인이 존재한다는 사실만으로도 구속이 생긴다. 아무 힘 없는 신생아가 태어나면서 자유가 많이 축소된 부모들을 떠올려보자.4 외부 영향이 없어야 자유로울 수 있다면 자유롭게 사는 것이 과연 가능한지조차 불분명하다. 앞으로 살펴보겠지만, 자유롭게 살 수 있더라도 당신이 외부 영향에서 '자유롭게' 살기를 원할지도 확실하지 않다.

원하는 대로 살려면 먼저 자신이 무엇을 원하는지 알아야 한다. 타인의 영향을 피할 방법을 찾았다고 가정해보자. 그렇다면 '내가 하고 싶은 대로' 한다는 것은 무슨 의미인가? 자유로워지기 위해 내가 하고 싶은 대로 하는 것은 외부 영향을 피하는 것보다는 쉬워 보인다. 그러나 인생의 많은 일이 그렇듯 이 역시 보기보다 복잡하다.

'원하다'라는 말은 재미있는 단어다. 무언가를 원한다고 할 때 그것은 무슨 의미인가? 배가 고프다고 하면 무언가 먹고 싶을 거라고 생각하지만, 그저 배고픔을 느끼고 싶지 않는 것이라면 어떨까? 다이어트 중이고 열량을 제한하는 중이라면 그 상황에서도 무언가 먹고 싶어 할까? 행동을 제한하는 외부 제약에만 초점을 맞춘 자유라는 개념은 지극히 근시안적이다. 겉보기에 자유로워 보이거나 적어도 외부 제약 없이 고르는 선택도 원하는 삶을 가로막는 가장 큰 장애물일 수 있다. 자유라는 느낌은 잠깐 얻는 쾌락보다 조금 더 복잡하다. 이 글을 쓰면서 나는 커피를 마시고 있다. 커피는 글을 쓰기에 적당한 분위기를 조성하는 데 도움이 된다. 나는 커피를 원했다. 더 정확하게 말하자면 이 글을 쓰고 싶었고 그래서 커피가 도움이 되겠다고 생각했다. 이 말은 내가 커피를 마시는 이유를 잘 설명해주지만, 정말 그럴까?

아침마다 커피를 마시는 사람이라면 커피를 원한다고 할 수 있지만, 실제로는 커피가 필요하다라는 뜻일 수도 있다. 커피가 필요하고 아무도 그것을 막지 않아서 커피를 마실 수 있다면 당신은 자유로운가? 자유롭게 커피를 마실 수 있지만 그것이 사람들이 흔히 말하는 자유를 뜻하는지는 의심스럽다. 필요한 것이 커피가 아니라 헤로인이라면 어떨까?

파괴적인 중독에 빠지는 것은 자유지만, 보통은 빠지고 싶지 않은 강박을 충족하는 것을 자유라 부르지는 않을 것이다. 강박이 내적이든 외적이든 그것이 강박이라는 사실 자체는 바뀌지 않으며, 보통 자신이 통제할 수 없다고 느끼는 행위를 자유라 여기지는 않는다.

완벽한 사람은 없다. 적당한 선을 넘어 술을 마시고, 대충 먹고, 자야 할 시간이 훌쩍 지나도 깨어 있기도 한다. 누가 시켜서 그런 것은 아니지만 이런 행동이 자신에게 좋다고 생각하지도 않는다. 옳은 행동을 실천하기 힘들 때도 있다. 노력하지만 실패했을 때, 또는 해야 한다고 여기는 일을 하지 않을 때 우리는 자유로운가?

자유와 자아: 관계 속에서 정의되는 선택과 행동

자신에게 옳다고 생각하는 일을 하는 능력을 자유라 본다면 필연적으로 또 다른 장애물에 직면하게 된다. 자신에게 무엇이 옳은지 생각할 때, 어떤 자아를 염두에 두는가? 아들인 내가 옳다고 생각하는 일과 남성인 내가 옳다고 생각하는 일은 다를 수 있다. 신체적 자아를 넘어 생각할 때 이런 질문은 매우 중요해진다.

게다가 각각의 자아가 지닌 욕구, 욕망, 두려움은 일치할 필요도 없고 일치하지 않을 수도 있다. 남성으로서 나는 자신과 타인을 대변해야 한다고 느낀다. 강하다고 느끼고 그렇게 보여야 한다. 아들로서 나는 어머니를 공경하고 나를 걱정하는 어머니의 염려를 유념해야 한다.

길에서 경찰을 만난 날 몸수색을 거부했던 내 행동은 내게 옳은 것이었을까?

나를 아들로서 생각해보자. 나는 어머니와 함께 경찰관은 피하거나 달래야 할 위험한 존재라는 현실 인식을 공유할 수도 있다. 그러나 어떤 이유로 나는 경찰의 권위에 도전했다. 이런 관점에서 본다면 나는 자신에게 최선인 행동을 하지 않았기 때문에 자유롭지 않았다고 주장할 수 있다.

이제 나를 남성으로 생각해보자. 내가 내린 남성다움의 정의에 따르면 내 자아는 불의에 맞서야 한다고 요구한다. 이런 관점에서 당시 내 행동은 기본권을 침해하는 폭력에 맞서는 남자다운 반응이었다. 이런 관점에서 보면 나는 자유롭게 행동했다. 이런 사례는 관계가 자아를 정의할 뿐만 아니라 자유를 경험하는 데에도 영향을 미친다는 사실을 잘 보여준다.

같은 행동을 아들로서의 행동으로 볼 때와 남성으로서의 행동으로 볼 때 다른 결론에 이른다. 행동을 둘러싼 이야기는 지금 어떤 관점을 취했는지에 따라 달라진다. 행동을 이해하는 방식은 그 상황에서 지닌 자아에 따라 다르다. 수학 시험을 치르는 아시아계 미국인 여성이 선택한 서로 다른 자아를 떠올려보자. 자기 행동을 자유롭거나 그렇지 않다고 해석할 수 있는지는 우리를 정의하는 관계만큼이나 복잡한 문제다.

경찰을 만났을 때 나는 어머니와의 관계로 정의되는 자아를 끌어낼 수도 있었다. 내가 행동한 방식은 아마도 어머니가 원했을 방식은 아니기 때문에 이 말은 조금 이상하게 들린다. 어머니는 내가 그렇게 행동하기를 원치 않으리라는 사실을 알면서도 어머니의 아들로서 어떻게 그렇게 행동할 수 있었을까? 사실 어머니는 옳은 일을 위해서라면 맞서야 한다고 굳게 믿으셨다. 그리고 나는 경찰이 나를 불러세운 상황을 어머니의 그런 믿음과 연관해보았기 때문에, 나 자신을 위해 맞선 행동은 곧 어머니에게서 나왔다고도 볼 수 있다. 비록 어머니는 아들이 그런 방식으로 행동하기를 원치 않으셨더라도 말이다.

아이러니한 점은 어머니처럼 타인과의 관계로 정의되는 자아가 상대방을 만족시킬 만한 방식으로 행동하리라 예상할 이유란 없다는 사실이다. 오히려 소중한 관계를 유지하는 일 자체가 바로 그 관계 안에서 갈등을 빚을 수도 있다. 부모와의 관계에서 정의된 '당신'이 독립성을 중시한다고 가정해보자. 당신의 부모는 항상 자녀를 독립적으로 키우려 했고 어릴 때부터 스스로 결정을 내리라고 말해왔다. 다른 사람이 기대하는 바를 따를 필요는 전혀 없다고도 말했다. 대가족 어른들이 흔한 악의 없이 그러하듯 당신을 껴안고 싶어 해도 당신은 문제를 일으키지 않고 거절할 수 있었다. 시간이 흐르며 효과가 나타났다. 당신은 타인의 요구를 거절하는 능력을 철저히 지키는 사람으로 자랐다. 부모와의 관계에서 만들어진 자아다. 그러나 이런 결과는 쉽게 갈등을 일으킨다. 이런 관계를 유지하려면 자신을 독립적으로 여겨야 하며, 그러려면 부모의 바람이나 요구를 거부해야 할 수도 있다. 부모가 손자를 원하고 그런 생각을 계속 말하는데 당신은 독립적인 자아가 되기 위해 아이를 갖지 않기로 했거나 적어도 당분간은 가질 생각이 없다면, 부모와의 관계에서 만들어진 자아는 바로 부모를 실망하게 해야 한다.

이런 상황은 자유와 관련해 자아의 두 가지 측면을 강조한다. 첫째, 특정 상황에서 어떤 자아를 취할지 반드시 선택하는 것은 아니다. 사회적 상황에서 그 자아가 나온다. 당신은 연주되는 곡에 맞춰 춤을 추기만 하면 된다. 둘째, 그 자아에서 나온 행동이 꼭 부모, 배우자, 동료, 친구 같은 다른 사람의 견해를 수용한 결과일 필요는 없지만, 이런 견해에 영향을 받기는 한다.

경찰과 마주쳤을 때는 일찌감치 주사위가 던져졌다. 처음부터 경찰이 총에 손을 얹은 채 접근하고 명령을 내리면서 상호작용은 특정한 방향으로 나아가기 시작했다. 나는 경찰이 나를 보는 방식대로 나 자신을 보지 않았다. 그러나 분명 그들의 관점에 영향을 받았다. 스탠퍼드대학교 교수인 지금도 경찰을 마주칠 때면 그들이 나를 사회에 위협적인 사람으로 여기지 않을까 하는 생각이 가장 먼저 떠오른다. 이런 생각은 미국 사회에서 내가 있는 위치, 이 나라에서 내가 누구인지도 말해준다.

자유와 자아: 선택인가, 사회적 형성인가?

내가 경찰을 만났을 때처럼 타인의 행위가 내 자유를 제한할 때도 있다. 그러나 실제로 나 자신이 스스로를 제한하기도 한다. 자신이 하는 일이 선택이 아니라 강박에서 비롯된 것처럼 느껴질 때는 누구에게나 있기 마련이다. 잠깐 화장실에 가야 한다고 허락을 구한 적이 있다면 무슨 말인지 이해할 것이다. 사람들은 대부분 공기, 음식, 물, 수면 같은 기본적인 신체적 욕구를 필수로 여긴다. 신체에 초점을 맞춰 본다면 헤로인, 니코틴, 카페인 같은 물질 중독으로 발전하는 신체적 욕구도 생각해볼 수 있다. 그러나 생물학적인 것에서 심리적인 것으로 옮겨 생각해보면 이런 행동을 중독이라고 볼 가능성은 적다. 예를 들어 지위나 권력에 대한 과도한 욕구를 중독으로 보는 견해에는 대부분 동의하지 않을 것이다.

강박과 선택 사이의 경계는 매혹적이며 우리가 생각하는 것보다 훨씬 불분명하다. 실패하거나 거절당할지도 모른다는 두려움, 또는 돈을 많이 벌거나 친구들에게 깊은 인상을 주고 싶다는 심리적 욕구와 욕망 때문에 자유가 제약된다고 느낀 적이 있을 것이다. 고소공포증이 심한 사람이 스카이다이빙을 할 가능성은 얼마나 될까? 아무도 막지는 않으므로 할 수는 있지만 시도할 가능성은 극히 낮다. 우리를 막는 것은 우리 자신이다. 사회심리학자로서 나는 이런 경험, 즉 자아의 특성이 행동을 주도할 때가 가장 흥미롭다.

경찰을 마주친 내 경험으로 돌아가보자. 경찰의 요구를 따르지 않았을 때 나는 자유로웠나? 이 질문에 대한 대답은 어떤 자아가 그들의 명령을 따르지 않았는지에 따라 달라진다. 당시 내 행동이 내가 최선이라고 생각한 것과 일치했다면 내가 그런 선택을 했다고 할 수 있고 따라서 나는 자유로웠다고 볼 수 있다. 이 경우 나는 남성으로서는 자유롭게 선택했다고 할 수 있지만 아들로서는 그렇지 않았다. 자신에게 최선인 행동을 하는 것을 자유라고 볼 때, 어떤 행위가 자유인지 아닌지 알려면 어떤 자아가 행동했는지 알아야 한다.

자아가 여러 갈래로 존재한다는 사실은 자유롭다는 개념에 또 다른 걸림돌이 된다. 각각의 자아가 모두 무엇이 옳은지 잘 안다고 생각하겠지만, 옳고 그름에 대한 감각은 대체 어디에서 올까? 영화나 광고에 나오는 '완벽한' 몸을 보고 다이어트나 운동을 해야겠다는 욕망이 생긴다고 치자. 자신에게 좋다고 생각하는 일을 아무도 막지 않는다면 자유롭다고 해야 할까? 아니면 이런 행동은 불안감, 인정받고 싶은 욕망, 허영심에 이끌린 것일까? 어떤 이미지 때문에 유발된 생각일까? 우리 모두는 무엇을 원해야 하는지, 어떻게 행동해야 하는지를 형성하는 문화적 맥락 속에 존재한다.

2007년 12월 에이미 칼슨Amy Carlson이라는 젊은 여성은 남편과 세 자녀를 두고 콜로라도에 있는 산에 들어갔다. 거기서 2년을 보낸 뒤 에이미와 새로 들어온 '산 사람' 애머리스 화이트이글Amerith WhiteEagle은 유튜브 채널에 첫 영상을 게시했고 이어 2700개의 영상을 올렸다. 여기에서 이들은 음모론을 쏟아내고 '어머니 신Mother God'이 어떻게 인류를 구원할 것인지 설명했다. (2021년 에이미 칼슨이 사체로 발견된 이후 집단은 분열되었고 조직명은 5D Full Disclosure로 변경되었다. 현재 에이미 칼슨의 페이스북 계정은 삭제된 상태다.-옮긴이) 칼슨은 자기 조직을 '사랑이 이긴다Love Has Won'라고 이름 짓고 추종자들이 조건 없는 사랑을 받아왔다고 주장하며 내면의 기쁨에 접근하는 방법을 알려주었다. 추종자 수십 명이 칼슨을 따라 콜로라도로 이주했다. 화이트이글은 이후 공동체를 떠났다. 칼슨은 자신이 잔 다르크, 클레오파트라, 메릴린 먼로, 특히 예수 같은 유명한 역사적 인물의 환생이라고 주장했다. 칼슨은 자신이 '어머니 신'이라고 자처하며 세상의 '부정적인 에너지'를 처리하고 카발(Cabal, 음모, 비밀결사라는 의미도 있다-옮긴이)이라는 글로벌 조직이 그들의 적이라고 주장했다. 국제 전쟁, 총기 난사 사건, 심지어 코로나19 팬데믹도 사람들을 끊임없는 두려움에 빠뜨리려는 카발의 소행일지 모른다고 주장했다.

칼슨과 함께 사는 사람들이나 온라인 추종자들은 칼슨이 자신들을 더 고결한 존재의 '5D' 차원으로 승천하도록 도와줄 것이며 따라서 3D 세계가 붕괴할 때 자신들은 구원받으리라 믿었다. 추종자들에게는 '사랑이 이긴다'에 합류해 가족과 친구들을 버리고 '3D 관계'를 내려놓으라고 권고했다. 회원들은 2019년 501(c)(3) 비영리단체(연방소득세를 면제받는 종교단체 분류-옮긴이)로 분류된 '사랑이 이긴다'라는 조직에서 다양한 역할을 맡았다. 영상을 올리고, 블로그 게시물을 쓰고, 온라인 상담을 하며, '가이아의 전인 치유 에센스Gaia's Whole Healing Essentials'라는 사업체를 통해 에센셜 오일이나 크리스털 피라미드, 콜로이드 은 등을 판매했다.

바깥에서 보면 전부 터무니없어 보이는 일이지만 '사랑이 이긴다' 회원들은 자기들이 진정으로 인류의 운명을 위해 거대한 싸움을 벌이고 있다고 믿었다. 그들은 자기들만이 3D 세계의 진실을 안다고 생각했다.[5,6] 바깥에서 보기에 이 집단은 사이비 종교로 보이고, 일부 사람들은 공동체 회원들이 '세뇌'당했다고 여길 수도 있다. 회원들이 자유롭게 행동한다고 여기지 않는다는 뜻이다. 그들은 누군가의 통제를 받고 있다. 회원들이 폭력의 위협을 받아 조직에 머무는 것이 아니라고 가정한다면, 세뇌되어 그런 행동을 한다고 보는 것은 다소 이상하다. 이들이 사이비 종교의 사회적 맥락에서 그곳에 머물기로 했다면 우리 역시 어떤 형태로든 비슷한 상황에 놓여 있는 것은 아닐까? 우리는 모두 자신이 속한 사회적 현실을 이해하고 그 현실에 반응하며 살아간다.

도덕과 자아: 우리가 믿는 옳고 그름은 어떻게 형성되는가

우리는 주변 사람의 신념과 생각에 민감하다. 특히 옳고 그름에 관한 생각은 사회 환경의 영향을 받는다. 인간 사냥이 도덕적으로 옳았던 문화가 있었다는 사실을 떠올려보자. 얼마 전까지만 해도 많은 미국인이 가족 나들이처럼 린치 현장에 참석하곤 했다. 이 광경을 사진으로 찍어 엽서로 보내기도 했다. 지금도 온라인에서 이런 사진을 볼 수 있다. 그들은 심지어 희생자의 시신 일부를 기념으로 가져가기도 했다.7

반면, 마을에 음식을 가진 사람이 있다면 누구도 굶주리게 내버려두어서는 안 된다는 규범을 지닌 사회도 존재했다.8,9

공동체에서 무엇이 옳고 그른지 판가름하는 집단적 생각은 시간이 흐르며 바뀐다. 지금 이 순간 우리가 당연하게 받아들이는 생각이나 행동도 몇 년 뒤에는 비난받을 수 있다. 동물이 고통받는

데도 육식을 하는 일, 필연적인 결과로 사망 사고가 발생할 수 있는데도 운전하는 일, 심지어 식수가 제한되어 있다는 사실을 아는데도 샤워하는 일이 그런 예가 될 수 있다. 이처럼 전혀 문제없어 보이는 많은 일도 사회 대다수가 보기에는 부도덕하게 여겨질 수 있다. 강한 경고의 목소리가 없거나 친구와 가족이 괜찮다고 하면 우리 대부분은 그런 행동을 문제없다고 여긴다. 같은 세상에 살며 그에 수반되는 규범을 공유하는 사람이 많을수록, 그 세상의 내용이 어떻든 당신은 더 정상으로 보인다는 사실을 기억하자.

게다가 옳고 그름을 보는 우리의 감각을 무엇이 이끌어내는지도 알 수 없다는 점 때문에 문제가 더욱 복잡해진다. 우리가 선택했다고 믿는 것도 사실은 우리에게 주어진 것이다. 그러나 1장에서 논의한 것처럼 우리는 자신의 머릿속이나 마음속을 들여다보고 믿음의 근원이 어딘지 살필 수 없다.

자신이 본 것이 마음에 들지 않을 때는 특히 상황을 명확히 보지 못한다. 우리는 부도덕하다고 여기는 행동을 할 때 특히 자신을 잘 모른다고 생각하는 이상한 경향이 있다. 2016년 발표된 한 연구에서 연구자들은 참가자에게, 부모님께 거짓말하는 것처럼 보통 부도덕하다고 여겨지는 흔한 스무 가지 행동을 한 적이 있는지 표시해달라고 했다. 참가자들은 스무 가지 행동 중 평균 열 가지를 한 적이 있다고 표시했다. 다른 집단에도 같은 형식의 설문지를 주었지만, 이번에는 누군가 흘린 귀중품을 갖지 않고 돌려주는 등 일반적으로 '도덕적'이라고 여겨지는 흔한 스무 가지 행동 목록을 주었다. 이 경우 참가자들은 스무 가지 행동 중 평균 열여덟 가지를 한 적이 있다고 표시했다.[10]

그러나 여기에 흥미로운 점이 있다. 연구자들은 참가자들에게 자신을 얼마나 잘 아는지 말해달라고 요청했다. 부도덕한 상황 설문지를 받은 사람들은 자신을 잘 모른다고 응답했다. 자신이 부도덕한 행동의 근원이라고 여길 때 스스로를 이해하기 어려워하는 듯하다.

사회심리학자들은 무엇이 자기 행동을 주도했다고 믿는지와 실제로 그 행동이 어떻게 일어나는지를 구분한다. 우리는 어떤 사람이 왜 그런 행동을 했거나 어디서 그런 생각이 왔는지 말할 때 믿을 수 없다는 사실을 잘 안다. 사람들이 거짓말한다는 뜻이 아니라, 흔히 행동한 다음에야 자신이 왜 그런 행동을 했는지 알아내려는 경우가 많기 때문이다. 사람들은 타인을 이해하려고 애쓸 때와 마찬가지로 자신을 이해하려고 애쓴다.

자신이 알고 이해하는 단일하고 연속적이며 일관된 자아가 있다는 느낌은 유용하지만 허구일지 모른다. 그런 자아는 자신의 인생에 대해 스스로 만드는 이야기의 주인공이다. 우리가 겨우 어렴풋이 감지할 수 있는 수많은 영향으로 구성된 옳고 그름에 대한 감각은, 우리의 삶을 이루는 동시에 삶보다 앞서 존재하기도 하는 흩어진 실과 우연한 사건들을 하나의 이야기로 엮는 데 도움이 된다.[11,12]

자유와 관계의 역설: 우리는 진정으로 자유를 원하는가?

앞서 '타인의 방해 없이'와 '내가 하고 싶은 대로'의 의미를 깊이 들여다보았다. 이런 행위와 욕망이 타인의 방해 없이 내가 하고 싶은 대로 행동하고 말할 권리라는, 폭넓게 정의된 자유라는 개념을 어떻게 복잡하게 만드는지도 심도 있게 살펴보았다. 이제 자유를 구성하는 '행동하고 말할'이라는 요소에 이르렀다. '행동하기'나 '말하기'라는 개념은 얼핏 단순해 보여서 우리가 자유에서 원하는 것을 과소평가하게 된다. '행동하기'와 '말하기'는 내가 누구인지 드러내는, 더 정확하게는 창조하는 방법이다. 모험을 즐기는 사람을 자처한다면 여행에 시간과 돈을 쓸 가능성이 크다. 이국적인 장소에 가거나 극한의 활동을 시도할지도 모른다. 우리가 정말 원하는 것은 '행동하고 말할' 능력이라기보다 타인의 방해를 받지 않고 원하는 대로 될 수 있는 능력일지도 모른다. 진정한 자유란 자신을 정의하는 능력, 내가 누구이고 어떤 사람인지 결정할 자유일 것이다.

내가 말하는 자유의 의미를 충분히 이해했다면, 이제 우리가 과연 자유로워지기를 원하는가 하는 질문으로 돌아가보자. 사람들이 무엇을 할 수 있고 할 수 없는지에 대해 지시받는 것을 싫어한다는 사실은 분명하다. 타인이 자신을 통제하려 한다고 여기면 사람들은 흔히 자신의 자율성을 주장하며 대응한다. 1987년 미국 대부분 지역에서는 21세 미만인 사람의 음주를 불법으로 규정했다. 얼마 지나지 않아 음주를 다룬 한 연구에서는, 법적으로 음주가 금지된 어린 학생들이 나이 많은 학생들보다 술을 더 많이 마셨다는 사실이 밝혀졌다. 음주의 자유가 제한되었다고 느낀 학생들이 오히려 술을 더 많이 마신 것이다.[13]

말하거나 행동할 수 있는 것, 또는 그럴 수 없는 것을 타인이 통제하려 한 사례는 쉽게 떠올릴 수 있을 것이다. 당신은 분명 그런 상황을 좋아하지 않았을 것이다. 이렇게 말하니 사람들이 실제로는 자유를 원치 않는다는 내 주장이 터무니없이 들린다. 사실 노골적으로 자유를 제한하려고 시도하면 저항에 부딪힌다. 저항하려면 먼저 타인이 당신을 제한하려 시도한다는 사실을 알아야 한다. 그러나 이런 시도를 명확히 알아채기는 어렵다. 예를 들어, 단순히 누군가와 관계를 맺는 행위 자체를 자신을 제한하려는 시도로 해석하는 사람은 거의 없다.

인간은 사회적 동물이다. 우리는 관계를 갈망하고 모든 관계는 내가 어떤 사람이 될 수 있을지에 영향을 미친다. 우리는 관계가 필요하며 이런 관계에 따라오는 영향을 기꺼이 받아들인다. 내 주장의 요점은, 우리가 외부 간섭 없이 자신에게 최선이라고 생각하는 방식대로 존재하고 행동하길 원한다고 믿지만, 실제 행동은 이런 믿음을 보여주지 못한다는 뜻이다.

진화의 역사를 통틀어 관계와 공동체가 없다면 인간은 살아남지 못했을 것이다. 사회에서 쫓겨나는 것은 사형선고나 다름없었다. 오늘날 현대 세계에서 개인이 사용하는 제품 가운데 전 세계 거대한 공급망에 얽힌 수백수천 타인의 기여 없이 생산된 물건은 거의 없다. 현대 기술 장치 하나를 생산하고 운송하는 데 관여하는 복잡한 과정을 떠올려보자. 물질적 욕구를 제쳐두더라도 사회적 접촉이 없으면 사람은 정신적·육체적으로 심각하게 쇠퇴한다. 결과적으로 우리는 이런 욕구를 충족하기 위해 알게 모르게 자유를 포기한다. 관계는 우리를 지탱하고 동시에 우리에게 요구한다. 관계는 우리를 확장하는 동시에 제한한다. 관계는 우리가 누구인지, 우리가 어떤 사람이 될 수 있고 어떤 사람은 될 수 없는지 알려준다.

2부

당신과 그들

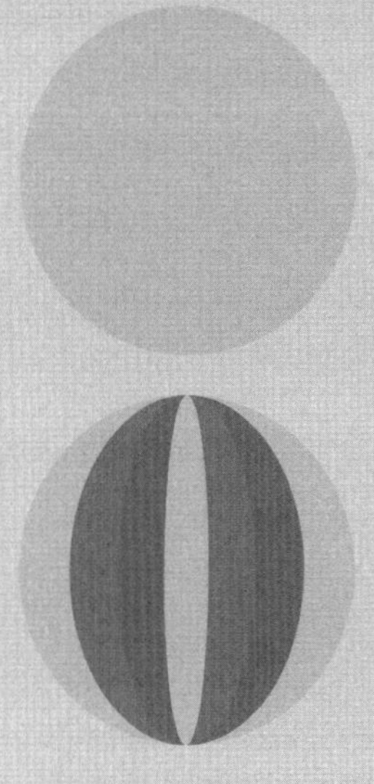

당신과 그들

4장

관계는 우리를 안아주는가, 구속하는가?

자아와 관계의 상호작용: 우리는 어떻게 서로를 변화시키는가?

《길가메시 서사시》는 1849년 고고학자들이 오늘날 이라크 지역에 있는 아시리아 제국의 왕 아슈르바니팔의 도서관 유적에서 발견한 시다. 이 서사시는 수메르어, 아카드어, 바빌로니아어로 점토판에 새겨져 있다. 가장 오래된 수메르 점토판 조각은 기원전 2000년경으로 거슬러 올라간다. 이 시가 들려주는 비범한 두 존재의 이야기는 아름답기도 하지만 여러 면에서 일반적인 관계를 보여준다.

이야기는 3분의 2는 신이고 3분의 1은 인간인 길가메시 왕을 중심으로 전개된다. 키가 5미터가 넘고 매우 힘이 센 길가메시는 자기가 바라는 대로 산다. 다른 사람의 기대 따위는 신경 쓰지 않으며 누구의 방해도 받지 않고 자유롭게 행동한다. 그는 이 자유를 만끽하며, 자신이 통치하는 우루크 시민들을 공포에 떨게 만든다.

길가메시의 억제되지 않은 탐욕에 지치고 두려움에 떨며 자신을 방어할 수 없게 된 시민들은 신에게 길가메시의 무절제를 통제해달라고 간청한다. 신은 그의 힘을 무력화하거나 그를 넘어뜨릴 수 있었겠지만, 그러는 대신 길가메시와 대등한 상대인 엔키두를 만든다. 길가메시가 우루크 시민들을 어떻게 대하는지 알게 된 엔키두는 이 상황을 끝내기로 마음먹는다. 길가메시와 엔키두는 문을 부수고 벽을 흔들며 엄청난 싸움을 벌인다. 결국 길가메시가 이긴다. 엔키두가 패배를 인정하자 두 사람은 얼싸안고 금세 친구가 된다. 아마 둘은 서로에게서 자신을 발견하고 상호 존중하게 되었을 것이다. 그 뒤 길가메시의 행동이 달라진다. 그가 우루크 시민을 괴롭힌다는 소문은 더는 들리지 않았다. 엔키두와 맺은 관계가 길가메시를 바꾸어놓은 것이다.

인류 문학의 초기작 가운데 하나인 이 이야기에는, 관계가 지닌 힘에 대한 깊은 공감이 이미 드러난다. 길가메시는 밧줄이나 쇠사슬에 묶여 있지 않았다. 신은 우정을 키워 그를 바꿔놓았다. 엔키두를 이용해 길가메시를 제한하기로 한 무명 시인의 결정을 통해 우리는 관계가 사람을 바꾸고 그 과정에서 자유가 얼마간 희생된다는 사실을 이해한다.

인생의 초반에는 자아감이 아직 형성되지 않아 불분명하고, 제대로 규정되지 않는다. 어렸을 때는 우주 비행사, 발레리나, 농구 선수, 부모가 되겠다고 상상했을 것이다. 그 뒤 여러 관계를 쌓고 다양한 상호작용을 거치며 자아가 점차 뚜렷해진다. 불확실성과 가능성이 줄어든다는 뜻이기도 하다. 직장 때문에 이사한 적이 있다면 새로 정착한 곳이 자신에게 어떤 영향을 미쳤는지 떠올려보자. 내 친구 한 사람은 꽤 자유주의적인 성향을 지녔고, 그의 절친 역시 그랬다. 그런데 그 절친이 같은 주써 안의 좀 더 보수적인 지역으로 이사하게 되었다. 새로운 곳에서 친구를 사귀고 교회에 다니기 시작하자, 내 친구는 그가 예전과 달라졌다는 사실을 느꼈다. 절친이 점차 보수적인 견해를 받아들이면서 두 사람의 우정은 서서히 멀어졌고, 결국 완전히 연락이 끊겼다.

성인이 되어도 주변 사람들은 우리를 바꾼다. 우리의 사회적 궤도 안에 있는 사람들은 우리가 입고 말하고 세상을 보는 방식에 영향을 미친다. 우리 삶은 무대 안팎 수많은 인물들에 의해 이끌린다. 우리는 가족과 나눈 경험에서 착한 딸아들, 좋은 형제자매가 된다는 것이 무슨 의미인지 배운다. 학교나 직장 경험에서 좋은 친구나 동료가 되는 법을 배운다. 그러나 완전히 새로운 우정을 생각해보자. 새로운 친구를 만날 때 당신은 혼자 오지 않는다. 당신과 엮인 다른 관계를 모두 끌어온다. 인생의 어떤 시기에 당신과 내가 만난다면 당신은 내 배우자나 동생, 직장 동료, 몇몇 친한 친구들처럼 내 주변 가까운 궤도에 있는 사람들의 영향을 받을 것이다. 나라는 사람은 항상 유동적이며 주변 사람들은 내가 세상을 보고 참여하는 방식에 계속 영향을 미친다. 좋든 나쁘든 당신에게도 마찬가지일 것이다. 우리가 만난다면, 과거든 현재든 당신 주변 사람들이 당신이 어떤 사람인지, 그리고 어떤 사람이 될지에 영향을 미친다. 이 관계에서 당신이 어떤 사람인가는, 새 관계에서 어떤 사람이 될지를 좌우한다. 그리고 새 관계에서의 당신 또한, 이전 관계에서의 당신을 다시 형성한다.

모든 관계는 무언가를 요구한다. 관계는 당신에게 제 역할을 하라고 요구한다. 우리 모두는 삶이라는 연극을 이루는 현실을 함께 구성하고, 그러면서 나 자신을 포함한 연기자인 자아들을 계속 다시 만든다. 내가 경찰을 만났을 때 경찰과 나는 현실을 만들었다. 경찰은 나를 잠재적인 범죄자로 보았고 그런 관점은 그들에게 무언가를 요구했다. 그들은 내가 법을 준수하는 시민답게 행동하리라고 믿지 않았기 때문에 나를 의심했고 어느 정도는 두려워하며 대해야 했다. 일단 그들의 관점을 알게 된 나는 그들을 부당한 권력자로 대하기 시작했고, 이런 관점은 내게 무언가를 요구했다. 그들의 요구에 저항하는 것이 필요했다. 이 상황에서 그들과 나는 각자의 자아를 명확히 보았다. 우리는 공유한 현실에서 비극을 연기했다. 그들은 그들의 대사를 읽고 나는 내 대사를 읽었다.

경찰과 만났던 일을 강조하는 이유는, 내가 말하는 자유를 명확히 이해하는 데 도움이 되기 때문이다. 내가 말하는 자유란 그저 하고 싶은 일을 방해하는 장애물에서 벗어나는 것이 아니다. 경찰이 내게 수갑을 채울 때 그들이 내게서 일종의 자유를 빼앗아 간 것은 사실이지만, 그것이 핵심은 아니다. 상호작용이 진행되면서 많은 가능성이 사라진다. 그 상호작용으로 인해, 그때 내가 될 수 있었던 사람의 가능성뿐 아니라 앞으로 내가 될 수 있는 사람의 가능성까지도 줄어들었다. 그 경험을 통해 권력자에 대한 내 신뢰가 떨어졌을 수도 있고, 불의에 대한 경각심이 높아졌을 수도 있다. 그때의 상호작용이 나를 어떻게 바꾸어놓았든, 나는 그 경험을 하지 않은 사람이 될 수는 없다.

오래전 경찰과 만난 상호작용은 여러 이유로 부정적이었지만 관계의 진실도 드러냈다. 모든 관계에서 우리는 서로를 정의한다. 끔찍할 수도, 아름다울 수도 있겠지만 피할 수는 없다. 그날 경찰은 나를, 학업 성적이 우수한 고등학생으로 존중했을 수도 있다. 우리는 경찰이 나 같은 시민을 존중하고 보호한다고 믿을 수 있었다. 그런 일은 실제로 일어났을 수도 있었다. 경찰은 나처럼 법을 준수하는 시민과 협력해 모두를 안전하게 보호하는 사람이 될 수도 있었다.

그러나 그날의 상호작용에서는 그 가운데 어떤 자아도 형성되지 않았다. 사실 우리는 그런 자아를 가능성에서 제외했다. 상호작용은 우리를 제한했고 오히려 상황을 명확하게 만들었다. 우리 모두는 제 역할을 잘 알았다. 내 관점에서 나는 무고하고 억울한 시민이었고 그들은 인종차별적인 경찰이었다. 경찰의 관점에서 나는 사회에 잠재적으로 위협이 되는 존재였고 그들은 사회의 수호자였다.

사회적 관계와 자유: 연결의 욕구와 그 대가

어떤 상호작용은 복잡하고 때로는 대가를 치러야 하기에, 상호작용이 적을수록 좋다는 말에 의문을 품을 수도 있다. 부정적으로 흘러가는 상호작용을 피하려면 차라리 타인과의 접촉을 줄이는 편이 낫다고 생각하고 싶을지도 모른다. 그날 친구와 함께 거리에 나가지 않았다면 경찰과 마주치지 않았을 것이다. 사회적 관계가 늘 유지될 때는 그 필요성을 과소평가하기 쉽다. 그러나 관계 맺을 기회가 줄어들수록, 관계의 필요성을 더욱 절실히 느끼게 된다.

코로나19 팬데믹으로 집에 머무를 수밖에 없게 되자 전 세계 사람들은 모두 유사한 경험을 하게 되었다. 친구나 가족을 화면이나 유리창 너머로만 만날 수 있었다. 그러나 전 세계적 유행병처럼 극단적인 상황이 아니더라도 관계가 필요하다는 증거는 쉽게 찾을 수 있다. 2009년 호주 연구자 두 명이 발표한 연구에서, 참가자들에게 사회적으로 수용되거나 배제되었던 경험, 또는 그저 일상적인 경험에 대해 10~15분 동안 글을 쓰게 했다. 그런 다음 참가자 모두에게 인간 본성과 고유한 연관이 있는 긍정적·부정적 특성(활동적임, 호기심 많음, 조급함, 신경질적임 등)의 목록을 주고, 자신을 수용하거나 배제한 사람과 자기 자신을 그 기준에서 평가해달라고 요청했다. 사회에서 배제되었던 경험을 쓴 사람은 자신을 배제한 사람뿐 아니라 자기 자신도 이런 인간적인 특성이 더 줄었다고 평가했다.[1]

사회적으로 배제되었다고 느낄 때 우리는 우리를 배제한 사람들뿐 아니라 자신 역시 덜 인간적이라고 느낀다. 무시당했다고 느낄 때 상대의 인간성을 부정하는 것은 자연스러워 보이지만, 동시에 자신에게도 인간적인 특성이 줄었다고 평가한다는 점이 중요하다. 우리는 어느 정도 자신의 인간성이 다른 사람의 인식에 달려 있다고 생각하는 것이다.

또 다른 연구에서 연구자들은 세 사람이 서로 공을 주고받는 간단한 컴퓨터 게임을 하도록 했다. 어떤 경우에는 모든 사람이 거의 같은 횟수로 공을 던졌다. 그러나 다른 경우에는 한 사람은 한 번도 공을 받지 못했다. 연구자들은 공을 받지 못해 사회적 배제를 겪은 사람이 이후 과제에서 무리에 수용되고자 더욱 애쓰는지 알아보았다. 이를 위해 참가자에게 '지각적 과제'를 완수하도록 했다. 다른 사람 여섯 명이 질문에 틀린 답을 내놓을 때 앞서 공놀이 과제에서 공을 받지 못한 사람은 공을 받을 수 있었던 사람보다 남들을 따라 오답을 말할 가능성이 더 컸다. 아마도 무리에 속하고자 하는 마음에서였을 것이다.[2]

사회적으로 배제되었다고 느낀 사람들은 순응할 가능성이 더 컸다. 왜일까? 인간은 사회적으로 관계 맺으려는 욕구가 크고 그 필요성이 절실할 때, 예를 들어 배제된 경험을 겪은 다음이라면 관계 맺을 가능성을 높이기 위해 자기 행동을 조정하기 때문이다. 앞선 실험에서 사람들은 사회적으로 연결되려는 필요 때문에 오답을 말하는 한이 있더라도 다른 사람에게 동조했다. 연결되기 위해 약간의 자유를 기꺼이 포기한 셈이다.

새로운 사람과 관계 맺기 위해 알게 모르게 자신의 관심사나 신념을 아주 조금이라도 수정한 경험이 분명히 있을 것이다. 상대방이 좋아한다고 여기는 스포츠나 정치, 문학, 와인에 관심 있다고 말하거나 과장했을 수도 있다. 당신이 싫어하거나 모르는 것을 좋아한다고 말했다는 뜻이 아니다. 그런 행동은 거짓말이라기보다 진실을 감추는 데 가깝다. 게다가 자신이 드러낸 견해를 실제로 믿게 될 가능성도 충분하다.[3]

사회적으로 연결되려는 욕구는 우리의 의식적 지각을 피해 명백하고도 몹시 미묘한 방식으로 행동에 영향을 미친다. 우리는 사회적 상호작용을 원활하게 하고 친구를 사귀려고 행동을 바꾼다. 심지어 목소리 억양이나 몸짓도 바꾼다. 한 연구에 따르면, 참가자들은 방에 들어왔을 때 누군가가 뒤로 젖혀 앉아 넓은 공간을 차지하고 군림하듯 앉아 있으면, 자신은 무릎에 손을 얹고 몸을 움츠린 채 공간을 적게 사용하는 순종적인 자세를 취할 가능성이 더 컸다. 방에 들어왔을 때 누군가 순종적인 자세로 앉아 있다면 자신은 군림하는 듯한 자세를 취할 가능성이 더 컸다. 왜 이런 일이 발생할까? 사람들은 서로 잘 지내고 싶어 한다. 그리고 보통 사회적 상호작용에서는 상대방과 같은 행동을 하면 호감도가 상승한다. 그러나 이런 상호작용과 달리 권력 관계에서는 상대방의 행동을 따라 하기보다 보완할 때 상호작용이 더 원활해진다는 사실을 직감으로 안다. 언뜻 금방 이해되지 않지만 이렇게 생각해보자. 두 사람이 주도권을 차지하려 경쟁하거나, 상대방이 주도하기를 기다리는 상황을 상상해보자. 이런 상황은 한 사람이 높은 지위를 맡고 다른 사람이 상대적으로 낮은 지위를 맡을 때보다 잘 풀리지 않을 가능성이 크다.[4,5,6]

상호작용과 관계가 자아를 형성하는 방식

이런 변화에 자신은 영향받지 않는다고 생각하는 사람도 있을 것이다. 그러나 그런 사람들은 틀렸거나 친구가 없을 것이다. 1990년대 후반 로스앤젤레스 캘리포니아대학교 대학원에 다닐 때 나는 동료들과 함께 참가자들에게 어떤 과제를 하도록 요청하는 실험을 했다. 이때 실험을 이끄는 연구자들은 아무것도 적혀 있지 않은 무지 티셔츠 또는 '인종주의 철폐'라고 적힌 티셔츠를 입었다. 티셔츠는 연구자가 인종주의 철폐에 동의하고 인종차별에 반대한다는 의미를 나타내는 신호로 구상되었다. 참가자들에게는 이 과제가 다양한 물체, 건물, 꽃, 단어에 대한 반응 시간을 측정하는 실험이라고 설명했다. 사실 우리가 설계한 과제는, 참가자가 부정적인 단어를 백인 얼굴보다 흑인 얼굴과 더 쉽게 연관 짓는지를 측정하기 위한 것이었다.

이 과제에서 화면 속 흑인 얼굴이나 백인 얼굴은 너무 빨리 지나가서 참가자는 얼굴이 지나갔는지조차 알아채지 못한다. 얼굴이 나올 때마다 '좋음' 또는 '나쁨'이라는 단어가 화면에 표시되고, 참가자들은 키를 눌러 최대한 빨리 단어를 식별해야 했다. 보통 이런 과제를 수행하면 흑인 얼굴을 본 사람은 '좋음'보다 '나쁨'을 더 빨리 식별하고, 백인 얼굴을 본 사람은 '나쁨'보다 '좋음'을 더 빨리 식별한다는 결과가 나왔다.

연구자들이 무지 티셔츠를 입었을 때는 사람들이 전형적인 반응을 보였다. 그러나 연구자들이 '인종주의 철폐'라고 적힌 티셔츠를 입었을 때는 그런 패턴이 사라졌다. 여기서 참가자들은 어떤 얼굴을 보았다고 말한 적이 없다는 점이 중요하다. 어떻게 된 것일까? 참가자들은 인종에 대한 자신의 생각을, 티셔츠를 입은 연구자가 믿고 있을 것이라 여겨지는 생각에 맞춰 바꿨다. 연구자와 맺은 사소한 상호작용도 사람들을 공유된 현실로 밀고 갔다. 당신의 생각, 아마도 매우 중요한 신념도 그저 누구와 함께 있느냐에 따라 달라질 수 있다는 의미다. 누군가와 친구가 되거나 타인과 교류하기로 선택하는 것은 그들의 세계관에 동의하기 시작한다는 의미다. 이 연구는 자신의 신념이 온전히 자기 고유의 것이라는 생각에 의문을 제기한다. 친구가 누구인지는 자신이 어떤 사람이고 앞으로 어떤 사람이 될지에 대해 많은 것을 말해준다.7

말, 맺는 관계, 자신을 표현하는 방식, 행동하는 방식에서 일어난 이런 작은 변화는 모두 관계에 필요한 부분이다. 관계가 작동하려면 공유된 현실을 만들고 그 안에 존재해야 한다. 흔히 친구나 배우자에게 맞추어 바뀌어야 한다는 의미다. 이런 변화는 모두 자신의 자유나 가능성을 어느 정도 제한한다. 공 던지기 실험에서처럼 이런 상황에서 아무도 어떤 자아가 되어야 한다고 강요하지는 않지만, 연결되려는 욕구와 욕망은 그런 변화를 요구한다. 관계가 요구하는 바에 따라 행동을 바꾼다면, 자유를 제한하겠다고 받아들인 셈이다.8

당신이 끊임없이 변한다는 생각, 새로운 사람과 맺는 상호작용처럼 사소한 것이 당신의 '진정한' 자아에 영향을 미칠 수도 있다는 생각을 틀렸다고 볼 수도 있다. 나는 내가 누구인지 잘 알고, 당신도 그렇다고 느낄 것이다. 그런 생각은 이해하지만 대체로 우리는 이런 작은 변화를 잘 알아채지 못한다. 게다가 자신의 생각이나 행동이 바뀌었다는 사실을 알아차린다 해도, 관계를 맺고자 하는 욕구가 그런 변화를 일으켰다고 보기보다 스스로 변화를 선택했다고 믿는 경우가 많다. 그러나 실제로는 다른 사람과의 상호작용이 끊임없이 나를 형성하며, 동시에 내가 누구이고 어떤 사람이 될 수 있는지를 계속 제한한다.

그러나 어떤 사람에게 잘 보이기 위해 말투를 바꾼다고 누가 뭐라 하겠는가? 아주 사소한 상호작용도 내 행동에 잠시나마 영향을 미친다는 점을 보면, 관계가 우리 행동을 제한하는 힘은 매우 크다. 게다가 그런 변화가 전부 일시적인 것도 아니다.[9]

젊었을 때 맺은 강렬한 관계를 떠올려보자. 논의를 위해 연애관계를 떠올려보자. 그 관계는 분명 당시 당신의 자아에 영향을 미쳤다. 자신을 보는 방식, 타인이 당신을 보는 방식, 당신이 행동하는 방식 모두 그 관계에서 영향받았다. 이제 그 관계가 끝났다고 가정해보자. 잘 끝났든 나쁘게 끝났든, 당신이 끝냈든 상대방이 끝냈든 중요하지 않다. 관계는 되돌릴 수 없을 만큼 당신을 바꾸어놓았다. 시간은 한 방향으로만 흐른다. 아마 전보다 거절에 더 예민해졌을 수도 있고 감정적으로 더 여유로워졌을 수도 있다. 그런 변화는 이후의 관계에 영향을 미쳤다. 그러나 지금 그 관계를 어떻게 느끼든, 또는 떠올리든 떠올리지 않든, 그 관계는 이미 당신이 될 수 있는 모습을 바꾸어놓았다. 그 관계의 영향을 한 번도 받지 않은 사람으로 되돌아갈 수 없다.

자유와 구조: 관계가 형성하는 나의 경계

자유를 최우선으로 여기는 사람에게 관계가 자유를 제한한다는 생각은 끔찍하게 들릴지도 모른다. 나는 이를 구속에 대한 독특한 이해 때문이라고 생각한다. 구속이라는 단어를 들으면 좁은 공간과 구속복 이미지가 떠오른다. 우리는 구속보다는 구조라는 단어를 사용해야 할 것이다. 관계는 구조를 만든다. 구조를 색칠 공부책에 그려진 선이라고 생각해보자. 선 안에 색을 칠하지 않으면 그림이 완성되지 않지만 선 안에도 표현할 여지가 많다. 관계는 우리를 제한하지만 자아라는 그림도 만들어준다.

무엇이든 할 수 있고, 누구와도 함께할 수 있으며, 누구라도 될 수 있다고 생각하면 짜릿하지만, 구조나 한계가 없다면 그런 자유는 오히려 당신을 세상과 단절시킨다. 관계나 구속이 없다면 어떻게 자아를 알 수 있을까? 생각해보자. 자신을 정의할 때 당신은, 당신을 당신답게 만드는 제한사항을 설명한다. 자신을 프로그래머, 부모, 가수, 수영선수, 여성, 남성이라고 소개할 때, 당신은 세상 속 자신의 위치와 다른 사람과의 관계를 말하는 셈이다. 정체성은 사람들이 당신을 이해하고, 당신이 자신을 이해하도록 돕는다. 자유로워진다는 것이 이런 제약을 없애고, 경계를 두지 않으며, 세상에 묶어두는 속박에서 벗어나는 것이라고 치자. 세상을 하나로 묶는 것이 없다면, 이 모두가 그저 일련의 개별 사건일 뿐이라면, 우리는 무엇으로 세상을 만들고 이 모든 것은 무슨 의미를 지닐까? 자유는 자아의 일관성, 바로 자아의 존재 자체에 도전한다.

구조가 필요하다고 해서 우리가 언제나 구조를 기꺼이 받아들인다는 뜻은 아니다. 세상에서 자신의 위치를 이해하는 일은 잠시 위안을 줄 수 있지만, 우리는 그것을 늘 바라지는 않는다. 때로 우리는 자신을 정의하는 공유된 현실과, 그 현실을 만드는 관계 속에서 괴로워한다. 수없이 들어온 이야기다. 예술가를 꿈꾸지만 의사, 변호사, 엔지니어가 되라고 부모가 강요하는 고등학생, 친구에게 이끌려 간 파티에서 불편해하는 대학생, 결혼 생활에 얽매여 있다고 느끼는 배우자, 심지어 육아에 대한 부담이 늘면서 자신의 세계가 점점 좁아지는 듯 느끼는 부모도 있다. 때로 우리는 자유가 필요하다. 비록 그것이 소중히 여기는 관계로부터 거리를 두는 일을 의미하더라도 말이다.

2000년대 초 듀크대학교 심리학과와 퓨콰경영대학원 연구자들은 사람들이 타인이 자신에게 부여한 목표를 얼마나 적극적으로 거부하는지 살펴보았다. 연구자들은 참가자에게 더 많이 즐기라고 하거나 더 열심히 일하라고 하는 가까운 사람들을 나열해 달라고 요청하고, 이들이 자신을 얼마나 통제하고 있다고 느끼는지도 함께 측정했다. 참가자들은 자신에게 '더 많이 즐기라고' 권하는 사람을 떠올릴 때보다 더 열심히 일하라고 통제하는 사람을 떠올릴 때 과제를 잘 수행하지 못했다. 즉 가까운 사람이 당신을 통제하면 그들의 영향을 받지 않으려고 적극적으로 저항한다. 게다가 이미 살펴보았듯 이는 관계에서 거리두기하는 것을 의미한

다.10

구조가 안락함의 근원이든 고통의 근원이든 구조를 피할 수 없다. 삶의 여러 측면을 탐색하려면 세상을 이해할 구조가 필요하다. 때로 우리는 새로운 세상을 갈망하거나 지금 속한 세상을 확장하려 애쓰지만, 이런 자유에는 대가가 따른다. 세상은 풍성하고 소란스러운 곳이며, 우리는 이런 세상을 살 만한 곳으로 만들기 위해 구조를 부여하고 제한을 받아들인다.

현재 맺고 있는 가장 긍정적인 관계를 떠올려보자. 관계를 긍정적으로 만드는 요소 중 하나는 당신이 그 관계 속에 있는 자아를 좋아한다는 점일 것이다. 당신은 그 관계에서 가장 자기 자신과 가까워졌다고 느낀다. 잠시 그 자아를 떠올려보자. 그 자아를 어떻게 설명하거나 정의하겠는가? 가장 나다운 자아를 설명하거나 정의하는 것은 자신이 어떤 존재인지에 대한 한계와 제약을 받아들이는 일이다. 이런 맥락에서 제약은 안락함의 근원, 구속복이 아니라 포옹에 가까운 것이어야 한다.

관계 속에서 찾는 자유의 의미

이 장을 시작할 때 사람들이 자유라는 관념을 위해 기꺼이 목숨을 바칠 수 있다고 말한다는 점을 언급했다. 사회적으로 구성된 관념에 기꺼이 목숨을 바치는 사람들도 많다. 애국자는 자유를 위해 죽지 않는다. 애국자는 조국을 위해 죽는다. 사람들은 자유만큼이나 조국을 위해서도 죽을 각오가 되어 있는 듯하다.

　자유는 왜 어떤 이들에게 그토록 강력한 기준이 되는가? 아마도 자유로워지는 것이 진정한 자아에 이르는 길이라고 믿어왔기 때문일 것이다. 그러나 이제 우리는 이런 생각이 완전히 시대에 뒤떨어진 생각임을 안다. 타인의 영향에서 벗어나고, 규범이나 관습에도 얽매이지 않으며, 현재의 순간에도 매이지 않는 '자유로운 존재'란 사실상 자아가 없는 존재나 다름없다.

　어떤 관계에서도 완전히 자유로울 수 없지만, 관계 없이는 자신을 알거나 나 자신이 될 수 없다. 정말 선택의 여지가 없는 냉혹한 선택지다. 자유가 존재에 무한한 가능성을 준다면 완전히 자유로우면서 동시에 자아를 가질 수는 없다. 그렇다면 우리가 필요로 하고 원하는 것은 내가 설명한 자유가 아니라, 자유롭다는 느낌에 가까울지도 모른다.

*

5장

자아 구축:
타인은 어떻게 나를 만드는가?

자아의 경계: 타인과 연결되면서도 나를 잃지 않는 법

오늘 아침에 일어나 내가 '나'인지 자문했는가? 어제는? 내일은? 그럴 일은 결코 없을 것이다. 그러나 기꺼이 이렇게 자문한다면 자기 안에 타인이 함께 있다는 사실을 받아들이게 될지도 모른다. 당신은 어머니의 일부이고, 가장 친한 친구의 일부이며, 연인의 일부이기도 하다. 물론 그 사람들이 마음에 든다는 전제하에, 타인이 자신의 말투나 옷차림, 직장 선택, 여가를 보내는 방식에 영향을 미친다는 사실을 받아들이는 것은 자연스러운 일이다. 그러나 우리가 '어머니나 아버지를 닮아가고 있다'라는 사실을 알아챌 즈음이면 그다지 기분이 좋지 않을 수도 있다.

부모님처럼 나이 들어간다는 두려움을 잠시 제쳐두더라도, 가까운 타인과 자신의 경계를 어떻게 알 수 있을까? 무언가를 말해놓고서 그것이 사실은 어머니나 아버지, 또는 배우자가 했던 말이라는 사실을 뒤늦게 깨달은 적이 있을 것이다. 어떤 생각이 떠올랐지만, 정말 내 생각인지 아니면 지인이나 다른 출처에서 온 것인지 확신할 수 없었던 순간도 분명 있었을 것이다.

이런저런 사실을 어디에서 들었는지 모른다는 뜻이 아니다. 어떤 신념이나 의견을 마치 자신의 것처럼 말해놓고, 그것이 정말 자신에게서 나온 것인지, 정당하게 '내 생각'이라 주장할 수 있는 것인지 의문을 품게 될 때가 있다. 내가 표현한 생각은 과연 내 것이었을까, 아니면 누군가의 것이었을까? 여기서 흥미로운 점은, 그 생각이 내 것인지 남의 것인지 묻는 말 자체가 핵심을 벗어난다는 사실이다. 그 생각은 내 생각이자 동시에 타인의 생각일 수 있다.

아침에 잠에서 깼을 때 일어난 주체가 자신이라는 사실을 알았다고 치자. 무엇을 안 것인가? 가까운 타인과 어떤 점에서 다른지 안다는 것이다. 나는 아버지의 정치적 신념에 동의하지 않는다는 사실을 안다. 배우자의 자녀교육 방식에 동의하지 않는다는 사실도 안다. 우리는 가까운 타인과 많은 점을 공유하지만 분명 서로 똑같은 자아는 아니다. 교수와 학생은 보통 매우 긴밀하게 협력하기 때문에 학생들이 지도교수의 버릇을 따라 하는 모습을 자주 본다. 나는 학생들이 말하거나 질문을 던지는 방식이 지도교수의 방식에 따라 바뀌는 모습을 보았다. 우리는 모두 나와 비슷한 사람 주변에 있으려 하고, 점점 더 닮아간다. 극단적인 경우 겹치는 부분이 너무 많아지면 다른 누군가 안에 사는 듯 느껴질 수도 있다. 그러나 대체로 우리는 내가 다른 누구와도 같지 않다는 사실을 안다. 그럼에도 내 고유한 자아를 내가 아닌 무언가를 통해 정의하는 일은 다소 이상하다. 때로 우리는 자아의 어떤 면을 타인과 공유한다는 사실을 깨닫지 못한다. 그리고 자아와 다른 사람이 겹치는 부분을 보지 못하므로 그 부분이 내 고유한 자아라고 여긴다.

이 말이 사실이라면 우리의 자아감은 무지에 의존한다고 볼 수 있다. 우리는 내 자아가 타인의 자아와 겹치지 않은 채 존재한다고 가정한다. 내 버릇이 사실은 가까운 친구의 버릇에서 비롯된 것임을 깨닫는다면, 내 안에서 자연스럽게 생겨난 것이라고 믿을 때보다 그 버릇을 온전히 나의 것으로 느끼기 어려울 것이다. 이런 관점에서 나는 주변을 둘러보고 주변에 아무도 없는 상태에서 내 자아를 본다. 이때 자아는 부재, 빈 곳으로 정의된다.

자아를 정의하는 긍정적인 방법은 자아에서 타인과 겹치는

면을 알아내는 것이다. 자아를 다른 관계에서 온 영향이 전혀 섞이지 않은 순수한 자아라고 보기보다, 독특하게 중첩된 형태로 생각해야 한다. 이런저런 관계에서 온 작은 부분이 모여 우리를 고유하게 만든다.

자신의 상당 부분이 말 그대로 타인의 자아와 섞여 있다는 생각은 불편할 수 있지만 당신만 그렇게 느끼는 것은 아니다. 사람들은 때로 이런 불편함을 묘사할 때 관계 속에서 자신을 '잃어버렸다'라고 표현한다. 불타는 연애 관계에서는 자신을 '잃는' 것도 괜찮다. 그러나 많은 사람이 타인에게 빠져 자아를 완전히 잃거나 가까운 타인의 관점에서 자신을 전적으로 정의한다는 생각에 대해 거부감을 느낀다. 4장에서 우리를 통제한다고 여기는 가까운 타인의 요구에 어떻게 반응했는지 되짚어보자. 이렇게 보면 가까운 관계에 약간 의문이 생긴다. 자아를 '잃지' 않고 어떻게 타인과 친밀하게 연결될 수 있는가?

우리는 타인과 어떻게 얽혀 있는가?

인생에서 친밀한 관계만큼 중요한 것은 거의 없다. 가족, 친구, 연인, 이런 관계들은 우리를 위로하면서도 갈등하게 하고, 지치게 하면서도 끝내 지탱해준다. 관계가 자아를 창조한다는 생각은 가까운 관계를 떠올릴 때 가장 쉽게 알 수 있다. 가족, 친한 친구, 연인과의 관계를 끊어버린다면 당신은 어떤 사람이고, 어떤 사람이 될까?

우리는 친밀한 관계에 매우 민감하다. 어릴 때부터 가족과 친구들로부터 언어를 배우고, 올바른 행동 방식을 익히며, 중요한 사회적 신념을 흡수한다. 친밀한 관계는 세상이 무엇이고 그 안에서 어떻게 인간이 될지를 배우는 통로다. 사람은 무엇을 먹어야 할까? '정중한' 대화란 어떻게 이루어질까? 어떤 부류의 사람이 중요하고 어떤 사람은 그렇지 않을까? 다른 '범주'의 사람들이란 대체 누구일까? 세계의 사회적 구조와 그 안에서 우리가 차지하는 위치는 관계를 통해 형성되고, 관계 속에서 소통된다.

앞서 나는 무엇이 나와 타인을 가깝게 만드는지 구체적으로 언급하지 않은 채 '가까운 타인'이라는 용어를 썼다. 자아가 타인과 맺는 상호작용이라면 타인과 가까워진다는 것은 무슨 의미일까? 여기서 '가깝다'라는 것은 내 자아가 타인의 자아와 겹치는 정도를 의미한다. 누군가와 가까울수록 두 사람의 자아가 더욱 겹쳐서 내 자아와 타인의 자아를 구별하기가 더욱 어려워진다.[1,2,3] 얼굴 동화 효과를 다시 떠올려보자. 우리는 말 그대로 내 자아를 볼 때 다른 사람의 얼굴을 끼워 넣었다. 다른 사람의 얼굴이 섞인 얼굴을 보고 '저건 거의 나잖아!'라고 느끼는 순간보다, 자아와 타자가 겹쳐 있음을 더 명확히 보여주는 예는 떠올리기 어렵다.

타인의 일부가 되고 타인으로 구성된다는 개념은 다소 이상하게 들린다. 인간이 말과 행동으로 서로 연결된 별개의실체가 아니라 관계가 겹친 교차점이라는 생각은 일반적인 생각과 맞지 않는다. 이 말에서 그럴듯하게 들리는 유일한 부분은 가까운 관계라는 것이 존재한다는 사실뿐이다. 내 일부처럼 느껴지는 관계를 경험한 적이 있을 것이다. 아이가 태어나는 순간을 그렇게 말하기도 한다. 인생의 동반자도 마치 내 안에 있는 듯 느껴진다. 관계를 끊어내는 일은 자신의 일부를 떼어내는 일과 같다. 그들을 떼어내버리는 순간, 당신은 아주 단순하게, 조금 덜 '당신'이 된다. 타인을 위해 목숨을 희생해야 하는 관계도 있다. 이런 관계는 자아에 대해 무엇을 말해줄까?

우리 대부분이 지닌 최초의 의식적 경험은 가족이다. 내가 선명하게 떠올리는 첫 번째 기억은 서너 살 때 엄마와 함께 미시시피주 패스커굴라에 있는 싱잉리버 병원 주변을 산책하며 오리에게 먹이를 주던 일이다. 내게 그 기억은 일종의 탄생이다. 나는 그 순간부터 내 의식적 자아를 구성하기 시작했다. 그러나 그 일로 내 자아가 탄생했다고 생각하지는 않는다. 내 자아가 그보다 3년 전쯤 태어났다고 말하지도 않는다. 부모님이 내가 태어나리라 예상하기 시작하자마자 사람들은 내 자아를 구축해왔다. 부모님은 나를 갖기 전부터 어떤 부모가 될지, 자기 부모와 어떻게 다르게 행동할지 고민했다. 내가 남자애일지 여자애일지, 그것이 무슨 의미일지도 생각했다. 부모님은 내 생각을 하며 그들의 자아감을 형성했다. 내 이야기를 나누고 탄생 이야기를 만들며 나와 사람들 사이의 관계가 형성되었고, 그렇게 내 자아가 만들어졌다.

우리는 가능성이 무한한 세계에 살고 있지 않다. 우리 모두는 시대의 요구에 따라야 한다. 문화와 우리가 받은 유산으로 결정된 길을 따라간다. 우리 가족, 나와 함께 자라는 사람들, 그들의 특권과 불이익, 기쁨과 고통, 강점과 약점, 축하와 다툼은 모두 내가 누구이고 어떤 사람이 될지에 중요한 역할을 한다.

자아는 사회 속에서 어떻게 정의되고, 어떻게 영향받는가?

현실의 많은 부분이 사회적으로 구성되었고 대인 관계, 집단, 국가 등 여러 수준에서 구성된다는 사실은 우리를 더욱 취약하게 만든다. 내 자아가 만들어진 것이고 자아가 사는 환경 역시 구성된 것이라면, 자아가 세상과 상충한다고 볼 수도 있다. 예를 들어 부모가 당신을 독립적으로 키웠다면 당신은 스스로 독립적이라고 느낄 것이다. 그러나 구성된 주변 세상은 더 힘센 타인에게 종속되도록 강요한다. 성차별적인 사회에 사는 여성이라면 그런 일을 겪을 수 있다.

가스라이팅(gaslighting, 다른 사람의 심리 상태나 상황을 조작해 스스로 의심하게 만들어 그 사람에 대한 지배력을 강화하려는 정신적 학대 행위-옮긴이)과 미치게 만들기(crazy-making, 논리적으로 보이지만 실은 말도 안 되는 말이나 행동으로 다른 사람을 미치게 만드는 행동-옮긴이)는 사회 구성에서 나타나는 위험을 매우 잘 포착한다. 의도적으로 누군가가 자신의 현실을 의심하게 만드는 행위를 의미하는 가스라이팅이라는 용어는 오스카상을 받은 1944년 영화 〈가스등Gaslight〉에서 나왔다. 영화에서 파울라라는 젊은 오페라 가수는 불꽃 같은 사랑에 휩쓸려 매력적인 음악가와 서둘러 결혼한다. 곧 그들의 일상에 이상한 일이 일어나기 시작한다. 파울라가 안전하게 보관해두었다고 생각한 브로치가 없어지고 벽에서 그림이 사라지고 다락방에서 발소리가 들리고 집안 가스등이 이유 없이 어두워지거나 밝아진다. 남편은 가스등이 번쩍이고 발소리가 들리는 것은 파울라의 상상일 뿐이며 잃어버린 브로치를 가져간 사람은 바로 파울라 자신이라고 믿게 만든다. 파울라는 점점 고립되고 자신에게 도벽이 있다고 믿게 된다. 남편의 시계는 물론 아무것도 훔친 기억이 없지만 남편이 파울라가 가져갔다고 말했기 때문이다. 몇 번의 사건 뒤에 파울라는 자신이 미쳐가고 있다고 진짜로 믿고 바깥 외출을 하지 않겠다고 다짐한다. 물론 가스등을 번쩍이고 발소리를 내고 물건을 사라지게 만든 것은 남편이고, 파울라가 스스로 미쳤다고 믿도록 속여왔다는 사실이 결국 밝혀진다. 남편은 파울라가 기존에 지녔던 믿음, 무엇보다 자신에 대한 믿음에 반하는 세계에 빠져들게 했다. 그러나 이 관계 속에서 파울라의 자아는 완전히 바뀌고 말았다.

'미치게 만들기'라는 개념을 살펴보자. 자신에 대한 기본 가정이 지배적인 문화 내러티브와 상충하는 세상에 살도록 강요받는 상황이다. 여성이거나 소수민족이라면 스스로 뛰어나다고 여기는 영역에서도 다른 사람들은 무심코 그가 그다지 잘 해내지 못하리라고 넘겨짚는다. 아일린 폴락Eileen Pollack은 저서 《평행 우주 속의 소녀》에서, 1970년대 예일대학교에서 최초로 물리학 학사 학위를 취득한 두 여성 가운데 한 명으로 살았던 경험을 이야기한다. 폴락은 학업 성적이 뛰어났지만 고립되었다고 느꼈고 거의 매일 동기와 교수의 미세한 공격에 시달렸다. 동기들은 폴락이 물리학 학위를 취득할 기회를 얻은 이유가 그저 대학이 차별 철폐 조치 할당량을 채워야 했기 때문이라고 넌지시 말했다. 1학년 때 동기에게 숙제를 도와달라고 부탁하자 동기는 "넌 과학에 적성이 맞지 않아"라며, "그래도 걱정하진 마, 아일린. 내가 훌륭한 교수가 되면 넌 우리 방 조교로 내 연구실을 운영하면 되잖아"라고 덧붙였다. 대학 시설도 여성은 속할 수 없다고 암시했다. 폴락은 물리학 학위를 받기 위해 필요한 수학 수업을 들을 때 수학과 건물 맨 꼭대기 층을 오르락내리락해야 했던 일을 기억했다. 여성용 화장실이 그곳에 하나뿐이었기 때문이다.

물리학 수업을 들으며 수년 동안 좌절과 외로움을 견뎌온 폴락은 첫 작문 수업을 들었을 때 격려와 칭찬을 받았던 새로운 상황을 생생하게 기억한다. 결국 폴락은 이론물리학자가 되려던 꿈을 포기하고 작가가 되었다. 그는 책에 STEM(science, technology, engineering and mathematics, 과학·기술·공학·수학) 학위를 취득했거나 취득하려고 시도한 여러 여성의 인터뷰를 실었다. 2015년 책이 출간되었을 당시에는 대부분의 실험실에 여성이 적어도 한 명 이상 있었지만, 여성들은 여전히 이 영역에 소속되지 못한다고 느끼거나 자신을 증명하려면 두 배는 열심히 노력해야 한다고 생각했다.[4]

이처럼 세상이 어떤 사람은 무능력하다는 믿음을 중심으로 조직되었다면 어떨까? 아일린의 이야기에서처럼, 그 믿음이 너무 깊이 뿌리내려 사람들이 그 존재 자체를 부정한다면 어떨까? 다른 누군가가 의도적으로 당신의 현실감을 조작하든, 당신 같은 사람을 평가절하하는 믿음과 사회 구조를 '무심코' 받아들이고 옹호하든, 당신의 현실을 침범하는 세상에서 살아간다는 것은 스스로 제정신이라고 느끼는 감각 자체에 대한 도전이다.

자유의 역설: 관계 속에서 자유의 의미 찾기

가까운 관계는 세상에서 일어나는 수많은 일을 모으고 확대해 우리 삶의 가장 사적인 영역에 주입한다. 우리는 일상에서 경제 변화나 문화적 변화처럼 흔히 추상적으로 느껴지는 거대한 사회적 변화에 끊임없이 부딪힌다. 대중교통에서 휴대전화에 빠져들어 혼자 고개를 끄덕이는 사람, 내가 던진 질문에 짜증 난 저임금 식료품 가게 직원, 당신을 위해 문을 잡아준 상냥한 사람, 당신이 떨어뜨린 펜을 주워준 친절한 사람, 이런 상호작용은 우리에게 흔적을 남긴다. 유쾌한 상호작용을 하면 상쾌한 기분으로 집에 돌아오지만, 사소한 무례함이 온종일 쌓이면 피곤하고 화가 난다. 다시 말해 일상적인 상호작용은 우리가 가까운 관계에 들여오는 자아의 일부가 된다.

외부 상호작용을 관계 속으로 끌어올 때 가까운 관계에 있는 상대방은 우리를 확장한다. 이렇게 그들은 내가 혼자 경험하는 것 이상으로 자양분을 주기 때문에 더욱 매력적이 된다. 그러나 누군가를 사랑한다 해도 일정한 거리를 유지하고 싶을 수도 있다. 관계 속으로 끌어오는 무언가, 또는 가해지는 압력이 불편하게 느껴질 수도 있다. 정치적 견해가 당신의 도덕감과 충돌할 수도 있고, 성격이나 자신감이 지나쳐 당신의 자아감을 압도할까 봐 걱정될 수도 있다. 당신을 보는 방식이 다른 사람의 시선과 다를 수도 있고, 당신이 스스로를 보고 싶어 하는 방식이 아닐 수도 있다. 이런 상황이라면 여전히 관계를 유지하고 싶더라도 원치 않는 감정과 영향에서는 자신을 보호하고 싶어진다. 그 결과 관계 자체가 변하거

나, 관계가 서서히 시들거나, 상대방의 요구에 적극적으로 저항할 수도 있다.[5]

관계에서 오는 불만은 흔히 삶의 여러 관계에서 발생하는 '자아'에 대한 생각이 어긋나면서 시작된다. 하나의 관계만으로 온전히 정의된다면 갈등이 어디에서 비롯되겠는가? 당신에 대해 아는 것이 모두 어머니와의 관계에서 왔다고 상상해보자. 어머니가 당신을 완전히 규정하고 당신 역시 어머니를 완전히 규정한다면, 그 사이에 긴장이 어떻게 발생할 수 있겠는가? 사이비 종교 지도자들은 이 점을 잘 간파한다. 친구나 가족과 단절되고 이의가 생길 만한 샘이 고갈된다면 특정 신념에 저항하는 힘을 잃는다. 그러나 하나의 관계나 하나의 공동체로 누군가를 온전히 정의하기는 거의 불가능하다. 자아는 다양한 관계로 정의되기 때문에 갈등이 일어날 가능성이 생긴다. 이 관계나 공동체에 속한 나는 저 관계나 공동체에 속한 나와 잘 맞지 않을 수 있다.

처음으로 진지한 연애 관계에 빠졌던 사람을 떠올려보자. 그때까지 가장 중요한 관계, 가장 결정적인 관계는 가까운 친구나 가족과의 관계였을 것이다. 그러나 새로운 관계는 분명 자아에 변화를 일으킨다. 이렇게 변화된 자아는 그동안 친구나 가족이 알아왔던 자아와 충돌한다. 관계가 서로 어긋나는 자아관을 만들면 (예를 들어 연애 관계 속의 자아가 부모 관계 속의 자아와 상충할 때) 가까운 사람 (예를 들어 부모)과 갈등을 겪을 수 있다.

가까운 관계는 복잡하다. 그다지 좋지는 않지만 떠나고 싶지 않거나 떠날 수 없다고 느낀 관계를 맺은 적이 있을 것이다. 가까운 사람과 이런 관계를 맺고 있다면 더욱 힘들다. 중요한 사람과 맺은 어려운 관계를 어떻게 관리할까? 자신을 부모의 자식으로 정의한다면 그 관계를 축소하거나 벗어나려고 할 때 자아의 일부는 어떻게 될까? 그런 일은 어린 시절의 기억, 당신의 자아를 어떻게 바꿀까? 관계 속에서 자아를 온전히 보호하려면 관계를 끊을 때 그 관계에서 생성된 자아 일부를 포기해야 할 수도 있다.

가까운 타인으로부터 영향을 받지 않겠다고 쉽게 결심할 수 있다는 생각은 버려야 한다. 자아의 핵심을 스스로 통제할 수 있으며, 관계가 미치는 영향에서 자아를 보호할 수 있다는 생각에는 문제가 있다. 당신이 실제로 가진 것은 자아를 구성하는 복잡한 관계의 배열이다. 문제 있는 관계에 벽을 세우기보다 다른 관계에서 오는 영향을 늘리는 편이 낫다. 관계를 끊는 것 외에 관계에서 오는 영향을 줄이는 가장 좋은 방법은, 다른 관계나 관련 없는 공동체에서 보내는 시간을 늘리는 것이다. 부모의 영향이 마음에 들지 않는다면, 친구나 연인과 더 많은 시간을 보내며 그 영향을 희석시킬 수 있다. 그러나 그렇게 하면 실제로 어느 정도 거리가 생기고, 결국 부모와의 관계는 약화될 수밖에 없다.

가까운 관계가 우리의 정체성을 형성하는 방식

우리는 다른 사람과 가까워지는 경험이 필요하다고 느끼며, 그런 경험을 즐긴다. 우리는 타인, 특히 자신과 비슷하다고 믿는 사람과 강하게 연결된다. 타인과 계속 상호작용하면 태도와 신념도 점점 그 사람에 가깝게 수렴되는 경향이 있다. 세상을 바라보는 이런 공유된 경험은 상당히 위안이 된다. 세상이 이치에 맞는다고 느껴지고 세상을 명확하게 본다고 생각하게 되기 때문이다. 그러나 세상을 바라보는 경험이 타인에게 달려 있다고 생각하면 자유란 무엇인지 의문이 든다. 무엇이 가능한지를 타인이 지시한다면 자유는 그다지 의미가 없을 것이다. 그렇지만 가까운 타인이 없다면 우리의 현실감은 희미해진다.

우리는 흔히 현실이 자동으로 주어진 것처럼 행동한다. 현실이 단지 바깥에 존재하고, 우리는 그것을 바라볼 뿐이라고 생각한다. 그리고 다른 사람도 마찬가지라고 여긴다. 그러나 우리가 현실로 받아들이는 것 대부분은 그저 '있는 그대로'가 아니라 타인을 통해 구성된 것이다.6 어두운 방 저쪽에서 움직이는 빛 한 점의 이동 거리를 추정하라는 요청을 받았다고 생각해보자. 이런 과제는 대부분 사람이 해보지 않았거나 사전 지식이 없는 과제이므로 그저 추측해서 반응할 수밖에 없다. 이 추측의 정확성을 판단할 방법은 없다. 그러나 집단에 속해 있다면 훨씬 많은 정보를 이용할 수 있다. 집단 구성원들의 말을 듣고 그에 따라 추정치를 조정할 수도 있다. 실제로 빛의 움직임은 착시에 불과하다. 이 사례에서 무엇이 객관적인 사실인지는 상관없다. 중요한 것은 주변 사람이다. 우리는 다른 사람의 말을 듣고 추정치를 조정한다. 그 정보가 세상을 이해하는 데 가치 있고 유용하다고 여기기 때문이다.7

무슨 일이 일어나고 있는지 도무지 이해하지 못하는 순간을 분명 한두 번은 겪었을 것이다. 앞서 걸어가던 누군가가 넘어지는 것을 보았거나, 사무실 건물 앞에서 소리 높여 분노하는 사람들을 만났을 수도 있다. 인간이라면 틀림없이 다른 사람들과 마찬가지로 사람들이 어떻게 반응하는지 살피려고 주위를 두리번거렸을 것이다. 넘어진 사람을 도와주어야 할지, 성난 폭도들을 두려워해야 할지, 정의로운 시위를 지지해야 할지 결정할 때 다른 사람들을 이용한다. 인간은 바로 그렇게 행동한다. 우리는 주변 세상을 이해하기 위해 서로에게 의지한다.

우리가 당연한 현실로 여기는 대부분은 이미 우리 관계와 공동체에서 주어진 것이다. 어린 시절의 가족 관계는 취향과 태도를 형성하고, 친구는 어떤 행동이 받아들여지는지를 가르쳐주며, 사랑하는 사람은 친밀함을 알려준다. 우리는 사회적 상호작용을 통해 배운다. 또한 가장 가까운 타인과 맺는 일상적이고도 복잡한 상호작용에서 세상이 작동하는 방식을 배운다. 이런 관계는 우리가 세상이라고 느끼는 다양한 색채와 형태를 만든다.[8]

헤아릴 수 없을 정도로 복잡한 세상에서 우리가 세상을 '보고' 이해한다고 느끼며 세상과 (어느 정도) 효율적으로 관계 맺고 있다고 생각한다는 사실은 정말 경이롭다. 이렇게 세상을 감각할 수 있는 것은 가까운 관계 덕분이다. 가까운 타인은 우리가 세상을 이해하도록 돕는다. 세상은 '우리'에게 타당하게 느껴질 때 비로소 의미를 지닌다. 세상은 관계를 중심으로 돌아가고 관계로 만들어진다.

당신의 삶을 둘러보고 그 안에 있는 사람들을 떠올려보자. 이제 전혀 다른 사람들을 상상해보자. 삶이 얼마나 달라질까? 많은 변화를 볼 수 있을 것이다. 다른 음식을 먹고, 다른 직업을 갖고, 바깥에서 더 많은 시간을 보내고 쇼핑을 줄이거나 그 반대일 수도 있다. 깨끗함에 집착하는 결벽증 환자가 되거나 게으름뱅이가 될 수도 있다. 지금 상상하는 것은 분명 당신을 둘러싼 세상에서 일어나는 변화 가운데 극히 일부에 불과하다. 세상과 관계 맺고 있는 한 당신의 현실은 새롭게 바뀔 것이다.

이것이 관계 속에서 구성된 자아의 힘이다. 자아는 주변에 존재하는 사회적 현실을 바탕으로 세상을 반영하고 투사하며 창조한다.

관계 속에서 우리는 어떻게 자신을 인식하는가?

지금까지는 자아를 갖는다는 것의 의미에 초점을 맞췄지만, 우리가 자아를 어떻게 알게 되는지 질문할 수도 있다. 자아를 일련의 관계라고 보는 생각은 이해하거나 받아들이기 힘들 수 있지만, 관계를 통해 자신을 안다는 생각은 조금 더 받아들이기 쉬울 것이다.

우리는 흔히 자신과 타인에 대해 단정적으로 말한다. 그 사람이 키가 작거나 크거나, 뚱뚱하거나 말랐거나, 운동을 잘하거나 서투르다고 말한다. 마치 이런 것이 그 자체로 어떤 의미가 있다는 듯 말이다. 그 말의 의미는 그 사람이 어떤 이상적인 모습보다 더 뚱뚱하거나 내가 아는 누군가에 비해 운동을 더 잘하거나 서투르다는 것뿐이다. 우리는 타인과 비교해 다른 사람과 나 자신을 이해한다. 여기서 '다른 사람'이란 사실 평균이나 명시되지 않은 어떤 표준(예를 들어 키가 180cm 이상)을 이해하는 관점일 뿐이지만, 여기에도 여전히 사회적 비교가 관여한다.

자아가 관계와 상호작용으로 구성된다면 가까운 관계는 자아의 중요한 부분임이 틀림없다. 가까운 타인과 상당한 시간을 보낼 뿐만 아니라 그들을 통해 세상을 이해한다. 기쁨과 두려움도 공유한다. 그들은 인생을 함께하는 동료 여행자다. 이들과 함께할 때 비로소 '진정한' 자아가 된다고 느낀다.

이와 동시에 가까운 타인은 당신의 가장 큰 경쟁자, 숙적, 천적, 영원한 눈엣가시일 수도 있다. 그러나 이런 사람조차 당신의 자아에 대해 어떤 진실을 알려준다. 다만 그 진실을 보고 싶지 않을 뿐이다.[9,10]

우리를 규정하는 데 결정적인 영향을 미치는 가까운 관계는, 일시적인 상호작용이나 스쳐 지나가는 관계보다 내가 어떤 사람이 될지를 훨씬 더 깊이 제한한다. 당신이 누군가와 더 많이 겹칠수록 그들의 세계관은 당신의 관점이 된다. 가까운 형제자매가 있다고 생각해보자. 그들의 연애관은 부분적으로 당신의 연애관을 형성한다. 그들의 관점이 바뀌면 당신이 맺는 관계의 질에도 영향을 미친다.

가까운 관계를 스스로 선택했다고 본다면, 자아에 대해 일관된 관점을 유지하려는 욕망 때문에 그 선택의 결과 또한 정말 원했거나 적어도 수용해야 한다고 믿게 된다. 아이를 갈망하다가 아이를 갖게 되었다면, 자신의 선택을 합리화하고 스스로 제정신이라는 사실을 유지하려고 한다. 따라서 수면 부족이나 부모가 되면서 포기해야 할 여러 희생을 그리 중시하지 않게 된다. 특정 관계에서 선택권이 있다고 느끼면 그 선택에서 나온 비용을 경시하게 된다. 선택과 그 결과에서 오는 느낌 사이에 긴장이 발생하면, 그 결과를 자신이 (다 알고도) 자초했다고 꿰맞춘다.[11]

때로 관계는 밀실처럼 두렵게 느껴진다. 갑자기 빠져나올 수 없는 관계에 얽혀버렸다고 느낄 수도 있다. 항상 불만스러운 논쟁으로 끝나는 관계이거나, 내가 상대방보다 부족하게 느껴지고 상대방의 약점에 넌더리가 날 수도 있다. 서로의 야망이 일치하지 않아서 결혼 생활의 이음매가 터질 수도 있다. 더는 상황을 똑같이 바라보지 못하게 되는 우정도 있고, 그 결과 삶이 어려울 때 필요한 도움을 받지 못하게 되기도 한다. 이유가 어찌 되었든 타인과의 연결, 즉 타인의 자아를 자신의 일부로 받아들이는 일은 자신을 자극하는 촉매가 된다. 비슷한 상황을 겪어본 적이 있다면 그런 상황에서 느껴지는 좌절감, 두려움, 분노를 알 것이다. 이런 상황에서는 한계가 느껴진다. 스스로 되고 싶은 사람이 될 수 없다. 관계가 어떤 식으로든 당신을 방해한다. 타인의 선택, 행동, 당신 안에 그들이 존재하는 방식이 당신에게 영향을 미친다.

그러나 전부는 아니지만 많은 상황에서 그 사람과 상호작용하기로 선택한다. 이런 선택을 과장하고 싶지는 않다. 어떤 권력이 작용하기도 한다. 그 사람에게 경제적으로 의존하고 있을 수도 있다. 당신에게 소중한 관계를 지키는 능력이, 때로는 그다지 중요하지 않은 관계를 유지하는 데 달려 있을 수도 있다. 그러나 어떤 이유로든 관계를 유지하는 비용은 관계를 끊는 대가보다 크다.

관계를 끊을 때 치러야 하는 대가는 힘든 관계와 관련해 또 다른 이야기를 들려준다. 관계를 끊는 대가가 외부에서 온다는 생각은 틀렸다. 힘든 관계에서 일어나는 일 가운데 일부는 자기 자신에게서 나온다. 물론 관계는 둘이 함께 만들어가는 것이다. 그러나 핵심은, 가까운 타인도 자신의 일부이며 그들에 대해 불편함을 느끼는 부분 역시 자신의 일부일 수 있다는 점이다.

가까운 타인을 혐오하는 일은 자신의 일부를 혐오하는 것이다. 그들이 지금의 모습이 아니었다면, 우리도 지금의 우리가 될 수 없었을 것이다. 가까운 관계에서 일어나는 문제는 상대방을 보는 감정에서 올 수도 있지만 어쩌면 나 자신을 보는 감정에서 올 수도 있다.

6장

개인은 언제
'우리'가 되는가?

나는 우리이므로 나다.

– 줄루족의 격언

관계와 집단이 형성하는 사회적 정체성

친밀한 관계는 우리를 단단히 붙들어준다. 이런 관계에는 신체적인 차원이 있다. 우리는 그 사람들을 보고 만진다. 가족과 친구, 적을 직접적이고 본능적으로 안다. 가족 가운데 누군가가 있다는 것만으로도 기쁘거나 고통스럽다. 사람들은 배우자의 체취가 스민 방, 그의 걸음걸이, 포옹할 때의 느낌도 이야기한다. 어떤 사람들은 특정 향수 냄새를 맡고 자신을 방치하고 학대한 부모에 대한 기억을 떠올린다. 크리스티나 크로퍼드Christina Crawford는 배우였던 자기 어머니 조앤 크로퍼드Joan Crawford를 다룬 영화 〈내 어머니Mommie Dearest〉에서 어린 시절 학대받았던 이야기를 하며, 옷장에 철사 옷걸이가 걸려 있는 것을 보면 어머니가 불같이 화를 냈다고 말했다. 크리스티나는 외할머니가 세탁소에서 오래 일했던 탓에, 엄마가 철사 옷걸이를 볼 때마다 어린 시절의 가난을 떠올렸을 것이라고 짐작했다. 자주 회자되는 영화 속 상징적인 한 장면에서 조앤은 어린 딸을 침대에서 끌어내 "철사 옷걸이는 절대 안 돼!"라고 소리치며 옷걸이로 때린다.

좋든 나쁘든 우리는 이 사람들을 매우 친밀하게 안다. 왜냐하면 그들이 세상을 보는 우리의 경험을 형성하기 때문이다. 이들은 내가 누구인지 정의하는 데 큰 역할을 한다. 이런 관계가 지닌 힘을 쉽게 이해할 수 있지만, 가까운 관계만 우리를 정의하는 것은 아니다. 우리는 민족의 일원이기도 하고, 한 국가의 시민이기도 하며, 스포츠팀의 팬이자 대학 동문이기도 하다. 이런 집단과 맺는 관계가 우리를 정의한다.[1,2,3]

사회는 믿을 수 없을 만큼 복잡하다. 집단은 이런 복잡성을 다루는 데 도움이 된다. 처음 보는 사람을 만날 때 내가 전혀 모르는 독특한 사람을 만나는 것이 아니다. 이미 아는 여러 집단에 속한 한 사람을 만나고 있을 뿐이다. 바에서 누군가 옆에 앉아 있다고 생각해보자. 그 사람이 남성인지 여성인지, 같은 인종인지 아닌지, 나이가 적은지 많은지, 부자인지 가난한지 등 모든 특성은 분명히 그 사람과 상호작용하는 방식에 영향을 미친다. 사실 누군가가 어떤 집단에 속해 있다는 사실을 알게 되면, 그 사람과 대화를 나눌지 말지도 달라질 가능성이 크다.

사회적 정체성은 경제적 불평등, 인종차별, 성차별, 정치적 양극화, 외국인 혐오 등 오늘날 우리가 마주하는 여러 심각한 사회 문제와 엮여 있거나 이런 문제를 일으킨다.[4,5] 앞으로 살펴보겠지만 보통 권력 집단 속에는 사회적 정체성의 중요성을 무시하거나 부인하면 문제를 해결할 수 있다고 주장하는 사람도 있다. 대법관 존 로버츠John Roberts는 이렇게 썼다. "인종차별을 멈추는 방법은 인종에 근거한 차별을 멈추는 것이다."[6] 우리가 지금 알고 있는 인종이 사회생활에 더는 영향을 주지 않도록 할 수는 있겠지만, 집단 소속감에 근거한 차별이 사라질 수 있다는 생각은 허황된 꿈일 뿐이다. 세상의 복잡성, 사회 구조에 대한 욕구, 집단의 일원이 되고자 하는 인간의 기본적인 욕망이 있다는 것은, 나와 비슷해 보이는 사람에게 끌리고 그 사람이 속한 집단을 인식해 이를 바탕으로 타인과 관계 맺는다는 의미다.[7]

사회적 정체성이 없는 세상을 상상해보자. 성별, 인종, 국적, 계급, 스포츠 팬, 직업군, 출신 학교도 없다. 이런 세상은 더 나은 세상일 수도, 아닐 수도 있지만 훨씬 탐색하기 어려운 세상일 것임은 분명하다. 새로운 사람을 만나면 당신은 알게 모르게 그 사람에 대해 꽤 많이 안다고 생각한다. 왜일까? 그들이 속한 집단을 어느 정도 알기 때문이다. 그 사람은 남성이나 여성, 청년이나 노인, 흑인이나 백인, 아시아인이나 라틴계, 부자나 가난한 사람으로 보인다. 프레피나 힙스터처럼 옷을 입거나 어떤 대학이나 직장 로고가 새겨진 옷을 입고 있을 수도 있다. 이런 것들은 모두 그들에 대해 무언가를 말해준다. 이런 정체성은 그 사람과 관계를 맺을지 말지를 결정하는 근거가 된다. 사회 집단이 제공하는 이러한 지름길이 없다면, 어떤 사람을 만날 때마다 처음부터 새로 이해해야 할 것이다.

사회적 정체성과 자아:
우리가 만든 이야기와 집단이 우리를 정의하는 방식

사회 집단과 맺는 관계를 통해 우리는 자신이 어디에 속하는지 이해하고, 세상이 어떻게 돌아가는지 안다. 내 성별, 인종, 직업은 사람들이 나를 어떻게 예상하고 내가 타인을 어떻게 예상하는지 아는 데 도움이 된다. 내가 그 방식을 좋아하고 동의하든 상관없이 말이다. 사람들은 보통 내 직업을 듣고 놀라곤 한다. 이는 상대방이 내 직업을 아는지 모르는지에 따라 나에 대한 존중이 크게 달라진다는 의미다. 20대 후반에 막 교수직을 시작했을 때는 내가 교수라고 말해도 아무도 믿지 않았다. 내가 너무 젊어서 사람들이 교수라는 직업을 떠올릴 때 예상하는 사회적 정체성과 맞지 않았던 것도 사실이지만, 아마 젊은 백인 동료들은 비슷한 일을 겪지 않았을 것이다. 내가 스탠퍼드대학교 교수라고 말하면 거짓말한다고 의심하는 사람도 있었다. 연구실로 가던 길에, 경비원도 아닌 건물의 한 행인이 내게 신분증을 보여달라고 한 적도 있었다. 어떤 학생은 내가 아니라 백인인 내 조수가 교수인 줄 알고 그에게 다가간 적도 있다. 한 박사과정 학생은 자신의 지도교수가 나를 '사회적 약자 우대 정책'으로 뽑힌 교수일지 모른다며 나와 함께 일하지 않는 편이 좋겠다고 말했다고 전해주었다. 그러나 나는 여성 동료들이 감내해야 할 성차별적 행동에서는 자유롭다. 내 성별 때문에 내 권위를 깎아내리려는 사람은 본 적이 없다. 이런 경험을 통해 나는 사람들이 내 정체성을 바탕으로 무엇을 예상하는지 알게 되었고 이런 예상에 대처하는 법을 배웠다. 다양한 정체성을 바라보는 관점을 통해 내 인생에서 무엇을 예상할 수 있는지, 세상을 어떻게 탐색해야 하는지 깨닫는다.[8,9]

그러나 이런 집단이 갑자기 나타난 것은 아니다. 우리는 이런 집단을 발견한 것이 아니라, 직접 만들어냈다. 피부색, 머리카락 질감이나 색깔 같은 차이는 분명 자연스럽게 존재하지만, 이런 차이에 의미를 부여해 형성된 사회 집단은 우리가 공동으로 만든 것이다. 우리는 사회 집단을 만들고 권력자에게 어울리도록 집단의 모습을 바꾸기도 한다. 제국과 국가의 경계가 달라지면 그 신민과 국민 범주에 포함되는 사람들도 달라진다. 그러나 집단이 우리에 의해 만들어진 것임에도, 우리는 사회 집단이 그 구성원에 대해 어떤 굳건한 진실을 말해준다고 믿는다. 또한 집단 구성원은 우리가 그 집단에 관해 말하는 이야기를 스스로 설명해주는, 보이지 않는

본질을 지니고 있다고 여긴다.[10,11]

　출생 환경 탓에 타고난 가치를 감추어야 했다는 이야기가 얼마나 많은지 떠올려보자. 고귀한 신분으로 태어난 아이를 적에게서 숨기거나 실수로 아이가 뒤바뀌는 이야기 말이다. '선택받은 자'의 진정한 본성이 드러나면 필연적으로 자아가 드러난다. 우리에게 회자되는 많은 이야기에서 혈통은 운명적으로 그 사람을 위대하게 만든다. 성서의 모세나, 〈스타워즈Star Wars〉의 루크 스카이워커, 〈해리 포터Harry Potter〉의 해리 포터, 〈왕좌의 게임Game of Thrones〉의 존 스노우가 바로 이런 인물이다. 이런 이야기들은 우리가 살아가는 세상을 이해하고, 우리 눈에 보이는 차이를 정당화하기 위해 만들어졌다.

　우리는 사람과 집단에 대해 이야기하고 이런 이야기가 그 집단의 진실을 나타내는 것처럼 행동한다. 그러나 사실은 그 반대다. 이야기가 집단을 만든다. 어떤 특성을 공유하는 집단이 있다고 치자. 예를 들어 내가 사는 곳의 강 건너편 동쪽에서 태어난 사람들이라고 하자. 동쪽 사람들은 게을러 보인다. 그들은 우리만큼, 또는 사람이라면 마땅히 그래야 할 만큼 열심히 일하지 않는다. 어떤 경우든 나는 그들 모두를 한 집단의 일원으로 보고 동쪽 사람다운 특성이 무엇이든 그들을 게으르게 만든다고 말한다. 그런 다음 강 동쪽의 모든 사람이 이 특성을 지녔으리라 예상하는데, 누군가를 동쪽 사람으로 만드는 무언가가 게으름도 유발한다고 생각하기 때문이다.

　이 사소한 사례만 보아도, 특정한 물리적 공간을 공유하는 사람들의 이야기가 만들어지기 전까지는 '동쪽 사람'이라는 개념 자체가 존재하지 않았다. 이 이야기는 '우리 편이 아닌' 사람들과 내가 사는 곳 사람들 사이에 보이는 차이를 이해하려는 시도다. 아마 동쪽 사람들은 자신들을 하나의 집단으로 생각하지 않을지도모른다. 또한 그들이 게으르다는 내 생각은 우리 편 사람들의 행동 방식이나, 사람들이 어떻게 행동해야 하는가에 대한 내 믿음을 기준으로 형성된 것이다. 내가 만든 이야기는 집단을 형성했고 다른 사람이라는 존재를 내 세계관에 꿰맞췄다. 이 이야기는 우리 편 사람들을 성실한 사람들로 규정하며, 내가 강 동쪽 사람들을 어떻게 바라보고 그들과 어떻게 관계를 맺어야 하는지를 암시한다.

사회 집단과 정체성은 일종의 묘한 속임수다. 이 '속임수'는 아무것도 없는 곳에서 만든 사회적 현실이자 우리가 세상에 덧칠한 하나의 층이다. 우리는 사회 집단이 우리가 부여한 의미 외에 다른 의미를 지닌 것처럼 그들과 관계 맺는다. 마치 사회 집단이 우리와 무관하게 존재하는 돌이나 나무라도 된 것처럼 말이다.[12,13]

사회적 정체성과 집단의 역할

우리는 사회 집단을 만든다. 적어도 부분적으로 이런 사회 집단이 작동하기 때문이다. 우리는 사회 집단을 이용해 세상을 이해하고, 사물의 존재 방식을 정당화하거나 도전하고, 세상에서 자신의 위치를 파악하고, 다른 가능성을 상상하며, 내가 누구이고 어떤 사람이 될 수 있는지 이해한다. 사회는 복잡하다. 사람들은 때로 이해할 수조차 없는 욕구와 필요, 두려움과 불안에서 동기를 부여받는다. 게다가 흔히 자기 행동 방식이 주변 사람에게 어떤 영향을 미치는지도 깨닫지 못한다. 우리는 모두 이처럼 세상을 살아나가려고 애쓴다. 다른 사람의 동기를 파악하고 그들 행동의 의미를 분석하려 노력한다. 이런 노력은 때로 자기 동기에 대한 이해가 부족할 때 다른 사람과 관계 맺을 가장 나은 방법을 아는 데도 도움이 된다. 사람을 한 명 한 명 만날 때마다 이런 복잡성을 하나하나 처리하기는 부담스러우므로 우리는 사람들을 단순화한다. 사회 집단 덕분에 개인을 수많은 개별자가 아니라, 이해할 만한 범주에 속한 구성원으로 취급할 수 있다.

우리는 집단과 관계 맺으며 자신과 타인을 알아간다. 자신을 집단으로 파악하면 자신을 정의하는 데 도움이 되는 경계가 생긴다. 나를 남성이라고 정의하면 남성다움이라는 렌즈를 통해 자신의 특성을 이해한다. 간단한 예로 누군가가 나를 '덩치 좋다'라고 한다고 해도 나는 그 말을 모욕으로 받아들이지 않는다. 덩치 좋다는 것은 지배력 있다는 말과 관련되고, 남성은 지배력 있어야 한다고 여겨지므로, '덩치 좋다'라는 것은 대개 좋은 말이고 나는 그 말을 그렇게 이해한다. 그러나 대부분의 여성은 '덩치 좋다'라는 말을 듣는다면 좋아하지 않을 것이다. 체구가 젠더라는 렌즈를 통해 해석된다는 것을 알기에, 나는 여성 친구들의 외모를 묘사할 때 '덩치 좋다'라는 말을 사용하지 않는다. 어떤 친구를 여성으로 파악하면 그 친구와 효과적으로 상호작용하기가 한결 수월해진다. 각각의 사람을 고유한 개별자로 취급하기보다 젠더에 대한 지식을 활용하면, 타인을 대하는 방식을 어느 정도 단순화할 수 있다.

사회적 정체성은 우리를 매일 만나는 사람들과의 직접적이고 친밀한 관계 너머로 데려간다. 오늘날 한 국가의 일원이 된다는 것은 수백만, 수십억의 사람들과 연결된다는 뜻이다. 국가의 구성원이 된다는 것은 국가의 과거 그리고 미래와 연결되는 것이다. 모든 사회적 정체성도 마찬가지다. 사회적 정체성은 마치 타임머신처럼 우리를 시간적으로 확장한다. 내가 태어나기도 전의 역사와 우리를 연결해주고, 우리가 세상을 떠난 뒤에 올 미래에서 우리의 자리를 상상할 수 있게 해준다.

사회학 교수인 올랜도 패터슨Orlando Patterson은 노예 제도의 역사를 탐구한 저서 《노예와 사회적 죽음Slavery and Social Death: A Comparative History》에서 다음과 같이 썼다. "노예는 조상의 경험을 자기 삶에 자유롭게 받아들이거나, 선조들에게서 물려받은 의미로 사회적 현실을 이해하거나, 현재의 삶을 집단적 기억에 뿌리내릴 수 없다는 점에서 다른 사람들과 달랐다." 사회적 과거를 갖지 못한다는 것, 조상과의 유대가 없다는 것은 완전한 인간으로 존재하지 못한다는 의미다. 그것은 곧 사회적으로 죽은 상태다. 패터슨이 보기에 "노예 제도의 본질은 노예가 사회적 죽음 상태로 공동체와 혼돈, 삶과 죽음 사이에 놓인 경계에 산다는 점이다".14

사회적 정체성은 우리를 역사 속에 놓아 실존적 무게를 부여할 뿐만 아니라, 우리를 확장하기도 한다. 국가라는 기반에 자부심이나 수치를 느끼거나, 조상이 저지른 잘못을 반성하며 분노하고, 모교 스포츠팀이 이기기를 바란다면 내가 말한 확장의 의미를 이해할 것이다. 앞서 살아간 사람들의 행동과 뒤에 올 사람들이 이룰 성취가 곧 우리 자신이 된다. 큰 틀에서 보면 개인의 삶은 사소하지만 우리는 사회적 정체성을 통해 이런 한계를 뛰어넘을 수 있다.

사회 집단 없이는 사회적 정체성을 가질 수 없다. 사회적 정체성은 사람들 사이의 유대와 이런 유대를 이해하는 상호 인식으로 형성된다. 이 사람들이 누구이고 무엇을 하는지가 우리의 일부가 된다. 내가 수행한 여러 연구에서 사람들은 개인의 근면함을 강조하기 위해 집단의 장점을 강조하고, 집단이 더 힘든 시기를 거쳐왔다고 말하며, 공정성을 위해 자신의 집단에 불리할지도 모를 정책을 지지하기도 한다. 어떤 집단의 일원이라면 그들의 고통은 당신의 고통이고, 그들의 부끄러움은 당신의 부끄러움이며, 그들의 죄는 당신의 죄가 된다. 이것이 사회적 정체성이 주는 개인의 초월, 즉 확장의 대가다.[15,16,17,18,19]

인종, 경계 그리고 사회적 정체성

이언 헤이니 로페즈Ian Haney López는 저서 《법적 백인White by Law: The Legal Construction》에서 1878년 캘리포니아 연방 법원이 판결한 한 사건을 설명한다. 중국 국적의 아엽Ah Yup이라는 사람이 제기한 소송이다. 당시에는 자유 백인과 아프리카계 혈통만이 미국 시민이 될 수 있었다. 아엽은 중국인을 백인으로 분류해달라는 소송을 제기했다. 구체적으로 아엽 사건에서 핵심은 '몽골 인종은 '백인'인가?'였다. 판사는 인종 과학을 다룬 인류학적 문헌을 깊이 살펴보고 법조 협회 회원들이 내놓은 권고와 입법 역사에서 백인으로 간주된 이들을 자세히 검토한 끝에, '몽골 인종 중국 출신은 백인이 아니다'라고 판결했다. 이 판결과 귀화법에 따라 아엽은 미국 시민권을 얻지 못했다.

생물학적 근거가 있다고 여겨지며 사회적으로도 분명한 중요성을 지니는 인종은, 사회적 정체성의 구성이 얼마나 복잡한지를 보여주는 좋은 사례다. 《법적 백인》에서는 미국에서 누가 백인으로 여겨지고 누구는 그렇지 않은지 결정하기 위해 주 법원과 연방 법원이 고군분투하는 모습을 볼 수 있다. 로페즈가 설명하는 역사에서 인종이라는 개념이 시간이 지남에 따라 정의되고 다듬어지는 모습도 나타난다. 미국에서 인종 계층을 이루는 경계를 유지하는 데 어떤 노력이 필요한지도 볼 수 있다. 인종과 시민권 관계를 통해 하나의 정체성이 만들어질 때 다른 정체성에 어떤 영향을 미치는지도 볼 수 있다. 예를 들어 1924년 이민법은 서유럽과 북유럽 이외의 지역에서 오는 이민을 최소화할 목적으로 제정되었다. 미국인이 되는 것이 곧 백인이 되는 것이라면, 미국을 보호하기 위해서는 백인성Whiteness을 보호해야 한다. 경계를 유지한다는 필요에는 노력과 감시가 필요하다. 인종은 인간이 지닌 자명하거나 객관적인 특성이 아니기 때문이다.[20,21,22]

한 가지 명백한 점을 짚고 넘어가야겠다. 인종 문제를 다룰 때 피부색의 차이는 백옥 같은 밝은 색에서 흑요석 같은 어두운 색으로 훌쩍 건너뛰듯 급격한 변화가 아니라 연속적인 변화다. 어떤 사람을 인종과 연관 짓는 다른 신체적 특징도 모두 마찬가지다. 예를 들어 나는 스스로를 흑인이라고 생각하고 미국 대부분 사람들도 나를 보는 즉시 흑인으로 여긴다. 그러나 내 조상이 왔을 서아프리카에서는 나를 보고 서아프리카인이라고 추정하는 사람이 많지 않을 것이다. 아프리카계 미국인 대부분처럼 나도 유럽인과 아프리카 조상의 혼혈이다. 미국에서는 세습 노예제에 이어 인종 분리를 유지하려는 목적으로 '피 한 방울one-drop' 규칙(조상 중 흑인이 한 명만 있어도 그 사람을 백인으로 인정할 수 없다는 순혈주의-옮긴이)을 적용한 역사가 있다. 아프리카 조상이 한 명만 있어도 그 사람을 흑인으로 분류할 수 있었다. 그러나 일부 카리브해와 남미 국가에서는 인종이 흑백으로 명확히 구분되지 않고 연속적인 신체적 특징에 따라 달라진다.23 이런 차이 때문에 어떤 지역에서는 백인인 사람도 비행기를 타고 몇 시간만 가면 흑인이 될 수도 있다.

인종을 보는 이런 사고방식은 우리 삶에 계속 영향을 미친다. 남아프리카 출신으로 백인 어머니와 흑인 아버지 사이에서 태어났다고 언론에 알려진 배우 할리 베리Halle Berry는 2011년, 백인인 전 남편과의 사이에서 태어난 두 살배기 딸의 양육권을 놓고 싸웠다. 베리는 남편이 경멸조의 인종차별 언어를 사용하고 딸을 혼혈로 보지 않는다며 고소했고 이 과정에서 베리 딸의 인종 문제가 논쟁이 되었다. 베리는 〈에보니Ebony〉와 나눈 인터뷰에서 "전 딸이 흑인이라고 생각해요. 전 흑인이고 그 애 엄마니까요. 저는 피 한 방울 규칙을 믿어요"라고 말했다.24

인종은 사회적 범주로 형성된 것인데도 우리는 인종 집단이 사람들 사이의 명확한 생물학적 경계를 반영하는 것처럼 말한다. 역설적으로 부모의 인종이 다른 '혼혈'인을 말할 때는 부조리한 상황과 그로 인한 혼란이 드러난다. '혼혈'이라는 말을 사용하는 순간, 다른 이들은 혼혈이 아니며 따라서 '순수하다'는 의미가 암묵적으로 전제된다.

생물학적 유산이 아니라 문화유산이 혼합되었다는 의미를 담기 위해 혼혈이라는 용어를 사용하기도 한다. 서로 다른 문화적 배경과 세계관에 빠져든 사람을 혼혈이라 할 수도 있다. 그러나 이런 설명으로 복잡한 인종 경계에 대응하는 방식을 제대로 포착할 수 있을까?

인종의 사회적 정체성 논란

2015년 당시 전미 유색인지위향상협회National Association for the Advancement of Colored People, NAACP의 워싱턴 스포켄시 지부장이었던 레이철 돌레즐Rachel Dolezal은 부모가 모두 백인이라는 사실이 폭로된 뒤 사임했다. 대부분의 사람이 그의 부모 중 적어도 한 명은 흑인이라고 생각했고 레이철은 흑인 여성으로 살아왔기 때문에 나는 '폭로되었다'라는 말을 썼다. 부모의 인종이 어찌 되었든 레이철은 개인적으로나 공개적으로 흑인이라고 밝혔다. 어떤 인터뷰어가 그에게 아프리카계 미국인인지 물었을 때 왜 자리를 떴는지 묻자, 그는 이렇게 말했다. "맞아요, 제 친부모는 둘 다 백인입니다. 그러나 오랫동안 제 진짜 정체성을 확립해오면서 나는 백인성만으로는 나를 설명할 수 없다는 사실을 깨달았습니다. 그와 동시에 그저, 그렇게 대답하는 것은 지나친 단순화라고 느꼈어요. 어쨌든 나는 스스로를 아프리카계 미국인이 아닌 흑인으로 받아들였습니다."[25]

레이철은 자신을 흑인으로 받아들인다는 선택이 심각한 결과를 초래할 수 있다는 사실을 이해했다. 그는 이렇게 말했다. "백인들은 나를 배신자이자 거짓말쟁이로 보고 다시는 믿지 않을 것이고, 흑인들은 나를 침입자이자 사기꾼으로 보고 다시는 믿지 않겠죠." 그런데도 그는 자신을 흑인으로 인정하기로 했다. 레이철이 자신을 흑인으로 정체성화한 이유를 분명히 알 수는 없고 자신조차 그 이유를 정확히 알 수 없을지도 모른다. 그러나 그런 결정이 일부 흑인들에게서 부정적인 반응을 끌어냈다는 점은 사실이다.[26]

사람들은 왜 이 문제에 관심을 가졌을까? 이 이야기는 우리에게 무엇을 시사할까? 한 가지 대답은 레이철이 자신의 인종에 대해 거짓말했다고 생각하는 사람들이 많았다는 점이다. 이렇게 생각하는 사람들은 흑인이 되려면 흑인 혈통이 있어야 한다고 여긴다. 이런 사고방식에 따르면 흔히 인종은 유전적으로 정의된다. 당신의 인종적 정체성은 그저 유전적 구성의 문제다. 인종은 외모 문제가 아니다. 유전자가 흑인성Blackness의 핵심을 부여한다. 신체적 특징은 그저 흑인성을 표현하는 것일 뿐 흑인성 자체는 아니다. 인종이 유전 문제라는 관점을 받아들이지 않는다 해도, 레이철 같은 사람은 흑인성을 주장할 수 있지만 반대로 흑인으로 보이는 사람은 정당하게 백인성을 주장할 수 없다는 이 심각한 비대칭성을 보면 화가 날지도 모른다.[27,28]

누군가를 우리 집단의 일원이라고 생각하는지는 자신에 대해 어떻게 생각하는지, 우리가 누구라고 생각하는지, 우리를 정의하는 것이 무엇인지 말해준다. 어떤 사람을 넣으면 외모를 흑인에서 백인으로 싹 바꿔주는 기계가 있다고 상상해보자. 이 기계에서 나온 사람은 흑인일까 백인일까? 인종이 보이지 않고 변하지도 않는 타고난 본질과 관련 있다고 믿는 인종 본질주의자들은 그 사람이 여전히 흑인이라고 말할 것이다. 신체적 변화가 유전적 변화에서 나왔다 해도 인종 본질주의자들은 여전히 그 사람을 흑인으로 볼 가능성이 크다. 백인이 되려면 완전히 다른 사람이 되어야 하지 과거 당신의 다른 버전이 되는 것으로는 부족하다. 인종 본질주의자들이 보기에 신체는 자아가 입는 옷이다. 자아는 흑인 아니면 백인이고 신체는 보이지 않는 내면의 진실이 겉으로 드러난 것뿐이다.

나는 이를 속임수 질문이라고 말하고 싶다. 당신이 흑인인지 백인인지는 당신이 맺은 관계 속 사람들이 어떤 믿음을 지녔는지에 따라 달라진다. 외모는 그저 관계에 영향을 미친다는 점에서만 중요하다. 미국에서는 부모가 흑인으로 분류되는 등의 전형적인 기준에 따라 어떤 사람을 흑인으로 간주한다. 그러나 다양한 맥락에서 다른 사람들이 백인이라고 믿을 만큼 충분히 백인처럼 보이는 사람들도 있다. 이런 사람들이 백인과 어울려 살고 다른 백인들이 그들을 백인으로 보면 이들은 '통과'했다고 한다.

인종 본질주의와 사회적 정체성

바사르대학교에서 최초로 학위를 받은 흑인 여성은 대학이 아프리카계 미국인 학생을 받아들인 지 40년도 더 전에 나왔다.[29] 이 여성 어니타 헤밍스Anita Hemmings의 부모는 둘 다 흑인과 백인 혈통을 모두 이어받은 '물라토(혼혈)'였지만, 당시 보스턴 신문은 "그는 피부가 구릿빛인 백인 행세를 하며 어디든 쉽게 통과할 수 있었다"라고 보도했다. 어니타는 1897년 바사르대학교에 백인 여성으로 지원했고 모두들 그렇게 믿었지만, 졸업하기 며칠 전 이를 수상히 여긴 룸메이트가 그의 부모 인종을 밝혀내고 고발했다. 나중에 어니타는 자신과 마찬가지로 백인으로 통과해 살아온 흑인 의사와 결혼한 다음 맨해튼으로 이주해 백인으로 살았다. 우리는 인종을 피부색으로 분류하고 외모로 결정하지만 '흑인'도 충분히 백인으로 보일 수 있으며 백인에게 주어지는 혜택을 누릴 수 있다. 이것이 바로 인종 본질주의가 작동하는 방식이다.

2017년 공포영화 〈겟아웃Get Out〉은 인종 본질주의의 핵심적인 관점을 완벽하게 포착한다. 영화에서 어떤 백인 가족은 한 사람의 존재나 의식을 다른 사람의 몸으로 옮기는 방법을 발견한다. 많은 미국인과 마찬가지로 이 가족은 타고난 운동 능력, 높은 성욕, 고통에 무딘 특징 등을 지닌 흑인의 몸을 특별하게 떠받든다.[30,31,32] 그래서 그들은 흑인을 납치해 나이가 많거나 몸이 좋지 않은 부유한 백인들에게 새로운 신체적 그릇으로 팔아넘기는 사업을 벌인다. 이 설정이 설득력을 갖는 이유는 여러 가지다. 우리는 자아가 몸 안에 든 무언가라고 생각하기 때문에 신체를 하나의 '그릇'으로 이해하기 쉽다. 백인이 소비하기 위해 흑인 신체를 매매하는 일도 쉽게 상상할 수 있다. 노예 제도의 역사 그리고 흑인과 백인 사이에 여전히 이어지는 위계질서를 잘 알기 때문이다. 그러나 무엇보다 중요한 것은 영화의 설정이 인종 본질주의에 대한 수용을 전제로 한다는 점이다.

우리는 인종 본질주의적 사고를 실천하기 때문에 〈겟아웃〉을 이해한다. 아이들도 네 살 정도만 되면 집단의 본질주의적 속성을 이해한다. 예를 들어, 아기 캥거루가 염소 가족과 함께 살게 되었다고 하자. 아이들은 캥거루가 염소 가족에게 입양되어 너무 어려 잘 뛰지 못하더라도, 염소처럼 산을 잘 타기보다 결국 캥거루처럼 뛰는 법을 더 잘 익힐 것이라고 예상한다. 아이들은 눈에 보이지 않는 무언가가 캥거루를 염소가 아닌 캥거루로 만든다고 생각한다. 아이들은 이 무언가, 즉 본질이 집단을 정의하고 이 본질에서 겉모습이 나온다고 믿는다.[33]

어떤 사물의 근본적인 천성, 본질, 사물을 그 자체로 만드는 보이지 않는 무언가가 크기나 색상, 맛, 냄새, 선호도, 재능 같은 관찰 가능한 특성을 만든다는 믿음은 대체로 유용하다. 누가 키우든 어디에서 자라든 캥거루는 깡충깡충 뛰어다닌다는 아이들의 말이 맞다. 버섯을 채집한다면 어떤 버섯은 어디에서 자라든 독이 있고 이런 특정 종류의 버섯은 독이 있다는 사실을 알아두는 편이 좋다. 본질에 대한 믿음을 지니면 한 가지 사례를 넘어 사물을 일반화할 수 있다. 그러나 이렇게 하면 혼란이 생긴다. 우리가 인위적으로 만든 범주를 마치 자연스럽게 발견한 범주인 것처럼 오인할 수 있기 때문이다.[34]

물론 본질주의적 사고는 인종을 보는 미국인의 사고방식에만 해당하지 않는다. 당신이 독일에서 독일인 부모 사이에서 태어났지만 곧바로 스위스 가정에 입양되어 스위스로 가게 되었다고 상상해보자. 당신은 독일에서 태어났다는 사실이나 친부모가 독일인이라는 사실을 전혀 모른 채 스위스에서 자랐다. 그렇다면 당신은 스위스 사람일까 아니면 독일 사람일까? 법적 질문을 해볼 수도 있다. 당신은 스위스 시민권이나 독일 시민권을 취득할 자격이 있는가? 이 질문에 대한 답을 검색해볼 수는 있겠지만 나는 좀 더 근본적인 질문을 던지려고 한다. 한 국가의 구성원이라는 사실에 대한 정의다. 두 가지 특징으로 볼 때 당신은 독일인이다. 생물학적 부모가 독일인이고 독일에서 태어났다. 그러나 관계로 볼 때 당신은 스위스인이다. 스스로 스위스인이라고 믿으며 당신과 교류하는 사람들도 마찬가지다.

국적이 혈통과 관련된 생물학적 본질로 정의된다고 여기면 입양된 당신은 독일인이다. 본질주의자라면 당신을 독일인으로 만드는 '독일인 유전자' 같은 것이 있다고 주장할지도 모른다. 이런 관점에서 독일인이 된다는 것은 누군가의 유전적 후손이 된다는 것이다. 사회적 실체가 아니라 생물학적 실체다. 독일인-성Germanness은 생물학적으로 전달되는 본질이다. 누가 키우든 어디에서 자라든 캥거루는 깡충깡충 뛰고 염소는 산을 오르듯이.

사회적 정체성과 본질주의: 인종의 진화와 광고 속 메시지

2018년 동계 올림픽 기간 앤서스트리DNAAncestryDNA의 광고에는 피겨스케이팅을 하는 젊은 여성이 등장했다.[35] 이런 내레이션이 겹친다. "우리 모두에게는 위대함이 있다. …이제 당신의 위대함을 발견할 때다. 당신의 정확성, 우아함, 추진력이 어디에서 오는지 이제 찾을 수 있다." '정확성'이라는 단어가 나올 때는 피겨스케이팅을 하는 여성 이미지 위에 원형 차트로 스칸디나비아 혈통 비율이 나타나고, '우아함'이라는 단어가 나올 때는 중앙아시아 혈통 비율이, '추진력'이라는 단어에는 영국 혈통 비율이 표시된다. 이 광고는 이 여성의 능력이 조상에게서 왔다고 주장한다. 타고난 신체적 특성이 능력을 이끌어낸다는 주장은 그리 터무니없는 것은 아니다. 그 사실을 검증하기 위해 유전자 검사를 할 필요도 없다. 이 광고가 실제로 주장하는 바는 따로 있다. 정확성, 우아함, 추진력 같은 무형의 특성이 마치 유전자 암호에 새겨진 실체인 양, 당신 혈통의 지리적 기원과 일치한다는 것이다.

인간 게놈을 지도화하면서 유전자 검사를 할 수 있는 거대한 시장이 개발된 것은 지난 세기 가장 중요한 과학적 혁신 가운데 하나다. 그러나 과학을 이용해 집단 간에 생물학적(이라 쓰고 흔히 자연스럽고 불변하다고 읽는) 차이가 있다고 주장하는 일은 그다지 새로운 현상은 아니다. 대략 17세기에서 20세기 초까지 이어진 인종과학 전성기에는 인종 위계를 정당화하기 위해 신체적 차이를 찾으려는 시도가 이어졌다.36 유전자 검사 광고에도 나타나는 이런 역사는, 끊임없이 변화하는 사회적 현실을 설명하는 데 본질주의적 사고의 유연성을 활용한다.

예를 들어 미국 역사 대부분 동안 동아시아 혈통은 우아함과는 그다지 관련이 없었다. 아시아에서 온 이민자들이 값싼 노동력으로 고용되었던 당시에는 아시아 혈통에 황화(黃禍, 황인종이 서양 문명을 압도할지도 모른다는 백인들의 걱정-옮긴이)나 막노동꾼처럼 비하하는 꼬리표를 붙이는 일이 흔했다. 그러나 아시아계 미국인이 다른 소수민족을 대체하는 대항마 역할을 하기 시작하고, 아시아 국가들이 냉전 기간 미국을 도우면서 아시아인-성Asian-ness의 본질과 관련된 특성이 바뀌었다. 우리는 아시아에서 온 원시적이고 교활한 무리라는 이전의 모욕적인 고정관념에서 탈피해, 이제 아시아계 미국인이 수학에 재능 있고 우아하지만 사회적으로는 어딘가 어색하다는, 표면적으로는 긍정적이지만 여전히 해로울 수 있다는 고정관념이 자리를 잡았다.[37]

인종 같은 사회적 정체성이 집단 구성원의 영원한 특성을 나타낸다는 생각과 반대로 사람들은 집단에 대한 이해를 필요에 따라 금방 바꾸었다. 아시아인-성의 근본적인 본질은 오늘날의 사회 현실을 설명하고 정당화하기 위해 달라졌다. 오늘 당신이 속한 집단은 비-미국인 침입자이지만 내일이면 새로운 소수자 모델이 될지도 모른다. 짜잔! 게다가 아시아인-성이라는 사회적 정체성만 점차 달라진 것이 아니다. 남성은 여성을 성적으로 만족할 줄 모르는 존재로 여겼지만, 오늘날 여성은 남성보다 성에 관심이 덜한 존재로 여겨진다. 많은 이가 아프리카 노예들을 순진하고 유순한 본성에 초점을 맞추어 묘사했지만, 오늘날 아프리카계 미국인은 조숙하고 위험하다고 정형화될 가능성이 크다.[38,39,40,41]

사회적 정체성과 본질주의: 인종의 진화와 광고 속 메시지

많은 사람은 레이철 돌레즐을 흑인인 척하는 백인 여성이라고 여기며 분노를 터뜨렸다. 사람들은 백인이 흑인이 될 수 있지만 그 반대는 불가능하다는 불균형에 당황했다. 또한 흑인 문제를 해결하려 애썼던 그가 거짓말로 그들의 대의를 후퇴시켰다는 데 화를 냈다. 백인 여성이 흑인의 정체성을 전유할 수 있다는 생각은 민스트럴 쇼(백인이 흑인으로 분장하고 흑인 가곡 등을 부르는 쇼-옮긴이)에서 백인이 흑인 얼굴로 분장하는 것과 비슷하다고 여겨졌다.

레이철의 머릿속에서 실제로 무슨 일이 일어났는지는 결코 알수 없지만, 그가 자신의 흑인 정체성에 완전히 빠져들었다고 가정해보자. 그의 인종 정체성 진실이 드러나기 전까지 흑인 지역 공동체는 그를 받아들였다. 흑인들은 그를 흑인 공동체의 정식 구성원으로 대했다. 심지어 그는 NAACP 지부에서 지도력을 발휘하기도했다. 사실 그가 자신의 정체성에 완전히 빠져들었다는 점을 감안하면 흑인 여성에게 흔히 가해지는 차별을 직접 겪었을 수도 있다.

레이철이 자신을 흑인 여성이라고 결정했을 때 그는 사회 집단과 정체성에 대해 암묵적으로 무언가를 주장한 셈이다. 그는 사회적 정체성, 적어도 인종 정체성이 혈통에서 왔다는 생각을 부정했다. 그는 자신의 인종 정체성을 설명하기 위해 이렇게 썼다. "맞다. 우리 부모는 흑인이 아니다. 그러나 그것이 흑인성을 정의하는 유일한 방법은 결코 아니다. 어떤 문화에 이끌리는지, 어떤 세계관을 받아들이는지도 큰 역할을 한다. 내가 자란 백인 세상을 탈출할 수 있게 되자마자 나는 흑인 세계로 돌진했다. 그 과정에서 나는 개인적인 주체성을 충분히 얻었고 나 자신을 흑인으로 정의하는 데 확신을 가질 수 있었다." 그의 생각대로 인종 정체성은 선택의 문제이고, 적어도 그렇게 될 수 있다.[42]

레이철은 인종 집단의 구성원이 된다는 것이 그저 문화와 세계관을 받아들이기로 선택하는 것이라고 보았다. 그러나 이런 식으로 인종 집단 구성원이 되는 것은 부적절해 보인다. 심지어 레이철에게도 그렇다. 레이철은 문화와 세계관을 받아들이는 것 외에도 사람들이 자신을 흑인으로 여기고 그렇게 상호작용하도록 외모를 가꾸었다. 따라서 그가 맺은 관계는 자신을 흑인 여성으로 보는 정체성에 따라 형성되었다. 이렇게 레이철은 그 집단으로 들어가는 입장권을 얻었다. 사람들이 그를 흑인으로 받아들였기 때문에 그는 흑인 여성으로 살 수 있었다. 흑인이 된다는 것은 사회적 정체성이다. 혼자서는 흑인이 될 수 없다. 어떤 사회적 정체성을 지닐 수 있는지는 자신을 바라보는 관점을 다른 사람들도 공유하느냐에 달려 있다.

인종 정체성이 선택이라는 생각은 레이철에게 많은 반감을 불러일으키는 듯했다. 흑인이 된다는 것의 핵심이 유전이고 우리가 누구인지의 기초가 유전자라고 믿는다면, 흑인성은 바로 존재 자체에 새겨진 것이며 불변한다. 인종 정체성이 선택이라는 주장은 정체성이 불변한다는 생각에 도전한다. 이런 생각은 불안감을 일으킨다. 무언가 달라진다는 사실을 알면 불안해진다. 따라서 우리의 자아감이 안정된 정체성 감각에 의존한다면 이런 가변성은 매우 당혹스러울 수 있다. 사회 집단은 관계를 구성한다. 사회 집단과의 결속이 불안정하다는 것은 관계가 불안정하다는 의미다. 사람들이 왜 그런 주장에 화내는지는 쉽게 알 수 있다. 집단에 속함으로써 자아를 정의하는 사람들에게, 집단 경계의 순수성을 지키는 것은 곧 자아를 보호하는 일이기 때문이다.[43]

인종 집단을 유전으로 정의하지 않더라도 여전히 혈통을 중요하게 볼 수 있다. 당신이 유전적으로나 사회적으로 부모나 조상과 얽혀 있다면 인종이 선택의 문제라는 생각은 여전히 문제가 많아 보인다. 부모나 조상을 선택할 수 없듯 인종 집단을 선택할 수는 없다.

사회 집단의 정의와 관계: 레이철 돌레즐 사례를 통한 탐구

어쩌면 혈통이 문제가 아니라, 타인이 당신을 어떻게 인식하고 대하는지가 인종 집단 구성원을 결정하는 것일지도 모른다. 여기서 안정성에 대한 요구는, 흑인이 아닌 다른 무언가로 인식될 선택지가 있는 사람은 진정한 흑인이 아니라는 의미일 수 있다.

사회 집단은 공동으로 정의되지만 흔히 그 정의는 모호하다. 레이철이 흑인 부모 밑에서 자랐지만 유전자 검사 결과 8분의 1만 흑인이라면 어떨까? 그가 8분의 1은 흑인이지만 백인 부모 밑에서 자랐다면 어떨까? 그가 백인 부모 밑에서 자랐지만 자신이 8분의 1은 흑인이라는 사실을 알게 된 다음 흑인 사회와 문화에 심취했다면 어떨까? 그가 흑인 부모 밑에서 자랐고 흑인처럼 보이고 흑인 문화에 몰두했지만 흑인 혈통이 전혀 없다는 사실을 알게 된다면 어떨까? 이 가운데 어떤 상황에서 레이철은 흑인이라고 할 수 있을까?

사회 집단의 정의는 '보면 직감으로 안다'라는 느낌으로 받아들여질 수도 있다. 누군가에게 집단의 경계를 물었을 때 그 경계를 명확히 이름 붙일 수 없을지 모르지만, 사람들은 어떤 사람이 그 집단에 속하는지 아닌지를 '그냥 직감으로' 안다. 집단 구성원인지 아닌지 결정하려면 정보가 필요하다. 부모의 정체성, 태어나고 자란 곳, 어린 시절의 환경에 대한 정보가 필요할 수도 있다. 어떻게 보면 사회 집단 구성원이 되려면 이력서를 내야 하는 셈이다. 올바른 정보가 있으면 대체로 이 사람이 그 집단에 속하는지 아닌지 쉽게 결정할 수 있지만 해석의 여지는 있다.

가끔 해외여행을 가면 사람들이 내게 어디 출신인지 묻는다. 미국 출신이라고 하면 부모님은 어디 사람이냐고 묻는다. 여기에는 어느 정도 우리 가족이 미국 사람이 아니라는 속내가 있다. 사람들이 묻는 혈통이 무슨 의미든, 그들은 그런 질문을 통해 내가 혈통의 근원까지 거슬러 올라가기를 원한다. 우리 모두는 어느 정도 비슷한 행동을 한다. 사람들이 어떤 집단에 속하는지 알고 싶어 한다. 그러면 그 사람이 어떤 사람이고 어떤 사람이어야 하는지 알 수 있기 때문이다. 이런 정보는 그들과 어떻게 상호작용해야 하는지 파악하는 데도 도움이 된다. 겉모습만으로 어떤 사람을 위치 짓기에 충분할 때도 있지만 더 많은 정보가 필요할 때도 있다. 당신이 어디에 속하는지 결정하려면 당신에 대한 정보가 충분해야 한다.

이력서를 낸다는 생각은 본질주의적 사고의 중요한 측면을 강조한다. 우리는 본질을 직접 볼 수 없다. 사회 집단에 그런 본질은 없기 때문이다. 따라서 집단 구성원 자격은 불완전한 표식을 통해 추론될 수밖에 없다.

아마 사람들은 레이철이 자기 이력서에 거짓말을 했고 가식을 발휘해 집단에 받아들여졌다고 생각했기 때문에 그에게 화를 냈을 것이다. 그는 백인 부모 밑에서 자랐고 어린 시절을 백인으로 살았는데도 자신이 흑인이라고 주장하면서 사람들을 속였다. 나는 사람들이 집단 구성원을 볼 때 택하는 '보면 직감으로 안다'라는 접근법을 진지하게 받아들인다. 사람들은 어떤 집단과 관련된 이들이 그 집단 구성원으로 수용할 때 비로소 그곳에 속하게 된다. 관계가 집단 구성원을 결정한다는 것은 바로 이런 의미다.

정체성에 대해 세 가지 접근법

이제 우리는 정체성에 대해 세 가지 다른 접근법을 갖게 되었다. 먼저 레이철의 관점이다. 인종 정체성은 개인의 선택이라는 관점이다. 당신이 받아들이기로 한 세계관과 당신이 빠져들기로 한 문화가 정체성을 결정한다는 입장이다.

두 번째 관점은 레이철을 비난하는 많은 이들처럼 인종이 출생에 따라 결정된다고 보는 관점이다. 인종 정체성을 보는 본질주의적 관점이다. 정체성은 유전되거나 조상이 준 유산일 수도 있지만 태어날 때부터 주어진다. 이런 관점에서 레이철은 〈겟아웃〉 버전의 삶을 살았다. 그는 자신이 거주할 흑인 몸을 만든 백인 여성이다.

마지막으로 내 관점은 인종이 관계 속에 있다는 것이다. 사람들이 관계 속에서 무엇을 진실로 받아들이느냐가 정체성을 결정한다. 어떤 진실을 왜 받아들이는지는 중요하지 않다. 이런 관점에서 인종 정체성은 공동체 안에 존재하고 공동체로부터 부여되어야 한다.

내 관점에서 레이철의 정체성은 그가 관계 속에서 수행하는 역할이다. 레이철은 백인으로 태어나 흑인이 되었다가, 이제는 흑인이 되고 싶어 하는 '비흑인' 여성이 되었다. 그는 자신을 흑인이라고 믿고 동시에 그를 흑인으로 받아들이는 흑인 공동체에 살 때에만 흑인이다. 그가 스스로를 흑인이라고 여기고 흑인들도 그를 흑인으로 받아들였을 때 그는 흑인이었다. 그를 흑인으로 정의했던 사람들이 구성원 자격을 철회하는 순간 그는 더는 그 공동체에서 흑인이 아니다. 이와 동시에 그는 백인 정체성을 받아들이기를 거부했기 때문에 나는 그가 백인이라고도 생각하지 않는다. 결국 그는 양립할 수 없는 관계 사이를 떠도는 일종의 인종적 연옥, 경계 공간을 차지하게 되었다.

레이철의 정체성에 대해 어떻게 생각하든 그에 대한 부정적 반응의 강도는 많은 것을 말해준다. 우리는 집단 경계의 무결성을 중요하게 여긴다. 어떤 사람이 자신이 아닌 존재를 가장할 때, 특히 이런 행동이 자신이 속한 집단의 무결성에 위협이 될 때 사람들은 몹시 화를 낸다. 집단 무결성에 대한 위협은 집단 구성원이 건설하고 거주하는 사회에 대한 위협이자, 집단 내 사람들의 자아에 대한 위협이기 때문이다.

사회적 집단의 정의와 경계: 인공와우와 청각 장애인 공동체의 사례

인종 개념은 친숙하다는 점에서 유용한 사례가 된다. 그러나 인종에 대한 생각은 널리 퍼져 있으므로 내가 의미하는 사회적 집단 구성을 이해하기는 좀 더 까다로울 수 있다. 다른 사례를 들어 사회적 구성의 본질을 좀 더 명확하게 살피고 사람들이 사회 집단에 부여하는 가치를 살펴보자.

1957년, 난청을 '치료'할 수 있는 장치가 개발되었다. 인공와우라는 장치는 일반적으로 사용되기까지 약 20년이 더 걸렸지만, 이 장치의 존재가 발표되면서 청각 장애가 있는 사람들이 보는 미래는 근본적으로 바뀌었다.[44]

인공와우는 오늘날 흔히 사용되는 의료 장치이지만, 이 장치를 이식한 사람들의 삶이 얼마나 달라지는지는 여전히 놀랍고 감동적이다. 자신의 이름을 난생처음 듣는 사람이 눈물을 흘리는 영상도 있다. 장치를 이식한 아이들은 말하는 법을 배우는 데 어려움을 덜 느끼고 학교에서 더 잘 지낸다. 이 장치가 아이들에게 안전하다는 사실이 입증되자 많은 부모가 아이들에게 장치를 이식하고 싶어 했다.

이런 이점을 고려할 때 전국 청각 장애인협회National Association of the Deaf가 이 의료 장치를 기적으로 여기지 않았다는 사실은 의아하게 들릴 수도 있다. 협회는 1991년 인공와우 장치와 이에 관한 연구를 비웃는 공식 성명을 냈다. 그 성명에 큰 우려가 제기되었지만 우리가 가장 중요하게 보아야 하는 점은 다음과 같다.

> 청각 장애인 공동체가 오랫동안 주장해왔듯, 청각 장애인 공동체는 언어적·문화적 소수자로 구성되어 있다는 과학적 증거가 많다. 많은 미국인, 아마도 대부분의 미국인은 청각 장애인 사회가 과학적 도구를 추구해서도, 사용해서도 안 되며 가능하면 아이들을 생물학적으로 바꿔 이들이 소수가 아닌 다수에 속하도록 해서는 안 된다는 데 동의할 것이다. 이 생물공학이 아이들이 소수자로서 감당해야 할 부담을 줄여줄 수 있다고 해도 말이다.[45]

일부 청각 장애인들은 청력을 잃었다는 경험과 그 결과 세상을 탐색하는 방법을 공유하면서 다른 청각 장애인과 연결되어 있다고 생각한다. 청각 장애는 관계를 형성하고 결국 공동체 의식을 주며 이 공동체는 사회적 정체성을 제공한다. 이렇게 볼 때 청각 장애인 공동체 일부가 인공와우를 받아들이지 않는다는 사실은 놀랍지 않다. 청각 장애를 생물학적 결함이 아니라 공동체 구성원을 나타내는 지표로 본다면, 장치 이식을 거부하는 일은 가치 있는 집단의 무결성을 유지하기 위한 시도다. 흑인 공동체가 레이철 돌레즐에 보였던 반응과 비슷해 보인다.

우리는 인종 문제를 볼 때보다 청각 장애인 공동체가 들을 수 없다는 객관적인 사실로 정의된다는 점에 더욱 동의할 수 있을 것이다. 그러나 어떤 사람들은 청각 장애를 고쳐야 할 신체적 장애로 보고, 다른 사람들은 자아의 본질적인 특징으로 본다. 앞서 성명서에서 볼 수 있는 것처럼 집단은 그 집단의 존재를 옹호한다. 어떤 이들에게는 기적의 치료법이 다른 이들에게는 자아의 핵심적인 부분을 제거할지도 모른다고 여겨진다. 집단의 일원이 된다는 것, 타인과 교감하며 자신을 안다는 것, 자신을 정의하는 공동체의 경계를 수호한다는 것은 이런 의미다.

사회 집단과 자아는 관계와 신화를 통해 형성된다

사람을 주의 깊게 관찰한 적이 있다면, 걷거나 앉거나 먹는 방식 등 여타 단순한 행동만으로도 그 사람이 어디에서 왔는지 짐작할 수 있다고 생각할 것이다. 물론 그 사람이 어떤 음식을 선호하는지, 어떻게 옷을 입는지, 여행자처럼 돌아다니는지 등 더 분명한 단서를 사용할 수도 있다. 그러나 내가 말하는 것은 몸을 움직이는 방식, 미묘한 특정 억양, 감정을 드러내는 방식, 주변 사물이나 사람들과 소통하는 방식처럼 좀 더 미묘한 것이다.[46,47]

사회적 정체성은 우리가 세상과 마주하고 관계 맺는 방식에 물리적인 영향을 미친다. 우리 모두 마찬가지다. 당신과 내가 앉고 걷고 먹는 방식은 서로 다르지만 이런 방식은 우리가 속한 집단의 흔적을 담고 있다. 일부 아랍 국가에서는 남성 친구끼리도 손을 잡고 걷는다. 우간다 사람이라면 혼자일 때보다 무리 지어 걸을 때 더 천천히 걸을 것이다. 그러나 미국인이라면 그 반대다.[48] 이런 것을 깊이 생각할 필요는 없다. 우리는 그냥 이렇게 행동한다. 집단은 우리를 형성하고 우리를 정의한다.

사회 집단의 중요성은 아무리 강조해도 지나치지 않다. 인간 존재를 구성하는 기본 요소에서 개인을 우위에 두는 곳에서라면, 사회 집단은 피해야 할 제약처럼 느껴진다. 실제로 '제약'이라는 단어는 집단의 한 가지 중요한 역할을 강조한다. 바로 집단은 자아를 정의하는 데 도움이 된다는 점이다.

당신이 어떤 사람인지가 사회 집단과 관련 없다고 상상해보자. 어머니는 당신을 낳은 사람이지만 부모 자식이라는 개념은 존재하지 않는다고 치자. 부모 자식 간이라는 것은 사람이 아니라 사회적 범주다. 어머니가 된다는 것은 아이를 낳는 것 이상이다. 부모가 된다는 것은 당신이 속한 문화가 부모라는 범주를 정의할 때 이용하는 여러 권리와 책임에 연결되는 것이다. 미국과 중국에서 모성의 차이점을 살펴본 연구에서는 문화권마다 양육 방식이 다르다는 사실이 드러났다. 미국 엄마는 따뜻함/수용과 민주적 참여

독려 항목에서 더 높은 점수를 받았지만, 중국 엄마는 겸손 장려와 어머니의 참여 항목에서 더 높은 점수를 받았다. 문화는 모성의 역할이 표현되는 방식을 형성하고, 함축적으로 어머니가 된다는 것의 의미를 만든다. 아들이나 딸, 어머니나 아버지가 된다는 것의 의미는 단일한 관계를 넘어선다. 이런 정체성은 사회적 구조로 존재한다.[49]

우리는 사회 집단에 포함되는 것을 중요하게 여기며 집단의 경계를 열심히 수호하고 외부인으로 여겨지는 사람으로부터 집단을 보호한다. 이런 식으로 우리는 집단의 의미를 약화하려는 시도, 우리를 타인, 과거, 미래와 연결하는 집단의 이야기를 훼손하려는 시도에 저항한다. 심지어 타인이 우리에게 해를 입히기 위해 정체성의 가치를 평가절하하거나 우리의 정체성을 이용할 때도 그렇게 한다. 여성, 청각 장애인, 흑인, 유대인 공동체 등 모든 집단은 더 많은 자원이나 권력을 지닌 집단이 가하는 위협에 직면하지만, 많은 집단 구성원은 여전히 자기 집단 구성원을 매우 소중하게 여긴다.

집단의 일원이 되면 관계를 갖게 된다. 우리는 관계 맺은 전체 범주의 사람들을 통해 자신을 이해한다. 집단 구성원으로서 차별을 겪으면 같은 경험을 한 사람들이 공유하는 세계관 안에 내 경험을 놓아볼 수 있다. 우리는 공유된 경험의 의미를 공동으로 정의할 수 있다. 공동체 사람들은 강력한 악에 맞서 공동체의 힘과 인내를 이야기할 수도 있다. 실제로 차별받는 집단에 속한 개인은 집단에 대한 심리적 연결이 공고할수록 자존감을 보호할 수 있다는 증거가 있다.[50]

고립된 개인이라는 관점에서 관계 맺은 개인이라는 관점으로 뛰어넘는 생각은 위대한 도약이다. 이런 변화에서 자아가 탄생한다. 사회 집단은 이런 도약을 더욱 발전시킨다. 사회 집단은 일대일로 마주하는 상호작용을 훨씬 넘어선 세상에서 살아갈 체계를 제공한다. 사회 집단은 원시적이고 고유한 관계를 넘어서고, 신화를 만들어 관계에 더욱 깊은 의미를 부여하며, 우리 삶을 연장하고 확장하며 현실을 형성한다. 우리가 누구이고 어떤 사람이 될지 말해주는 이야기를 전달하는 동안 신화는 권위를 얻는다. 이런 신화는 사회를 조직하고, 그 안에서 자신을 포함한 다양한 자아의 위치를 정립하는 데 도움을 준다. 우리가 서로에게 들려주는 이야기들은 유한하고 고립된 개인으로서의 삶이 지닌 부조리함과 잠재적 무의미함을 초월할 수 있게 해준다.

그러나 이제 곧 알게 되겠지만, 여기에는 대가가 따른다.

7장

내 선택은
내 것인가?

사회적 규범과 경계를 통해 형성되는 성별 정체성

옷 입기, 말투, 몸짓 등으로 자신을 남성 또는 여성으로 표현할 때 우리는 특정 공동체가 합의한 정체성에 따라 대우받고자 한다. 우리는 이런 원칙을 이해한다. 그러나 이런 규칙과 경계는 주어진 것이 아니라 오랜 시간에 걸쳐 만들어지고 진화한 것이다. 남성이라고 말할 때 내가 남성이라고 주장하기도 전에 존재해온 남성다움이라는 개념을 받아들이는 것이다. 남성이나 여성이라고 느낀다고 말하려면, 남성이나 여성이 된다는 것이 어떤 느낌인지 상상할 수 있을 정도로 이런 정체성이 구체적으로 존재해야 한다. 남성 또는 여성이 된다는 것은 어떤 느낌인가? 아니면 이렇게 생각해보자. 남성 또는 여성이 된 것이 어떤 느낌인지 어떻게 알 수 있을까? 손위 형제나 친구, 부모의 행동이나 타인이 그 행동에 반응하는 방식으로 내적 경험을 알아낼 수도 있다. 텔레비전이나 영화를 보며 깨닫기도 한다. 텔레비전 프로그램에서 붉은 드레스를 입은 날씬한 사람이 모두의 마음을 사로잡는 것을 보고 거기에서 자기 모습을 보거나 그렇게 되기를 바랄 수도 있다. 나는 내가 선호하는 정체성을 지닌 타인에게서 내 모습을 볼 수 있고 그러기를 원한다. 그들이 걷고 말하고 울고 웃는 방식, 그들이 타인과 관계 맺는 방식에서 말이다. 우리는 남성으로서, 또는 여성으로서 느끼는 법을 배운다. 물론 '자신이 된다'는 것이 어떤 느낌인지 알고 있다. 그러나 그런 느낌은 사회적 정체성을 가지고 살아간다는 느낌과는 다르다.

거리에 나가면 사람들은 보통 내가 남성이라고 생각한다. 사람들이 이렇게 가정하는 이유는 얼굴 털, 근육 발달, 엉덩이 모양

등 내 이차 성징 때문이겠지만, 내가 옷 입고 말하고 행동하는 법을 어떻게 사회화했는지도 그 판단에 영향을 준다. 내가 살아가는 방식과 내가 속한 세계의 구조 덕분에, 타인은 내 젠더 정체성을 별다른 의심 없이 받아들인다. 사람들은 그저 있는 그대로 보는 것 같다. 내가 사람들에게 나를 남성으로 봐달라고 한 적은 없다. 그러나 누구나 이렇게 수월하게 의문에서 벗어나는 것은 아니다.

생물학적 특성과 사회적 수용의 차이

1968년 2월 12일, 테네시주 멤피스시 위생과의 흑인 청소노동자들은 "나는 남자다"라고 적힌, 이제는 상징이 된 팻말을 들고 파업에 돌입했다. 시에서 사용하는 쓰레기 수거 차량의 안전에 대한 우려가 끊임없이 제기되었는데도 결국 청소노동자 이콜 콜Echol Cole과 로버트 워커Robert Walker가 쓰레기 수거 차량에 치여 사망한 데 반발한 시위였다.

이 팻말은 무슨 의미일까? 이 팻말을 들고 있는 사람들의 성별에 의문을 품는 사람은 거의 없을 것이다. 이들은 분명 남성으로 보인다. 시위에 참여한 테일러 로저스Taylor Rogers는 그날을 떠올리며 이렇게 말했다. "우리가 원한 건 괜찮은 근무 조건과 적당한 급여뿐이었습니다. 그리고 애들이 아니라 진짜 남자로 대우받기를 원했죠." 팻말에 적힌 구호는 사회적 관계의 변화, 남성다움과 관련된 권리를 요구했다.[1]

2022년, 펜실베이니아대학교 수영선수인 리아 토머스Lia

Thomas는 500미터 자유형 전국 1부 리그 챔피언십에서 첫 우승을 거머쥐었다. 그러나 방송사 ESPN의 중계를 보면 그가 시상대에 올라 트로피를 받을 때 사람들은 큰 박수를 보내는 대신 숨을 죽였다. 리아는 트랜스젠더 여성이고, 그 경기에서 우승하면서 모든 스포츠를 통틀어 전국 1부 리그 챔피언십에서 우승한 최초의 트랜스젠더 선수가 되었다. 스포츠계에서는 리아나 다른 트랜스젠더 여성을 둘러싸고 많은 논란이 일었다. 반대자들은 트랜스젠더가 생물학적 특성으로 인해 불공정한 이점을 얻었다고 주장했다. 리아가 챔피언십에서 우승한 같은 해, 전미 대학체육협회National Collegiate Athletic Association, NCAA는 2011년부터 트랜스젠더 선수들이 자신의 젠더에 맞는 팀이나 선수들과 경쟁하도록 허용했던 규칙을 폐지한다고 시즌 중반에 발표했다. 2022년 초반 몇 달 동안 대략 미국 24개 주에서 트랜스젠더 여성과 소녀들이 여성 스포츠에서 경쟁하지 못하도록 하는 법안을 도입했다.

이 두 가지 사례에는 모순이 내재한다. 트랜스젠더 여성의 생물학적 특성은 여성으로서의 권리를 부정하기에 충분하다고 여겨지는 반면, '나는 남자다'라는 팻말을 든 남성 집단을 보면, 남성다움의 권리를 얻기 위해서는 생물학적 특성을 넘어선 다른 무언가가 필요해 보인다. 멤피스에서 시위를 벌인 이들이 진정으로 집단의 일원이 되었다고 느끼려면 공정한 대우를 받아야 했기 때문이다. 이 두 가지 사례는 우리가 되고자 하는 정체성을 주장할 수는 있지만 사회적 정체성을 스스로 결정할 수는 없다는 사실을 보여준다. 생물학적 특성과 젠더의 일치 여부와는 무관하게, 사회적 정체성으로서의 젠더는 그것을 타인이 인정하느냐에 달려 있다. 우리는 사람들이 그냥 존재하도록 놓아두지 않는다. 우리는 그들의 존재에 참여한다.

성별과 젠더의 구분 그리고 사회적 정의의 중요성

젠더 정체성에 대한 오늘날의 논쟁은 구조의 힘과 존재할 자유에 부여된 한계를 조망한다. 좋든 싫든, 공정하든 아니든, 사회생활의 많은 부분은 젠더 구분의 영향을 받는다. 성별과 젠더에 대한 보편적인 경험 그리고 우리가 젠더를 이해하는 방식에 맞서는 오늘날의 도전을 거치며, 젠더라는 영역은 사회적 정체성의 경계를 탐구하기에 이상적인 영역이 되었다. 젠더가 얼마나 유동적인지 이해하고, 동시에 이런 유동적인 구분이 현실을 살아가는 개인의 삶을 얼마나 형성하는지 이해하면 모든 사회적 정체성이 지닌 유연성을 더욱 잘 이해할 수 있다. 젠더와 가족, 국가와 인종은 모두 인간이 그 개념을 규정한 만큼만 실재하며 그만큼만 중요하다.

내가 이 논의를 어떻게 다루는지 이해하려면 우선 성별과 젠더를 명확하게 구분해야 한다. 나는 사회적 정체성을 언급할 때는 젠더gender라는 용어를 사용하고 생물학적 특징을 설명할 때는 성별sex이라는 용어를 사용할 것이다. 성별과 젠더의 관계에는 필요와 충분이라는 두 가지 요소가 있다. 많은 사람은 남성다움과 여성다움에 '올바른' 성별이 필요하다고 생각한다. 일부 사람들이 트랜스젠더 여성은 여성 스포츠에 참가하면 안 된다고 생각하는 이유다. 그러나 생물학적 특성만으로는 한 사람이 특정 젠더 집단에 완전히 속할 자격을 갖추었다고 말하기는 어렵다. 청소노동자들이 "나는 남자다"라는 구호가 적힌 팻말을 들었을 때 모두가 그 의미를 이해할 수 있었던 이유다. 필요와 충분의 차이는 이 주제를 둘러싸고 혼란을 일으킬 수 있다.

남성다움과 여성다움은 생물학적 성별 이상을 요구한다. '진짜' 남성이 된다는 것은 강하고 존경받으며, 여성에게 매력적이고 호감을 불러일으키는 존재가 되는 것이다. 고통에 둔감하고 감정보다는 이성을 앞세우며, 가족을 부양하고 보호할 수 있어야 한다는 의미이기도 하다. 반면 '진짜' 여성이 된다는 것은 모성애가 있고 타인의 안녕에 관심을 기울이며, 남성에게 매력적이고 호감을 주는 동시에 세심하고 소통에 능하다는 것을 뜻한다. 남성다움과 여성다움을 정의하는 개념은 돌에 새겨진 것처럼 고정된 것은 아니다. 이런 개념은 장소와 시대에 따라 달라진다. 공동체가 공유하는 개념이 남성다움과 여성다움의 의미를 만든다.

다르게 말해보자. 사람들은 남성성masculinity과 여성성femininity에 대한 개념, 생물학적 특성을 넘어 남성다움manhood과 여성다움womanhood을 정의하는 개념을 갖고 있다. 물론 생물학적 특성은 당신이 남성성과 여성성에 기대하는 바에 따라 영향을 주겠지만, 생물학적 특성만으로는 남성다움 또는 여성다움과 연관된 권리를 보장하거나 기대를 불러일으키지 않는다. 남성 또는 여성이 되거나 어떤 사회적 젠더 정체성을 지니려면 다른 사람들과 당신이 집단 구성원으로서 관계를 맺어야 한다. 따라서 어떤 집단의 정의가 사회적으로 널리 받아들여지는 일이 매우 중요해진다.

젠더와 성별의 경계: J.K. 롤링의 논란과 사회적 정체성

2020년, 작가 J. K. 롤링J. K. Rowling은 '월경하는 사람들을 위한 더 평등한 포스트 코로나 세상 만들기'라는 제목의 기사를 두고, 트위터에 "'월경하는 사람들'을 지칭하는 말이 분명히 있었던 것 같은데, 누가 좀 알려 주시죠? 움벤? 윔펀드? 우머드?"라는 게시글을 올렸다. 롤링의 반응은 트랜스젠더 여성을 범주에서 배제하는 트랜스젠더 혐오로 해석되며 여기저기에서 분노를 일으켰다. 초기에 반발을 겪자 롤링은 블로그 게시물과 여러 트윗을 올려 자신의 견해를 설명했다. 다음은 그가 쓴 글 일부다.

성별이 실재하지 않는다면 동성에 대한 끌림도 진짜가 아니다. 성별이 진짜가 아니라면 전 세계에서 살아온 여성의 생생한 현실은 지워진다. 나는 트랜스젠더를 알고 그들을 좋아하지만, 성별이라는 개념을 지워버린다면 그들의 삶에 대해 의미 있는 논의를 이어갈 수 있는 많은 토대가 사라지고 만다. 진실을 말한다고 해서 혐오는 아니다. 성별이 실재하며 그에 따른 구체적이고 생생한 결과가 존재한다고 믿는 여성들 가운데에는 트랜스젠더를 '혐오'하는 이들도 있다. 그러나 남성의 폭력에 취약하다는 이유만으로, 수십 년 동안 트랜스젠더에게 공감해온 나 같은 여성이 그들과 연대감을 느낀다는 것은 모순된 일이다. 나는 모든 트랜스젠더가 진실되고 편안하게 살 권리를 존중한다. 당신이 트랜스젠더라는 이유로 차별받는다면 당신과 함께 행동하겠다. 그러나 이와 동시에 내 삶은 여성이라는 존재를 바탕으로 형

성되었다. 나는 그렇게 말하는 것이 혐오라고 생각하지는 않는다.[2]

적어도 당시 롤링은 이 논쟁이 자신을 향한 매우 개인적인 반발이라고 보았다는 점을 강조하고 싶다. 롤링은 성별을 부정한다면 여성으로 살아온 자신의 생생한 경험 자체를 부정하는 일이라고 생각했다. 게다가 '여성'이라는 정체성이 사회적 산물이라는 생각도 부인했다. 그는 자신의 블로그에 "'여성'은 의상이 아니다. '여성'은 남성의 머릿속에 든 개념이 아니다"라고 쓰며, 자신이 문제 삼은 것은 '월경하는 사람'이나 '질을 가진 사람' 같은 용어라고 주장했다. 그는 이런 용어가 "적대적이고 사람들을 소외시킨다"라고 느꼈기 때문이다.

당시 롤링의 입장은 많은 사람의 생각을 담은 듯했다. 여성이 된다는 것은 분명히 남성의 머릿속에 든 개념을 넘어선 것이지만, '그 이상'이라는 것은 대체 무엇일까? 순전히 생물학적 정의에 만족하는 사람도 있겠지만, 롤링이 주장하듯 이를 모욕이라고 생각하는 사람도 있다. 나는 롤링이 여성다움이란 생물학적 특성과 연관된 생생한 경험이라고 주장한다고 말하고 싶다. 부분적으로 이런 입장은 합리적이다. 흔히 여성으로 태어난다는 것만으로도 여성으로서의 삶을 경험하기에 충분해 보이는 것은 사실이기 때문이다. 겉모습은 사람들이 젠더를 판단할 때 가장 먼저 사용하는 기준이다. 당신이 여성으로 보인다면 자신을 여성으로 생각할 가능성이 크며 다른 사람도 여성으로 대할 것이다. 그러나 이 상황의 핵심은 과연 여성으로 살아가는 데 필수적인가 하는 물음이다. 내 입장은 그렇지 않다는 것이다. 나는 생식기에 여성다움이 있거나 생물학적 특성 어딘가에서 여성다움의 본질을 찾을 수 있다는 생각을 거부한다. 여성다움이나 남성다움, 즉 젠더는 우리 몸이 아니라 관계 속에 있다. 남성이 되려면 자신을 남성으로 생각해야 하고 동시에 다른 사람들이 당신을 남성으로 대해야 한다.

젠더 인식은 상대적이며 사회적 환경에 영향을 받는다

젠더 인식 연구는 이런 반본질주의적 관점을 뒷받침한다. 한 연구에서 연구자들은 참가자들에게 얼굴 이미지를 보여주고 그 사람의 특성을 판단하도록 요청했다. 이 얼굴 이미지 일부는 여성으로, 다른 일부는 남성으로, 나머지는 성 중립적으로 분류되도록 선택되었다는 점이 중요하다. 참가자들은 성 중립적 얼굴의 절반은 남성으로, 나머지 절반은 여성으로 분류했다.[3] 어떤 사람이 남성인지 여성인지 항상 구분할 수는 없다고 해서 우리가 본질을 찾으려 하지 않는다는 뜻은 아니다. 그저 때로 구분하기 어렵다는 의미다. 그러나 이 연구에서 남성적인 얼굴 다음에 성 중립적인 얼굴을 보여주자 참가자들은 성 중립적인 얼굴을 여성으로 볼 가능성이 더 컸다. 여성적인 얼굴 다음에 성 중립적인 얼굴을 보여주면 남성으로 볼 가능성이 더 컸다. 사람들은 성별을 볼 때 상대적인 판단을 내린다.

젠더 판단이 상대적이라는 점은 우리가 사람들을 만날 때 그들이 지닌 젠더 본질에 반응한다는 생각과는 거리가 멀다. 당신이 남성 또는 여성으로 보이는 것은 사람들이 당신의 본질을 정확히 파악해서가 아니라, 다른 사람과 비교해서 보기 때문이다. 우리의 젠더 판단은 사회 환경에 영향을 받는다. 젠더 판단은 상대방의 특성과 그 판단이 이루어지는 사회적 환경, 이 두 가지가 함께 작용한 결과다. 젠더의 본질이라는 것이 존재한다 해도(나는 그렇게 믿지 않지만) 우리는 그것을 완벽하게 감지할 수 없다.

여성이 되는 필요충분조건은 사람들이 당신을 여성으로 보고 당신과 관계 맺는 것이다. 여성으로서 관계 맺는다는 의미는 환경마다 다르지만 사람들은 그저 보기만 해도 안다. 즉 당신을 위해 문을 열어 잡아주고, 수학을 잘 못하리라 가정하고, 신체적으로 나약하다고 여기고, 아이들을 잘 돌볼 것이라 가정하고, 드레스를 입고 스카프를 두르고 하이힐을 신을 것이라 예상하는 것이다. 사람들이 어떤 이유로 당신을 여성이라고 믿는지는 상관없지만, 최근의 여러 연구는 우리의 행동이 단지 생물학적 특성에 근거해 결정된다는 생각에 이의를 제기한다.

젠더 인칭대명사와 개인의 자유

많은 이가 자신의 '진짜' 정체성을 안다. 우리는 내가 누구이고 어떤 사람인지 그냥 안다. 뼛속까지 잘 안다. 레이철 돌레즐은 자신이 흑인이라는 사실을 안다. 수영 챔피언 리아 토머스는 자신이 여성이라고 생각한다. 그러나 때로 다른 사람들은 내가 나를 보는 방식대로 나를 보지 않는다. 자신이 느끼는 정체성과 타인이 나를 바라보는 관점이 일치하지 않을 수 있다는 가능성은, 사회 집단을 정의할 때 어떤 문제가 발생하는지를 드러낸다. 결국 그 문제는 내가 누구이며 어떤 사람이 될 수 있는가에 관한 것이다.

자신이 선호하는 젠더 인칭대명사를 말하자는 움직임은 부분적으로 이런 생각에서 나왔다. 우리는 내가 선호하는 성 정체성을 타인이 추측할 필요가 없도록 인칭대명사를 말해준다. 대명사를 밝힐 때, 우리는 사회적으로 기대되는 젠더의 외양과 정체성의 부여를 분리하려고 한다. 이는 자신이 선호하는 성 정체성을 타인의 합의에 맞춰야 한다는 요구를 줄여 자유롭다는 느낌, 즉 일종의 공간을 확보하려는 시도다.

그러나 여기에는 일종의 딜레마가 있다. 인칭대명사를 말하는 행위는 사람들이 젠더에 대해 공유하는 합의에 상당한 무게를 둔다는 사실이다. 내가 인칭대명사를 밝힐 때 나는 겉모습과 내가 선호하는 젠더를 분리할 수 있고, 어떤 젠더는 어떤 모습이어야 한다는 가정도 떼어낼 수 있다. 물론 그렇다 해도 '남성' 또는 '여성'으로 존재한다는 것이 내게 어떤 의미를 지니는지까지 설명해주지는 않는다. 인칭대명사를 밝히는 일은 젠더의 중요성 자체에 도전하는 행위가 아니다. 이것은 '올바른' 사회적 범주에 포함되고 싶다는 요청이다. 젠더를 나타내는 인칭대명사를 폐기하거나 젠더 개념에 전적으로 도전하는 것과는 전혀 다른 목표다.

젠더는 우리 몸과 깊이 연결되어 있고 삶의 광범위한 영역에 영향을 미친다. 바로 이 점이 자아가 사회적으로 구성되며 얼마든지 변할 수 있다는 사실을 잘 보여준다. 정체성이 관계로 구성된다고 볼 때, 사람들이 관계 맺는 방식이 달라지면 정체성도 달라진다.

사회적 정체성과 관계의 힘: 민족국가와 젠더의 사회적 구성

우리가 서로 관계 맺는 방식에 의사소통 기술이 어떻게 영향을 미쳤는지 생각해보자. 문자가 발명되어 직접 만나지 않고도 생각이나 감정을 전달할 수 있게 되면서 일어난 변화를 떠올려보자. 이 기록들을 먼 거리로 쉽게 운반할 수 있게 되었을 때 일어난 변화를 생각해보자. 수억 명의 사람들이 같은 정보를 읽고, 수천 킬로미터를 넘어 수년의 시간이 지나도 생각을 충실하게 전달할 수 있게 되었다. 이런 변화는 우리가 어떤 사람이 될 수 있는가에 대한 가능성을 바꾸어놓았다. 그 결과, 예전에는 지역마다 다양하게 쓰이던 사투리 대신 성문화된 표준어, 곧 '국어'라는 개념이 발생했다. 언어가 변하면서 말에는 위계가 생겼고, 언어 집단에는 더 큰 사회적 의미와 권력이 부여되었다. 이런 변화는 모두 오늘날 국가가 정치적으로 형성되는 데 영향을 미쳤다.

베네딕트 앤더슨Benedict Anderson은 영향력 있는 저서 《상상된 공동체》에서 인쇄술이 민족국가의 토대를 만들었다고 주장한다. 그의 설명에 따르면 인쇄술이 중요한 이유는 정보 자체의 전달이 아니라 정보를 공유하는 경험에 있다. 우리가 같은 경험을 공유한다고 믿으면 당신을 우리 공동체의 일원이라고 생각할 수 있다. 우리가 같은 언어로 된 글을 읽는다면 그것은 분명 우리가 연결되었다는 뜻이다. 이런 새로운 상상의 공동체는 민족국가가 되었다. 또 다른 민족학자인 휴 시턴왓슨Hugh Seton-Watson은 국가란 "어떤 공동체에 속한 상당수의 사람이 스스로 국가를 형성한다고 생각하거나 마치 국가를 형성한 것처럼 행동할 때 존재한다"라고 정의했

다.4,5

국민성nationhood의 탄생에 대한 이런 이야기가 사실이든 아니든, 그 설득력은 중요하지 않다. 내가 강조하고 싶은 것은, 우리가 의미 있는 공동체를 상상하려면 '국민성'이라는 개념이 필요하다는 사실이다. 국가의 탄생을 의미 있는 공동체로 보는 주장은 많은 사람이 기술적 진보에 의존해 정보를 공유하고 그 정보가 공유된다는 사실을 안다는 뜻이다. 기술은 우리가 관계 맺는 방식에 영향을 주어 자아와 사회 집단을 만들고 세상이 조직되는 방식을 형성한다.

국가라는 개념이 정착되기 전에도 공통의 정치적 실체 아래에 사는 사람들이 많았지만, 이런 실체는 민족국가가 아니었고 일관된 공동체도 아니었을 것이다. 몇 세기 만에 우리는 제국이 지배하는 세계에서 거의 전적으로 민족국가로 구성된 세계로 옮겨왔다. 이런 변화는 전 세계적으로 일어난 의식의 전환이나 다름없다. 민족국가라는 개념은 거스를 수 없는 힘으로 입증되었다. 오늘날 민족국가는 수십억 명의 자아를 형성한다.6

민족국가를 세워 정치적 자결을 이룬다는 생각은, 하나의 개념이 세상을 바꿀 수 있음을 보여주는 대표적인 사례다. 상상된 공동체인 민족국가라는 개념을 정치적 권리를 요구할 정당한 기반으로 받아들이자 근대적 정치 시대가 열렸다. 국가라는 상상된 공동체인 '국민The People'은 정치 권력의 유일한 토대는 아닐지라도, 분명 그 토대 중 하나로 자리 잡았다.

권리 의식을 공유한다는 생각은 구성원들 사이에 상당히 깊은 연대감을 형성했고, 이러한 공동체의 심리는 민족국가의 공식 헌법으로 성문화될 정도였다. 미국의 '위 더 피플(우리가 국민이다, We the People)'만이 아니다. 프랑스 현행 헌법의 서문은 다음과 같다.

프랑스 국민은 인간의 권리와 국민주권의 원리에 대한 믿음을 엄숙히 선언한다.

러시아 연방 헌법에는 다음과 같이 적혀 있다.

우리 러시아 연방의 다국적 국민은 우리 땅에서 공동의 운명으로 단결하여 인권과 자유, 시민 평화와 합의를 거쳐 역사적으로 확립된 국가 통합을 보존한다.

중화인민공화국 인민 헌법 일부는 이렇다.

중화인민공화국은 각 민족의 모든 인민이 공동으로 창건한, 통일된 다민족 국가다.

이런 각각의 헌장에서 주장하는 바는, 권력이 신이 지목한 지도자가 아니라 '국민'에서 나온다는 것이다. '국민'이라는 개념은 각각 '우리는 미국 국민이다', '프랑스 국민', '러시아 연방의 다국적 국민', '중국 각 민족의 모든 인민'으로 표현된다. 각 사례는 자유와 구조의 필요성을 암묵적으로 인정한다. 미국, 프랑스, 러시아의 사례에는 개인의 권리가 명시적으로 언급되어 있다. 중국은 정확히 구조를 강조한다.

광활한 대지에 흩어져 있는 수백만 명의 사람들이 하나의 의미 있는 집단을 이룬다는 생각은, 그 생각이 널리 퍼져 있지 않다면 믿기 어려울 것이다. 다양한 언어와 사투리를 사용하는 사람들은 자신과 조상이 같은 경계 안에서 태어났기 때문에 연대감을 느낀다. 이 경계는 그들의 조상이 그 땅에 정착한 지 수 세기 뒤에 만들어진 것일 때도 있다.

젠더가 자연계에서 나온 객관적인 특징으로 보이는 것처럼, 국가라는 개념 역시 마치 태초부터 존재해온 듯 보일 수 있다. 인류 역사 대부분 동안 사람들은 비슷한 사람들끼리 모여 의미 있는 실체, 부족, 씨족을 형성해왔기 때문이다. 그러나 젠더의 개념과 수행이 그러하듯, 오늘날 우리가 아는 민족국가도 사회적 발명품이다. 자연은 사회적 정체성의 내용이나 부여 방식을 결정하지 않는다.[7]

나는 생물학적 본질주의가 사회적 정체성의 기초라는 개념에 반대한다. 그러나 사회적으로 정체성을 형성하면서 생물학적 특성에서 벗어나려면 대가가 따른다. 태어날 때부터 자신의 젠더를 알거나 느낀다고 주장할 수 없으며, 부모의 유전자가 내 인종이나 국적을 결정한다고도 말할 수 없게 된다. 사회적 정체성은 우리 영혼이나 유전자에 새겨진 진실이 아니다. 내가 누구이며 어떤 사람이라고 느끼는지는 관계 속에서 비롯된다. 자아란 살면서 당신과 사람들이 관계 맺는 방식에서 나온 결과물이다.

자신을 바라보는 인식과 나를 바라보는 타인의 인식이 일치하면 문제는 간단하다. 사람들은 내가 누구인지라는 '진실'을 자연스럽게 알아볼 것이다. 그러나 자아감의 핵심은, 내가 원하는 정체성이 타인에 의해 인정되지 않는다면 그 사회적 정체성을 단순히 선택할 수 없다는 현실에 있다. 남성다움을 주장하는 시위대, 여성 화장실에 들어가기 위해 투쟁하는 트랜스젠더 여성, 입양된 국가에서 인정받기 위해 싸우는 이민자들은 타인이 자기 정체성을 확인해주어야 비로소 얻게 되는 존엄과 안전을 위해 싸우는 몇 가지 사례에 불과하다.[8]

사회적 정체성의 권리와 책임: 인종과 젠더 기대치에 따른 차별

정체성을 부여받는다는 것이 항상 이롭지는 않다. 사회적 정체성에는 권리와 책임이 따른다. 상투적으로 보면 남성은 잔디를 깎고, 쓰레기를 치우고, 사랑하는 사람을 신체적으로 보호해야 한다. 여성은 요리하고, 청소하고, 사랑하는 이들이 아플 때 돌보아야 한다. 사회적 정체성에서 주어지는 기대치를 충족하지 못하고 정체성과 연결된 무언의 책임을 다하지 못하는 행동은, 처벌받을 수도 있는 위반이다. 정체성을 부여하는 사람들과 공동체는 혜택을 보류하거나 처벌을 가할 것이다. 여성은 신체적 보호를 받지 못하고 남성은 기대하는 존중을 받지 못한다.

2022년 나는 동료들과 함께 시행한 연구 결과를 발표했다. 이 연구에서 우리는 특정 인종 집단에 속한 사람들이 다른 인종 여성보다 같은 인종 여성을 더 '진짜' 여성으로 여기고 그렇게 대하는 경향이 크다는 사실을 발견했다. 이런 사실을 어떻게 알 수 있었을까? 우선 여성이 젠더 규범을 위반하면 처벌받는다는 증거는 분명하다. 예를 들어 여성 관리자가 일반적으로 상사에게 기대되는 방식, 즉 직접적이고 자신감 있게 행동하면, 나긋나긋하게 행동할 때보다 더 부정적인 평가를 받는다. 우리는 연구에서 어떤 여성을 묘사하며 흔히 백인, 흑인, 아시아 여성으로 여겨지는 이름을 주고, 이 여성이 전형적인 상사처럼 행동하는 경우와 보통 여성에게 기대되는 방식으로 행동하는 상황을 설명했다. 실험 결과 사람들은 자기 인종 여성이 아닌 다른 인종 여성이 독립적으로 행동할 때 덜 부정적으로 평가했다. 다시 말해, 사람들은 다른 집단의 여성이 여성에게 부여된 기대를 어기는 일에는 크게 개의치 않는 듯했다.9

또 다른 연구에서 우리는 힐러리 클린턴Hillary Clinton의 미국 대통령 선거 출마에 대한 반응을 조사했다. 우리는 미국의 백인과 소수 민족 사이에서 반여성 젠더 편향을 측정했다. 두 집단은 대략 같은 수준의 편향을 보고했지만, 그 편향이 힐러리 클린턴에 대한 반응 방식에 미치는 영향은 인종에 따라 달랐다. 백인들은 편향을 많이 보고할수록 그에게 투표할 가능성이 낮았다. 반면 소수 민족의 젠더 편향은 클린턴에 대한 투표 여부를 예측하지 못했다.

사람들은 다른 인종 여성이 미국 대통령 후보로 나서는 것처럼 젠더에 대한 기대를 벗어나더라도 크게 문제 삼지 않는다. 동료들과 나는 자신과 같은 인종이 아닌 여성을 진짜 여성으로 보지 않기 때문에 이런 현상이 나타난다고 생각했다. 물론 이들은 생물학적으로 여성이지만 사회적 의미로서는 여성으로 보지 않는다는 것이다. 다시 말해 사람들은 다른 인종 여성에게 여성다움의 권리나 책임을 부여하지 않는다. 따라서 이들이 여성의 기준을 위반했다고 처벌하지 않는다. 동료들과 내가 수행한 또 다른 연구도 이런 생각과 일치했다. 이 연구에서 참가자들은 같은 인종 남녀의 사진을 본 다음 젠더 관련 단어를 더 쉽게 알아차렸다. 다른 인종 남녀의 사진은 같은 인종 남녀의 사진만큼 젠더 관련 사고를 강력하게 활성화하지 않았다.

공동체에서의 사회적 정체성과 그에 따른 기대와 제약

우리는 공동체에서 만들어진다. 따라서 공동체가 달라지면 우리도 달라진다. 새로운 관계는 새로운 공동체를 만들어 자아를 정의한다. 좋은 예를 들어보겠다. 새로운 음악 장르가 개발되면 얼리어답터들은 새로운 음악에 대한 공통 관심을 중심으로 공동체를 만든다. 1980년대에서 1990년대 사이에 자란 우리 세대에게 이런 음악은 랩 음악이었다. 나는 자라면서 우리와 함께 성장해온 랩 음악을 들었다. 팻보이스Fat Boys나 키든플레이Kid'n Play 같은 래퍼에서 에릭 B.Eric B.나 래킴Rakim, BDP, 퍼블릭 에너미Public Enemy, 런 DMCRun-DMC, NWA, 투팍Tupac, 우탱Wu-Tang, 비기Biggie나 다른 수많은 음악가의 음악을 들었다. 대부분의 공동체에서처럼 문화는 어떤 요소보다 중요했다. 음악도 중요했지만 그래피티, 춤, 패션도 문화에 형태와 표현을 입혔다. 공동체 일원이 되려면 음악을 좋아하는 것만으로는 부족했다. 공동체가 진화하면서 그 공동체의 '진짜' 일원이 된다는 것이 무엇을 의미하는지, 또 새로운 정체성을 갖기 위해 무엇이 필요한지가 점점 더 분명해졌다. 공동체의 일원이 되려면 공동체의 규범과 기대치를 알고 준수하며, 구성원임을 나타내는 상징과 표식을 받아들여야 했다. 이는 사용하는 언어, 걷는 방식에서 드러났고, 단순히 '맞는' 옷을 갖추는 데 그치지 않고 '올바른' 방식으로 입는 것까지 포함했다. 게다가 기존 공동체는 이 새로운 정체성 집단과 어떻게 관계 맺을지 결정하면서 이 공동체의 경계를 구축하는 데 '도움'을 주었다. 당시 이런 음악에 '저속하다'라는 꼬리표가 붙자 랩 음악의 반항적인 지위는 더욱 강화되었다. 도시 전문직 젊은이인 여피들은 힙합을 우둔하고 폭력적인 음악으로 무시하거나 깎아내렸다.[10]

당신이 속한 공동체, 또는 속하고 싶은 공동체는 특정 상황에서는 어떤 사회적 정체성을 가질 수 있게 해주지만, 다른 상황에서는 그렇지 않을 수 있다. 당신은 이곳에서는 이런 사람이 되고, 다른 곳에서는 또 다른 사람이 된다. 우리 동네 힙합 공동체는 나를 정식 회원으로 받아들인다 해도 뉴욕 힙합 공동체가 나를 받아들인다는 보장은 없다. 이런 조건은 모든 정체성에 동일하게 적용된다. 어떤 상황, 예를 들어 트랜스젠더 정체성을 인정하지 않는 곳에서는 단지 여성이 되고 싶어 하는 남성으로 보일지라도, 다른 환경에서는 그저 여성으로 존재할 수 있다.

레이철 돌레즐을 다시 떠올려보자. 나는 레이철이 백인으로 태어나 흑인이 되었고, 이후 흑인이 되고 싶은 비흑인 여성이 되었다고 주장했다. 그는 흑인 공동체에서 관계 맺으며 흑인으로서의 자아감을 확인하려 했다. 레이철은 흑인 공동체에 수용되기 위해, 많은 이가 극단적이라고 여길 만큼 자신의 자아를 철저히 제한했다. 공동체가 그를 흑인으로 받아들였을 때 그는 이 공동체에서 흑인이 되었다. 이 수락이 철회되었을 때 그는 더는 흑인이 아니게 되었다.

공동체에서 사람들에게 부여한 정체성에는 대가가 따른다. 사회적 정체성은 제약이다. 사회적 정체성은 공동체의 기준을 고수하도록 요구하는 데 그치지 않는다. 공동체의 기준은 당신의 기준도 된다. 나는 서핑에 대해 아무것도 모르지만 스스로를 서퍼로 규정하고 그렇게 인정받는다면, 서퍼라는 자아에 대한 내 평가는 곧 내 자아에 대한 평가가 된다. 스스로 평가한 서퍼라는 자아를, 서핑하지만 서퍼는 아닌 다른 사람과 대조해볼 수 있다. 이런 사람들은 서퍼라는 기준에 자신을 맞출 필요가 없고, 사실 그러지 않을 자유가 있다. 그러나 그렇게 하면 서퍼 공동체의 일원이 되지 못한다.

공동체 내의 사회적 정체성에 도전하는 일은 곧 공동체를 구성하는 관계에 도전하는 것이다. 서핑 사례를 좀 더 밀고 나가보자. 기존 정체성에 도전하는 방식으로 자신이 서퍼라고 주장하면 공동체의 기존 구성원들이 지닌 자기 이해에 도전하게 된다. 서퍼가 된다는 것이 긴 보드가 아닌 짧은 보드를 타거나 큰 파도만 타는 것을 의미하게 된다면, 이 정의에 맞지 않지만 자신을 서퍼로 규정하는 사람들은 당황할 것이다. 이런 사람들을 '비서퍼'라고 취급하면 이들을 하나로 묶는 관계, 즉 서퍼로 규정하고 공동체를 구성하는 관계에 도전하게 된다.

공동체가 사회적 정체성의 무결성을 보호하는 것은 당연하다. 다양한 공동체가 어떻게 발생하는지도 쉽게 볼 수 있다. 큰 파도를 타는 서퍼들의 공동체가 있을 수 있고, 짧은 보드를 타는 사람들의 공동체가 있을 수 있으며, 긴 보드를 즐기는 이들의 공동체도 있을 수 있다. 나는 서퍼는 아니지만, 젊은 시절 비슷한 경험을 했다. 우리 랩 음악 공동체에는 이스트코스트 랩과 웨스트코스트 랩으로 나뉜 집단 사이에 때로는 위험할 정도로 치열한 경쟁이 있었다.

공동체의 경계와 정체성 변화: 집단의 무결성을 향한 도전

공동체는 정체성의 의미를 정의한다. 흑인이 되거나 여성이 된다는 것은 특정 공동체에서 그렇게 된다는 것이다. 우리가 이런저런 정체성을 지녔다고 말할 때, 특정 공동체 안에서 그 정체성으로 존재한다는 것이 무엇을 의미하는지 알고 있다고 말하는 셈이다. 그리고 이런 일은 매우 다양한 방식으로 일어난다. 내 정체성은 직장, 자원봉사 단체, 학교, 심지어 스포츠팀에서도 정의되고 형성된다. 자신을 남성이라고 생각할 때, 그 '남성'은 고대 이집트나 그리스, 또는 오늘날 다른 종교나 국가에서 이해되는 방식의 남성과는 전혀 다른 의미를 지닌다. 나는 가족과 친구, 직장 사람들 그리고 다른 여러 공동체에서 이해되고 수용되는 방식에 따라, 남성이거나 남성이 아니게 된다.

사회적 정체성은 시대와 공동체에 따라 끊임없이 변한다. 사회적 정체성은 바뀌고 진화할 수 있다. 일부 서구 문화에서 이상적인 여성의 의미는 굴곡 있는 몸에서 비쩍 마른 몸, 운동선수처럼 그을린 몸으로 바뀌었다. 아름다운 여성이 된다는 것, 완전한 여성이 된다는 것의 의미는 같은 시공간이나 다른 시공간에 사는 일부

여성을 배제하며 변화했다.11

경계가 유동적이라는 말은 공동체가 만든 정체성에 나를 수용해달라는 요청을 공동체가 거부하거나 수락할 수 있다는 의미다. 새로운 요청이 수락되면 어떻게 될까? 돌레즐 같은 사람의 요청, "나는 남자다"라고 적힌 팻말을 든 시위대, 대학 여성 스포츠에서 경쟁하는 트랜스젠더 여성과 같은 요청 말이다. 공동체에 수용해달라는 요청은 개인적인 요청이 아니다. 이것은 집단의 경계를 바꿔달라는 요청이며, 따라서 정체성의 의미를 바꿔달라는 요청도 된다. 사람들이 레이철을 흑인 여성으로 받아들이면, 흑인으로 인정받기 위해 필요하다고 여겨지는 것이 바뀐다. 레이철이 흑인으로 인정받을 수 있다면, 부모가 백인이라는 사실은 더 이상 그가 흑인 공동체의 일원이 되는 데 장애물이 되지 않는다.

나는 흑인으로서 내가 누구인지 알고 있다. 흑인성의 경계를 이해하기 때문이다. 이런 경계가 바뀌면 내 자아에 대한 이해에 도전하게 된다. 레이철을 흑인으로 인정한다면, 우리가 공유해온 역사와 유산에 대한 인식이 흔들리고, 내가 속한 공동체와의 관계 역시 약화될 수 있다. 멤피스시 청소노동자들은 자신을 남자로 대우해달라고 요구하고, 리아 토머스는 여성 스포츠에 참가할 수 있도록 해달라고 요구한다. 이런 요구는 집단 경계에 도전한다. 흑인 청소노동자들은 인종 계급, 리아 토머스는 성 역할에 뿌리를 둔 관계에 도전한 것이다.

사람들은 자신이 속한 집단 경계의 무결성을 매우 중요하게 여긴다. 당신이 믿거나 그래야 한다고 생각하는 대로 사회적 정체성이 작동하지 않으면, 세상을 이해하게 만들어주는 구조, 즉 당신을 이해하게 만드는 구조가 흔들리기 시작한다. 많은 사람들처럼 젠더가 당신이 맺은 여러 관계의 기반을 이루고 있다면, 젠더에 대한 이해가 바뀌는 일은 곧 당신의 자아감 전체에 중대한 도전이 된다. 남성이 더는 남성이 아니고 여성이 더는 여성이 아니게 된다는 것은 약간 현기증 나는 일이다. 남성 또는 여성이라는 내 자아감이 도전받을 뿐만 아니라 내가 남성 또는 여성과 관계 맺는 방식도 바뀐다. 남성 또는 여성이 된다는 것의 의미는 우리가 젠더 범주 내에서, 또는 이 범주 안팎에서 상호작용하는 방식에 내재해 있기 때문이다.

J. K. 롤링이 "성별이 진짜가 아니라면 전 세계에서 살아온 여성의 생생한 현실은 지워진다"라고 썼을 때 그는 경계 변화의 의미를 강조하고 있다. 여성다움의 경계를 바꾸고 여성을 정의하는 데 성별이 중요하다는 사실에 도전한다면, 모든 여성의 현실을 위협하게 된다는 뜻이다. 트랜스젠더 여성을 포함하면 그의 정체성은 물론, 그가 자기 경험을 공유한다고 믿는 여성들의 정체성이 혼란에 빠질지도 모른다. 롤링은 또한 자신의 태도가 트랜스젠더 혐오가 아니라 기존 범주의 경계를 방어하려는 의도라고 명시적으로 주장한다. 이런 관점에서 본다면 문제의 핵심은 노골적인 배제나 적대감이 아니다. 배제는 단지 집단의 정체성과 무결성을 유지하려는 과정에서 불가피하게 발생하는 부산물일 뿐이다.

레이철 돌레즐을 바라보는 일부 흑인의 분노도 같은 정서로 설명할 수 있다. 흑인성을 요구하는 레이철의 주장은, 일부 흑인이 흑인 정체성을 정의한다고 믿는 공유된 현실에 도전한다. 이들이 공유하는 현실이란 어린 시절 경험이나 흑인이 되려는 선택권이 없었다는 사실일 수도 있다. 레이철이 흑인 공동체에 속한다고 주장하는 것은 그 공동체를 정의하는 공유된 현실에 어긋날 뿐 아니라, 구성원들의 자기 이해 자체를 흔든다. 어떤 사람의 정체성 주장이 집단을 하나로 묶는 원칙에 어긋난다고 느껴질 때, 사람들이 이를 개인적인 문제로 받아들이고 강하게 반발하는 것은 당연한 일이다. 사회적 정체성에 대한 요구는 모두 공동의 요구다.

관계 속에서 정의되고 제한되는 사회적 정체성과 자아

사회적 정체성은 당신이 속하고자 하는 공동체가 당신을 받아들이는지의 여부뿐만 아니라, 당신이 그 집단과 어떤 방식으로 관계를 맺고 경험하는지에 따라서도 달라진다. 이런 공유된 경험은 애초부터 그 집단을 정의하는 관계를 만든다. 당신 집단을 이해하는 데 중요한 경험을 공유하지 않은 누군가가 집단 일원으로 수용해달라고 요구한다면, 이런 주장은 당신이 속한 집단에 대한 이해뿐 아니라, 그 집단과 맺은 관계, 나아가 당신 자신에 대한 인식에도 도전하게 된다.

따라서 전통적인 젠더 질서가 해체되어도 괜찮다고 믿고, 억압적인 사회 체계를 무너뜨리는 일을 우리가 너무 오래 미뤄왔다고 생각하더라도, 이런 변화를 다른 사람들은 얼마나 혼란스럽게 느낄 수 있는지 이해할 필요가 있다. 이민 개혁이나 이민자에 대한 처우 개선이 이미 오래전에 일어났어야 한다고 생각하더라도 그런 변화가 다른 사람들의 자아감에 어떻게 도전하는지 알아야 한다. 입국한 외국인을 모두 국민으로 간주한다면 국가 공동체에 대한 합의에 도전하게 된다. 국가 공동체의 구성원이 달라지면, 일부 사람들은 공동체 안에서 자신의 자리가 흔들린다고 느끼고 국가 구성원으로서의 정체성도 흔들릴 수 있다.

사회적 정체성을 정의하는 경계에 대한 도전은 사람들의 생각, 신념, 원리에 도전할 뿐만 아니라 사람들의 자아에도 도전한다. 우리가 혼자 섬으로 존재한다면, 피부 속에 온전히 갇힌 존재라면, 어째서 타인의 정체성에 대해 그토록 심각하게, 그토록 개인적으로 신경 써야 할까? 개인적인 것은 정치적인 것이다. 자아는 사회적이기 때문이다.

여기서 분명히 해두어야 할 것은 혼자 마음대로 사회적 정체성을 정의할 수 없다는 사실이다. 공동체는 사회적 정체성에 힘을 부여한다. 그러나 공동체는 고통을 줄 수도 있다. 개인의 자유는 정의상 사회적 정체성으로 제한되기 때문이다. 공동체로부터 소외되거나, 더 나아가 배척당하는 일은 극심한 고통을 수반하는 경험이다. 그러나 타인과 관계 맺으며 살아가려면 어떤 구조가 필요하고, 구조가 있는 곳에는 반드시 제한도 따른다. 포용은 물론 배제 없이는 사회 구조도 없다. 여성이나 남성, 백인, 아시아계 미국인, 흑인, 독일인, 스위스인, 어떤 사회적 정체성을 갖고자 해도 자아 구성을 자유롭게 선택할 수는 없으며, 그 정체성에 대한 공유된 관점 안에서 수용되어야 한다.[12]

그저 마음속에서 우러나는 정체성도 있다. 많은 사람은 젠더가 이 범주에 속한다고 본다. 그러나 애초에 그 정체성을 처음 느꼈을 때, 그것을 어떻게 알 수 있었을까? 다른 사람 없이는 그 느낌이 무슨 의미인지 알 수 없다. 다른 사람이 없다면 당신은 그냥 존재할 뿐, 당신이 어떤 사람이든 거기에 사회적 정체성은 포함되지 않는다. 자신이 누구인지에 관한 생각은 우리가 태어나기도 전에 존재했던 관계에서 나온다. 이러한 생각은 우리를 과거와 이어주는 연결을 반영한다.

우리는 이미 진행 중인 이야기에 들어섰다. 우리는 앞서 존재한 무언가 때문에 지금의 내가 되었다. 젠더나 기타 사회적 정체성을 느낀다는 것은 앞서 존재한 무언가와 연결된다는 것이다. 남성다움, 여성다움, 인종, 국적, 계급, 기타 여러 사회적 정체성이라는 개념은 여러 세대에 걸쳐 생성된 의미를 담고 있다. 이런 정체성은 관계 속에서 만들어지고 관계 속에 살며 우리가 사는 세상을 구조화한다. 이 가운데 어떤 정체성을 느낀다는 것은 당신이 부분적으로만 아는 역사에 참여한다는 뜻이다.[13,14]

오늘날 우리가 지닌 남성다움과 여성다움이라는 경험은 조상들이 구축하고 다듬어온 것이다. 1969년 트랜스젠더 활동가인 버지니아 프린스Virginia Prince는 '트랜스젠더transgender'라는 용어를 대중화하며, 자신이 잘못된 성별로 태어났다고 느끼는 사람들에게 스스로를 정의할 언어를 제공하고, 서로를 찾아 하나의 공동체를 형성할 수 있는 기반을 마련해주었다. 그 뒤로 트랜스젠더가 된다는 것의 의미는 더욱 포괄적으로 진화했다. 당시 프린스는 자신의 젠더가 잘못되었다고 느끼지만 성전환 수술을 택하지 않은 사람들을 일컫는 말로 이 용어를 사용했다. 그는 "나는 적어도 성별과 젠더의 차이를 알고 있으며, 성별이 아닌 젠더를 바꾸기로 선택한 것뿐이다"라고 썼다. 오늘날 트랜스젠더는 수술을 선택하거나 선택하지 않는 사람뿐만 아니라 일부 논바이너리와 무성애자를 포함하는 포괄적인 용어다. 프린스와 다른 트랜스젠더 선구자들은 사회적 상호작용과 관계를 통해 오늘날 트랜스젠더 공동체가 자신들을 이해하고 규정하는 데 사용하는 사회적 정체성의 경계를 만들고 다듬었다.15

세상을 이해하는 데 도움이 되는 구조로서의 자아는, 동시에 우리가 무엇이 될 수 있는지를 제한하기도 한다. 사회는 언제나 우리를 제한한다. 당신이 어떤 존재가 될 수 있는지는 관계가 결정한다. 가능성의 범위가 넓다 해도 혼자서는 그 무엇도 될 수 없다.

8장

자아 다시 쓰기:
변하는 나, 지속되는 나

소셜 미디어와 알고리즘: 기존 편견을 강화하는 현실

2021년 3월, 〈투나잇 쇼The Tonight Show〉의 진행자 지미 팰런Jimmy Fallon은 틱톡 인플루언서 애디슨 레이Addison Rae를 만나 이야기를 나눴다. 당시 틱톡에서 약 8100만 명의 팔로워를 보유한 애디슨은 앱에서 엄청난 인기를 끈 춤을 선보였고 수많은 사람이 이 방송에 채널을 고정했다. 애디슨이 팰런에게 가장 인기 있는 여덟 가지 춤을 가르쳐주면서 쇼는 큰 흥행을 거두었다.

방송 직후 이 회차는 상당한 반발을 불러일으켰다. 사람들은 애디슨이 젊은 백인 여성인데, 그날 쇼에서 선보인 춤이 대부분 흑인 무용단과 합창단이 만든 춤이라는 점에 주목했다. 비판자들은 애디슨이 춤의 원래 창작자인 소수자 예술가들은 쏙 빼고 혼자 텔레비전에 출연해 그들의 작품을 선보일 기회를 독차지했다고 지적했다. 이 논의에서 많은 사람은, 소수민족의 노동과 창조적 성과로 백인들이 이익을 얻어온 미국의 오랜 역사와 이 현상이 정확히 맞아떨어진다고 지적했다. 흑인 음악 음반 표지에 백인 얼굴을 넣는 것과 정확히 똑같다. 음반 회사가 실제 흑인 음악가 얼굴보다 백인 얼굴을 표지에 실으면 백인 고객에게 음반을 더 많이 팔 수 있으리라고 예상했으리라는 사실을 쉽게 이해할 수 있듯, 실제 춤을 만든 사람이 아닌 애디슨이 어떻게 쇼에 출연하게 되었는지는 쉽게 짐작할 수 있다. 쇼는 시청률을 최대한 높이고 싶었고 애디슨은 상당한 인기가 있었으니 말이다.

애디슨의 인기는 오늘날 인터넷에서 벌어지는 안타까운 현실을 보여준다. 지금 인터넷은 사진이나 영상에 집중하고 과거의 행동이나 알고리즘 예측에 기반해 정보를 선택적으로 노출하면서 기존 사회적 편견을 강화하는 방식으로 설정되어 있다. 인터넷과 앱을 사용할 때 시각적 정보가 우위에 서기 때문에, 사람들은 시각적으로 드러나는 사회 집단에 알게 모르게 기존 편견을 표출한다. 오늘날 소셜 미디어에서는 일부는 진지하고 대부분은 아주 우스꽝스러우며 대체로 중립적인 사진과 영상이 넘쳐난다. 사람들은 인터넷에서 흔히 자신이 되고자 하는 사람의 이미지를 보여준다. 이렇게 하면 이미지를 보는 사람은 그 사람이 누구인지 또는 어떤 사람이 되고 싶은지에 따라 그 사람과 공감하거나 공감하지 않게 된다. 당신이 될 수 있는 사람의 이상적인 모습을 보여줄 수 있다니, 꽤 멋진 일 아닌가?

소셜 미디어 피드를 생각해보자. 당신의 소셜 미디어는 분명 다른 사람에게 어떻게 보이고 싶은지를 반영해 선별되었을 것이다. 당신의 세계관이 타인, 즉 흔히 당신이 속한 사회 집단을 반영하게 된다는 사실도 나쁘지 않다. 평범한 백인이라면, 춤의 창작자가 유색인종이라 하더라도 실제 창작자가 춤추는 모습을 볼 때보다 애디슨 같은 백인 인플루언서가 춤추는 모습을 볼 때 더 큰 영향을 받을 가능성이 높다. 우리는 자신을 온라인에 가두면서 기존 편견을 강화한다.

나와는 다른 현실이 공존하는 이 세계에서, 인터넷은 우리가 일상적으로는 결코 접할 수 없는 다양한 생각과 사람들을 만나게 해준다. 대신 사람들은 기존 편향을 확증하는 정보를 얻는다. 부분적으로 알고리즘이 우리가 보고 싶은 것을 정확하게 예측하기 때문이다. 사람들은 자신이 좋아하는 것, 때로 혐오하고 싶은 것을 보여주는 콘텐츠를 선호한다. 안타깝게도 인기가 많은 내용은 세상을 더 나은 곳으로 만드는 데에는 별다른 도움이 되지 않는다.[1,2,3]

알고리즘이 이런 편향을 이용해 우리가 고를 수 있는 선택지를 선별하고 그에 따라 지식에 편향이 발생하면, 성장하고 교육받을 기회는 줄어든다. 그래서 사람들은 자기와 비슷한 사람들 사이에 남는다. 초기 인터넷 개척자들이 의도한 자기 확장과 자유라는 애초의 가능성을 가로막고 심지어 이에 역행한다. 지금의 인터넷은 자유로운 가능성을 확장하기보다는, 비슷한 사람들로 이루어진 작은 부족 안에서 연결되어 있다는 안락함을 제공하도록 설계된 듯하다.

남들과 같은 무언가를 원하거나 기존 신념을 확증할 증거를 선호하는 경향을 인터넷이나 소셜 미디어가 처음 만든 것은 아니다. 인터넷과 소셜 미디어가 존재하기 훨씬 전부터 우리에게 이런 편견이 있었다는 증거가 많다. 그러나 인터넷이나 소셜 미디어 같은 기술은 이러한 경향을 한층 더 깊이 강화했다. 여기서도 예측 알고리즘은 우리가 원하는 것을 찾는 데 도움이 되며, 이때 우리는 흔히 기존 세계관에 맞는 세계의 이미지를 보고 싶어한다.

기술과 민족국가가 형성해온 자아와 자유

지금까지 나는 관계가 자아를 어떻게 만들고, 자아 집합체인 공동체가 그 안에서 자아를 어떻게 만들며, 자아가 우리의 자유를 어떻게 축소하는지에 초점을 맞추었다. 그러나 그 과정에서 알게 된 사실은, 세상을 이해하고 그 안에서 인정받을 위치에 오르려는 욕구에는 자아가 필요하다는 점이다.

오늘날 기술과 민족국가라는 상호 연관된 두 현상이 우리 세계 대부분을 구조화하고 제한한다. 기술은 앞서 언급한 틱톡과 텔레비전 논의에서 볼 수 있고, 민족국가는 틱톡과 텔레비전, 지미 팰런과 애디슨 레이가 유통되고 방송되고 경험되고 통제되는 방식에서 볼 수 있다. 둘 다 젠더나 인종 같은 사회 집단을 창조하고 유지하는 한편 서로를 뒷받침한다. 기술 혁신이 민족국가 생성에 어떻게 박차를 가했는지, 반대로 민족국가가 어떻게 기술을 발전시켰는지는 뒤에서 더 논의할 것이다.

그러나 가장 중요한 사실은 기술과 민족국가 모두 삶을 경험하는 방식을 다듬는다는 점이다. 우리가 만나는 사람을 누가 통제하는가? 우리가 보는 것을 누가 통제하는가? 어떤 집단에 가치를 두고 어떤 집단을 깎아내릴지 누가 결정하는가? 민족국가와 기술은 모두, 개인이 스스로의 삶을 통제할 수 있는 힘이 얼마나 미약한지를 드러낸다. 어떻게 보면 우리는 그저 자유롭다는 느낌만 허용되는 연구에 참여하고 있는 셈이다.

학자들은 소셜 미디어나 다른 기술이 공명실echo chamber로 기능하기 때문에 우리가 자신과 비슷한 사람들이 말하려 하는 것만 듣게 된다고 주장한다.4 너무 많은 선택에 직면했다면 나와 비슷한 사람들이 선택한 것을 선택하는 편이 합리적이다. 무엇을 믿어야 할지 확신이 서지 않을 때, 나와 비슷한 사람들이 믿는 것을 따라 믿는 편이 훨씬 자연스럽다. 이처럼 우리는 정보가 많을수록 상황을 이해하기 위해 가까운 관계나 신뢰하는 집단에 더욱 의존하게 되며, 적어도 스스로 상황을 이해하려고 노력할 필요가 없어지게 된다.

우리가 태어난 공동체는 우리를 지탱하고 형성하는 환경을 만들어준다. 이웃의 신념과 행동은 세상이 어떻게 돌아가는지 알려준다. 우리는 주변 사람들의 말투를 관찰하고 그들과 상호작용하면서, 존중이란 무엇을 의미하는지, 어떤 사람이 존중받을 만한지, 그리고 타인과 어떻게 관계를 맺어야 하는지를 배워간다.

다른 사람이 우리 자아에 미치는 영향은 친밀한 관계에서 사회 집단으로 확장되기도 하고, 사회 집단에서 개인으로 내려오기도 한다. 사회 집단은 지금의 자아와 앞으로 될 수 있는 자아에 영향을 미친다. 집단을 형성하는 맥락을 살피면 자아와 자유를 이해하는 데 도움이 된다. 그리고 이 맥락에서 기술은 중요한 특징이다.

자유의 역설: 관계 속에서 자유로움의 의미 찾기

인류 역사 대부분의 시간 동안, 우리는 서로 얼굴을 마주하며 직접 상호작용해왔다. 지금의 삶과는 아주 달랐다. 우리는 지금도 모르고 앞으로도 알 리가 없는 수백만 명의 사람과 연결되어 있다. 수천 킬로미터 떨어진 곳에 사는 사람과도 현실을 공유하고 창조한다. 커뮤니케이션 기술이 변화하면서 인간의 경험은 근본적으로 바뀌었다. 이런 변화로 사회적 접촉이 확대되고 우리 세계는 정보로 넘쳐나게 되었다. 점토판에서 파피루스와 종이, 라디오와 텔레비전, 웹사이트와 스트리밍에 이르는 커뮤니케이션 기술의 변화는 우리가 상호작용하는 방식에 영향을 미친다. 기술은 우리가 무엇을, 누구를 알 수 있는지, 무엇에 노출되는지, 무엇을 공유하는지를 바꾸어놓았다.[5,6]

처음 인터넷에 연결되었을 때만 해도 사람들은 상당한 흥분과 낙관을 품고 가능성을 바라보았다. 새로운 매체가 우리를 자유롭게 해주리라 기대했다. 익명성을 통해 새로운 자아를 탐구할 수 있을지도 모른다. 자신이 사는 지역에는 없는 지지적인 공동체를 찾을 수도 있었다. 낙인찍힌 집단의 사람들도 목소리를 낼 수 있고, 개인적 정체성을 드러내지 않고도 공동체를 발견할지도 모른다. 친구나 가족이 인정하지 않는 정체성을 안전하게 시험해볼 수도 있다.

당시 변호사이자 엔지니어였던 초기 인터넷 옹호자 앤서니 루트코프스키Anthony Rutkowski는 1996년 이렇게 말했다. "이런 기술은 우리가 인간성을 지각하는 방식에 지대한 영향을 미칠 것이다."[7] 누구나 공유하고 싶은 나름의 이야기와 생각이 있고 이제 그렇게 할 수 있게 되었다고도 말했다. 그러나 정보를 공유하는 것 외에도 사람들은 특정 정체성은 숨긴 채 다른 일부 정체성을 공유할 수도 있다. 1995년 에밀리 로이드Emily Lloyd는 '연결에는 노트북이 필요해: 인터넷 속 레즈비언 페미니스트 정치'라는 제목의 잡지 기사에서 자신이 '비극적이지만 여성의 얼굴'을 지니게 되었다고 묘사했다. 비극적인 이유는 그가 부치 레즈비언으로 인식되기를 간절히 원했기 때문이다. 그는 인터넷에서 자기 얼굴을 보지 못하는 사람들과 소통하며 자신의 부치성butchness(레즈비언 문화에서 사용되는 용어로, 전통적으로 남성적인 외모나 태도, 행동 방식을 가진 여성을 가리킴-옮긴이)에 따라 행동할 수 있었다. 그는 "'부치'라는 대화명을 쓰고 접속하면 그날은 종일 부치로 살 수 있다"라고 썼다.[8]

사람들은 컴퓨터와 인터넷만 있으면 누구나 얻을 수 있는 방대한 정보량에도 놀라움을 금치 못했다. 온라인에 접속하면 거의 모든 질문에 대한 답변을 얻을 수 있다. 매듭을 엮거나 우쿨렐레를 연주하는 방법을 배울 수도 있고 상상할 수 있는 모든 것을 배울 수 있다. 인터넷은 당신이 가본 적 없는 장소에 대한 뉴스도 즉시 제공한다. 우리가 배우고 이해할 수 있는 것을 제한하는 유일한 것은 바로 우리의 상상력이다.

잘 기억나지 않지만 인터넷이 개인의 무한한 성장을 약속하던 시절이 있었다. 지금도 인터넷에서는 여전히 무엇이든 배울 수 있지만 애초에 사람들은 더 많은 것을 기대했다. 사람들은 인터넷이 공감의 장벽을 허물고 이전에는 상상할 수조차 없던 연결을 만들 여지를 주리라 생각했다. 돌이켜보면 그때 우리는 인간 본성의 혁명을 상상했다. 그러나 지금 우리 손에 쥔 것은 그런 이상적인 도구가 아니다. 오히려 우리가 실제로 얻은 것은 자신이 누구인지를 끝없이 확인시켜주는 정보의 물결, 우리의 편견에 따라 선별된 콘텐츠, 나와 비슷한 사람들과의 더 긴밀한 유대 그리고 모든 것을 끄거나 외면할 수 없게 되었다는 사실이다. 우리가 이용할 수 있는 엄청난 양의 정보는 일관되고 안정적인 자아에 대한 욕구와, 자유롭고 가능성 있다는 느낌 사이에서 균형을 맞추는 데 영향을 미친다.

기술과 인터넷이 자아와 사회적 정체성에 미친 영향

기술의 가장 심오한 효과 중 하나는 기억을 형성하는 능력이다. 기억의 가장 좋은 점이자 나쁜 점은 불완전하다는 사실이다. 우리는 복잡한 듀이 십진법에 따라 완벽하게 정리된 컴퓨터 속 파일이나 책장 위 책처럼 경험을 정리하지 않는다. 마음 상태, 과거의 경험, 어떤 사건을 경험할 때의 사회적 맥락은 우리가 사건을 기억하는 방식에 영향을 미친다. 최근 배고프다고 느꼈던 때를 떠올려보자. 그 상황에서 먹은 음식은 어땠는가? 분명 맛있었을 것이다. 환상적인 데이트에서 들었던 음악은 어땠는가? 연인에게 '우리만의 노래'가 생기는 데는 다 이유가 있다. 기억을 만들고 불러내는 과정은 그저 감각, 그림, 소리, 맛을 기록하고 재생하는 것이 아니라, 그 과정에 함께하는 감정과 동기의 영향을 받는다. 마르셀 프루스트 Marcel Proust의 《잃어버린 시간을 찾아서》에서 마들렌 조각을 곁들여 차 한 모금을 마시자, 같은 대접을 해주었던 이모와 함께 자란 옛 마을 기억이 불현듯 생생하게 떠오른 대목은 아마도 가장 유명한 사례일 것이다.[9,10]

오늘날의 환경에서 중요한 특징은 디지털 메모리가 매우 저렴하다는 사실이다. 나는 책과 LP를 좋아한다. 비록 수집가들만큼은 아니겠지만, 그래도 대부분의 사람보다는 훨씬 많이 갖고 있을 것이다. 앞서 종이 운반의 용이함을 언급했지만 책을 사랑하는 사람이라면 소장한 책을 옮기는 일이 얼마나 힘든지 잘 알 것이다. LP는 더하다! 디지털 책, 디지털 음악, 디지털 사진에 드는 비용에 비해 물리적 매체에 정보를 수집하고 보유하고 전송하는 비용은 터무니없을 정도로 크다. 음악과 사진을 물리적 형태로 모으고 유지하는 데 드는 비용은 대부분의 사람이 모을 수 있거나 모으려는 데이터의 양을 크게 제한했다. 그러나 이제는 휴대전화만 있으면 사진이나 음악을 내려받고 저장하는 데 거의 돈이 들지 않는다. 그렇게 우리는 막대한 용량의 사진과 음악을 갖게 되었다.

누구나 한 번쯤은 잘못된 기억을 떠올린 적이 있을 것이다. 해가 갈수록 나는 이런 사실을 더욱 분명히 깨닫는다. 무언가를 잘못 기억하는 일은 지극히 정상이다. 사실 절대 일어나지 않았던 일이 선명하게 기억나는 듯한 경우도 그리 드물지 않다. 무해한 주장을 해서 가짜 기억을 만들기가 얼마나 쉬운지 보여주는 연구도 많다.11 '백화점에 진열된 옷 사이에서 놀다가 엄마가 사라져버렸던 일이 기억나지 않나요? 엄마를 찾아 헤맸지만 보이지 않아 울기 시작했죠. 어떤 친절한 노부인이 무슨 일인지 묻고 당신을 안내실로 데려가 엄마를 찾는 방송을 해준 일은요? 기억나죠?' 실제로 그런 일이 일어난 적이 없는데도, 많은 사람이 기억한다고 답한다.

기억이 오류를 일으킬 수 있다는 가능성에는 심각한 단점이 있다. 목격자가 잘못 증언했을 때의 대가를 생각해보라. 그러나 잠재적인 이점이 적어도 한 가지는 있다. 바로 유연성이다. 기억이 오류를 일으킬 수 있기 때문에 자아는 수월하게 진화할 수 있다. 청소년기를 잊고 싶은 사람이 많을 것이다. 우리가 보고 행동했던 방식, 우리를 정의했던 서툰 상호작용 같은 것 말이다. 대부분은 이런 기억을 지금 나 자신을 보여주는 진실이라고 여기지 않는다. 목표 지향적인 이런 망각은 항상 일어난다. 그러나 오늘날 기록된 정보가 넘쳐나는 환경이 이런 과정을 방해한다면 어떻게 될까?

기억을 가지치기하고 사건과 감정을 잊는 일은 과거에 존재했던 나를 넘어 새로운 내가 되는 데 도움이 된다. 자유롭다고 느끼는 데 필요한 변화가 일어나려면 과거와 결별해야 한다. 그러나 오늘날의 기술은 과거의 자아를 보여주는 디지털로 캡처된 기억을 거의 끊임없이 제공해, 그 기억이 어디에서든 우리를 따라다니게 만든다. 이처럼 과거의 나를 끊임없이 상기하는 일은, 미래의 내가 될 수 있는 가능성의 폭을 좁힌다.[12]

얼마 전 내 휴대전화는 몇 년 전 여행 사진을 플래시백해서 재생해주었다. 감동적인 사진에 음악이 곁들여져 정말 멋졌다. 나름 괜찮았다. 하지만 정말로, 내가 알지도 못하는 어떤 프로그래머가 알고리즘을 통해 내가 무엇을, 어떻게 기억할지를 결정하도록 내버려두고 싶은가? 물론 멋진 추억을 떠올리게 되어 좋았지만 당시 그 추억이 그다지 좋지 않았다면, 예를 들어 그때 같이 여행 갔던 배우자나 가족과 헤어졌거나 그들을 잃었다면 어떨까? 보통 기술 발전은 좋은 일이다. 나는 분명 새로운 문물에 반대하는 러다이트주의자는 아니다. 게다가 기술 발전이 마음에 들지 않더라도 억누르기는 어렵다고 생각한다. 그러나 우리 삶의 사회적 구조 속에 새로운 기술이 어떻게 개입하는지는 곰곰이 생각해보아야 한다. 우리가 조심하지 않으면 알고리즘을 만드는 회사와 그 알고리즘이 우리의 과거를 선별해주는 사업을 벌일지도 모른다. 또한 과거의 당신을 보여주는 일은, 지금의 당신이 할 수 있는 가능성을 제한할 수도 있다.

선택의 과부하와 인터넷이 결정을 좌우한다

온라인에 방대한 정보가 넘쳐나면 선택의 문제도 생긴다. 우리는 무한한 가능성을 생각보다 잘 다루지 못한다. 뉴스를 알고 싶은가? 케이블 쇼, 심야 쇼 진행자, 신문, 팟캐스트, 온라인 매체도 있다. 이들은 모두 세상에서 무슨 일이 일어나는지 기꺼이 알려준다. 다른 형태도 있다. 텔레비전 프로그램이나 영화를 보고 싶은가? 점점 늘어나는 거대한 스트리밍 플랫폼에는 수많은 가능성이 있다. 누군가와 데이트하고 싶은가? 데이트 앱에는 수많은 상대가 있다. 우리는 끊임없는 선택의 홍수에 직면하지만, 연구 결과에 따르면 선택지가 많다고 해서 선택지가 적을 때보다 항상 제대로 된 선택을 내리는 것은 아니다. 심리학자들은 이를 '선택 과부하'라고 한다. 선택 과부하의 기본 개념은 선택지가 너무 많으면 어떤 결정도 내리기 어렵다는 것이다. 인지 용량은 제한되어 있는데 최고의 선택을 내리려면 너무 많은 가능성을 고려해야 한다고 치자. 수많은 선택지 사이에서 옴짝달싹할 수 없게 된다면 선택하지 못하거나 선택하지 않으려 할 것이다.[13]

기업은 이 문제를 기꺼이 돕는다. 거대 플랫폼은 우리를 추적하고 데이터를 분석하고 과거 행동 또는 나와 비슷한 사람을 바탕으로 한 알고리즘을 사용해 우리의 선호를 예측한다. 그 결과는 무엇일까? 기업은 우리가 좋아할 수밖에 없는 선택지를 제한적으로 보여준다. 우리와 가장 잘 맞을 만한 선택지는 판매 옵션이 된다는 의미다.

예측을 통해 우리에게 제공되는 선택지가 단순해진다는 점은 칭찬할 만하다. 예측이 상당히 괜찮을 때는 특히 그렇다. 문제는 진정으로 새로운 선택지를 마주할 기회가 줄어든다는 점이다. 우리는 지금까지의 나와 가장 잘 맞는 선택지를 받는다. 안전지대에서 벗어나는 일은 언제나 힘들지만, 오늘날 우리는 새롭고 흥미로운 곳으로 인도할지도 모를 무서운 골목 안 존재와 씨름하는 데 시간을 덜 쓴다. 선택의 자유가 진정으로 존재한다면, 그 자유란 누군가가 우리를 대신해 미리 선택지를 선별해놓았다는 의미는 아닐 것이다.

인터넷이 처음 등장했을 때는 화면 저편에 있는 사람이 직접 말한 것 외에는 직접적인 정보를 거의 얻을 수 없었다. 이런 물리적 익명성은 인터넷이라는 새로운 매체에 대한 초기 낙관주의의 핵심이었다. 평소에는 무시당하던 사람이라도, 전에 자신을 대화에서 소외시켰던 원인인 신상 정보를 드러내지 않고도 자신의 의견에 귀 기울이게 만들 수 있었다. 어느 정도 플랫폼이 평등해지면 언론의 자유라는 과장된 이상이 마침내 구현될 수 있으리라 생각했다. 이는 인터넷의 민주화로 이어질 수도 있었다. 흔히 낙인찍혔던 집단이 창출한 가치를 인정하는 계기가 되었을지도 모른다. 그러나 지미 팰런 사건에서 보았듯 현실은 그렇지 않았다.

전통적인 미디어를 지배해온, 정치적 영향력이 큰 사람과 대규모 사회 집단이 당연하게도 더 새로운 미디어를 계속 지배하고 있다. 새로운 플랫폼이 등장하면 이들은 대중이 소비하도록 하기 위해 수익성 좋은 것을 우선시하고 소규모 집단은 버린다. 〈투나 잇 쇼〉에 출연한 백인 여성 애디슨 레이는 이렇게 유색인종이 만든 안무를 대표하는 얼굴이 된다. 이처럼 안타깝지만 예측할 수 있는 결과가 여럿 발생한다. 그중 하나는 많은 사람이 소셜 네트워크를 확장할 기회를 놓치고 있다는 점이다.

기술 발전이 사회적 연결과 정체성에 미친 역사적 변화

오늘날 우리가 기술에 관해 이야기하는 방식을 보면 1989년 월드와이드 웹과 2007년 첫 아이폰의 등장 같은 비교적 최근의 혁신이 대격변을 상징하고 그것이 어쩌면 사실일 수도 있다는 인상을 주지만, 이런 변화가 분명 처음은 아니다. 그러므로 오늘날의 논란에서 잠시 비껴간 옛 기술을 살펴보자.

종이를 생각해보자. 앞서 논의한 것처럼 파피루스, 양피지, 목재 펄프 종이처럼 풍부하고 쉽게 휴대할 수 있는 필기면이 발명되자 인간의 경험에 혁명이 일어났다. 제지 역사가 다드 헌터Dard Hunter는 1943년 출간된 책에서 인간의 발달을 말, 그림, 인쇄라는 세 가지 주요 단계로 나눌 수 있다고 주장했다.14 마지막 단계인 인쇄가 발명되자, 기억으로는 따라잡을 수 없을 정도로 충실하게 생각을 기록하고 예전에는 상상할 수 없을 정도의 규모로 생각을 전파할 수 있게 되었다.

종이를 이용하면 한 번도 본 적 없는 사람, 오래전에 세상을 떠난 사람, 아직 태어나지 않은 사람에게도 '말'할 수 있다. 종이는 생각을 이어주고, 그 과정을 통해 대규모의 집단적 노력이 가능하게 만든다. 사람들은 다른 사람의 생각을 바탕으로 생각할 수 있다. 로마 제국이 그처럼 거대한 관료 조직을 운영할 수 있었던 것은 파피루스 무역을 통제하면서 큰 도움을 받았기 때문이다. 로마가 기원전 30년 이집트를 정복하고 파피루스 무역을 장악하자 문자가 폭발적으로 늘었다. 정치적 선언과 계약, 문화적 관행이 제국 전체에 보급되었다.

8세기에서 14세기에 걸쳐 이슬람 세계가 중국의 종이 제작 기술을 받아들이면서 또는 여러 이야기에 따르면 전쟁 중에 이런 기술을 도용하면서 과학적 사고가 폭발적으로 늘어난 시기도 추적할 수 있다. 이 시기 구대륙 전역의 학자들은 기존 지식을 아랍어로 번역하고 필사본을 작성해 지식을 통합하고 전파했다. 여러 지적·예술적 발전 가운데서도 무엇보다 아라비아 숫자가 널리 채택되고 대수학이 발명되었으며, 아리스토텔레스 사상이 다시 힘을 얻어 서구 세계에 재도입되었다. 종이는 사람들이 서로 연결되는 방법을 확장해 인간이 할 수 있는 일의 범위를 근본적으로 바꾸어 놓았다.[15]

관계 맺고 연결되는 방식이 바뀌면 내 정체성과 가능성에 큰 영향을 미친다. 처음 종이가 개발되자 생각을 적을 수 있게 되었다. 그다음 인쇄기가 발명되자 생각을 대규모로 배포할 수 있게 되었다. 이제 인터넷 덕분에 생각을 거의 즉각적으로 세상에 내보낼 수 있다. 트윗 한 번만 올리면 멀리 있는 사람에게도 생각이 전달된다. 각 단계에서 기술은 우리가 어떻게 연결되는지, 그리고 얼마나 많은 사람과 연결될 수 있는지를 끊임없이 변화시켜왔다. 종이는 우리가 물리적 한계를 극복하고 시공간을 넘어 확장되도록 해주었고, 인쇄기는 전에는 상상할 수도 없었을 규모의 공동체를 만들었다. 그리고 인터넷은 먼 거리로 즉시 정보를 전달하고 더 많은 사람이 수십억 명에게 도달할 수 있는 잠재력을 만들어주었다.

지금까지 우리는 사람들이 서로를 이해하고 서로를 창조하는 방식을 다루었다. 가족 안에서 발달하는 자아, 집단의 중요성, 인종이나 젠더 같은 정체성의 창조와 부여에 주목한 것이다. 이제는 이런 자아가 시공간을 넘어 확장하는 데 종이나 인쇄기 같은 기술이 중요하다는 사실을 안다. 커뮤니케이션 기술의 발전으로 더 많은 사람과 상호작용할 수 있게 되었고, 거의 무한한 잠재적 관계를 맺을 수 있게 되면서 자아가 생성될 가능성의 영역이 확장되었다. 친밀한 개인적 관계와 소규모 공동체 외에도 우리는 다른 사람과 결코 직접 만나지 않아도 되는 방대한 사회 체계의 영향을 받게 되었다.

최초의 주간 신문은 1609년 독일에서 인쇄되었다. 1620년대까지 신문은 많은 식자층(글을 쓰거나 읽는 데 능숙한 계층-옮긴이)이 누리는 일과의 한 부분이었다.[16] 신문 덕분에 적어도 글을 읽을 수 있는 사람들은 매일 수백 명의 다른 사람들과 같은 정보를 읽을 수 있었다. 거대한 무리의 사람들이 처음으로 동일한 역사 속에 함께 연결되었다. 인쇄술 덕분에 다른 사람이 나와 같은 정보와 정치적 상황을 공유하고 있다고 상상할 수 있게 되자, 우리는 편협한 지역적 정체성에서 광대한 영역의 대규모 사회 집단과 연결된 정체성으로 옮겨갔다. 이런 공동체는 국가적 정체성을 구성하는 자아들 사이의 유대감으로 정의되며 통치 가능한 실체인 민족국가가 되었고, 궁극적으로 주권 국가가 되었다.

민족국가의 탄생이 자아에 미치는 사회적 영향력

민족국가 건설은 일종의 이야기를 만드는 일이다. 이런 이야기는 경계를 만들고 경계를 설명한다. 이야기는 한 무리의 사람들에게 그물을 던져 묶고 그들을 공동체로 선언한다. 민족국가의 영광스러운 탄생을 알리기 위해 노래를 만들고, 국가를 건국하거나 수호한 사람들을 기리는 기념비를 세우고, 신화적 역사와 연결되는 양식으로 웅장한 건물을 건설한다. 민족국가는 거대한 제국, 빛나는 도시국가, 강력한 왕국의 후손이 된다. 로마는 이탈리아가 되고 이오니아 도시국가는 그리스가 되며 파라오 왕조는 이집트가 된다. 그러나 앞서 언급했듯 오늘날 우리가 알고 있는 민족국가가 탄생한 지는 고작 200년 정도밖에 되지 않았다.

민족국가는 비교적 최근에 발명된 개념이지만, 오늘날 세계 정치의 지형을 지배하고 있다. 국민으로 속한 국가와 우리가 밀접하게 연결되어 있다고 느낄 수도 있고 그렇지 않을 수도 있지만, 우리가 국가의 틀 속에서 형성되었다는 사실은 거의 자명하다. 민족국가의 경계는 흔히 언어나 종교 같은 문화적 차이를 규정하는 경계선으로 이해된다. 이런 경계는 경제 활동, 교육 체계, 사법 체계, 기타 여러 제도를 구성하고, 제도는 우리 삶을 구성한다.

국가가 인생의 동반자나 가족보다 자아에 더 많은 영향을 미친다는 말은 조금 이상하게 들릴 수 있다. 보통 직계 가족이 우리의 존재에 가장 먼저 직접적인 영향을 미치고 오랜 동반자는 꾸준히 곁에서 영향을 주는 반면 '국가'는 멀게 느껴지기 때문이다. 많은 사람은 뉴스를 읽거나 투표할 때만 국가와 관계 맺지만, 오늘날 국가는 정당이나 가족, 직업적·교육적 정체성과 같은 사회 집단이 존재할 맥락을 제공한다.

민족국가는 친밀한 관계와 공동체가 작동하게 하는 맥락에 아주 큰 영향력을 행사한다. 민족국가는 우리가 상품과 노동을 교환하는 방식, 새내기 부모가 받을 것으로 기대되는 지원, 자녀를 교육하는 방식, 일하지 않고 보낼 수 있는 시간의 양, 관계에 영향을 미치는 삶의 수많은 면에 규칙을 정해준다. 민족국가는 어떤 관계가 형성되고 어떤 역할을 수행할지가 결정되는 기반을 제공한다.

민족국가의 영향력을 제대로 이해하려면 먼저 국가가 공동체에 포함된다는 것을 어떻게 정의하는지 살펴보아야 한다. 이는 종종 모호할 수 있는 문제다. 누가 여성으로 간주되는가? 누가 흑인으로 여겨지는가? 역으로 민족국가는 공식적으로 국가의 구성원 자격을 정의할 수 있다. 미국에서 시민권을 얻는 방법에는 다섯 가지가 있다. 먼저 미국 국경 내에서 태어나면 된다. 미국 시민인 부모에게서 태어나면 된다. 미국 시민과 결혼하면 된다. 미국에서 군 복무를 해도 된다. 귀화할 수도 있다. 다른 민족국가는 다른 기준을 적용하거나 기준을 바꿀 수 있으며 실제로 그렇게 하기도 한다. 예를 들어 2005년 1월 1일 이전에 아일랜드에서 태어났다면 당신은 태생적으로 아일랜드 시민권자다. 그러나 그날 이후 태어났다면 부모나 조부모의 이력에 따라 달라진다.

시민권에는 공립학교, 대중교통 기반 시설, 건강 보험, 국립공원, 우편 체계, 연방 은행 같은 국가 기관이나 산물을 통해 국가 공동체와 연결되는 일이 포함된다. 다른 사회적 정체성과 마찬가지로 이 정체성에도 권리와 책임이 따른다. 국민은 국가를 유지할 세금을 내야 하고 그 대가로 국가가 생산한 사회적 재화를 얻을 자격을 얻는다.

민족국가는 국가 공동체 자격을 통해 사람들의 삶에 큰 권한을 행사한다. 이런 권한은 보통 명시적이다. 세금을 내지 않으면 정부 기관은 상당한 벌금형을 받거나 감옥에 갈지도 모른다고 통보할 것이다. 법적 계약을 파기하면 해당 주의 법에 따라 소송당하고 큰돈을 잃을 위험이 있다. 국가가 범죄라고 정한 행위를 저질러 기소되었다면 총을 든 경찰 앞이라는 불길한 자리에 서게 될 수도 있다. 강제로 사회 규칙을 유지하는 능력은 국가가 지닌 특히 강력한 도구다. 국가는 면허 발급을 거부해 특정 업무를 수행할 능력을 박탈할 수 있고, 감옥에 가두어 신체의 자유를 박탈할 수 있으며, 경찰 같은 거리의 공무원이 집행하는 절차나 사형 같은 더 오래된 법적 절차를 통해 생명까지 앗아갈 수도 있다.

강제력을 행사하는 능력은 국가의 존재에 매우 핵심적이다. 사회 이론가 막스 베버Max Weber는 국가를 물리적 힘을 정당하게 사용하는 데 독점권을 주장하는 공동체라고 정의하기도 했다.[17] 그러나 그저 같은 규칙으로 지배받는 사람들이 아니라 서로 연결되어 있다고 느끼는 사람들의 집단인 국가 공동체가 지닌 힘은, 국가라는 기관과 국민 사이의 직접적인 상호작용을 뛰어넘는다. 국가의 진정한 힘은 개인의 신념을 형성하는 능력에 있다. 여기서 내가 말하는 신념은 사람들이 어떻게 상호작용해야 하는지에 대한 국가 공동체의 믿음이다.

주류 사회의 수용과 퀴어 공동체의 경계 변화:
동성 결혼 합법화의 의미

1986년 미국 대법원은 동성 성인 간에 구강 또는 항문 성교를 불법으로 규정한 조지아주의 소도미법(sodomy law, 성기와 성기의 결합이 아닌 성적 행위를 규제하거나 처벌하는 법-옮긴이)이 합헌이라고 의결했다. 반대 의견서에서 해리 블랙먼Harry Blackmun 판사는 법원이 "동성 간의 특정 성적 행위라는 기본권만 인정하지 않은 것이 아니다. 법원이 실제로 인정하기를 거부한 것은, 모든 사람이 타인과 맺는 친밀한 관계의 본질을 스스로 통제할 권리에 대한 근본적인 관심이었다"라고 썼다.[18] 이 판결과 이어지는 여러 판결에서 미국은 국가 공동체가 받아들일 만한 개인 간 상호작용에 대한 합의를 정의하고 형성하는 데 관심이 있음을 보여주었다. "우리는 국민이다"라는 말은 어떤 관계를 합법이라고 인정하는가? 국가는 특정 행동과 관계를 합법화해 정상으로 간주하는 한편 이런 범주를 벗어난 사람을 처벌 대상으로 여긴다. 무엇보다 중요한 것은 국가가 '진정한' 시민이 어떤 행동을 하는지를 문제 삼는 것조차 부적절하게 만들면서, 공동체의 더 넓은 문화적 가치를 형성한다는 사실이다.

법적 제도를 통제하면 국민, 즉 국가가 적절하고 친밀한 행동의 구성 요소가 무엇이라고 생각하는지에 영향을 미치고, 이런 사고방식은 '합법적인 가족'이 무엇으로 구성되는가에 대한 우리의 관념으로까지 확장된다. 가정이 어머니, 아버지, 자녀로 구성된 이성애자 '핵가족'으로 정의될 이유는 전혀 없다. 물론 아이를 갖기 위해서는 정자와 난자의 생물학적 공여가 필요하지만 부부의 임신 능력이 가정의 구조를 지배하는 것은 아니다. 그러나 일부 민족 국가는 결혼을 남성과 여성의 결합으로만 공식적으로 규정해왔다.

나는 동성 결혼 합법화 투쟁의 성공이 여러 면에서 흥미롭다고 생각하지만, 그중에서도 특히 두 가지를 강조하고 싶다. 첫째, 이런 투쟁의 목표는 결혼의 정의를 확장해 동성인 두 사람 사이의 법적 관계를 포함하도록 하는 것이지, 가족 관계를 승인하는 일에서 국가를 밀어내려는 것은 아니었다. 사람들은 국가의 힘을 인정하고 그들의 관계가 법적으로 수용될 때 제공되는 사회적 혜택을 얻기를 원했다.

둘째, 국가가 기혼 부부에게 부여하는 권리를 얻으려는 욕구는 배제된 공동체의 기존 관계에 압박을 가한다. 당신이 속한 공동체가 지배적인 내러티브를 거부함으로써 정의되거나, 결혼을 가부장제를 유지시키는 제도로 보고 연애의 자유나 선택을 억압하는 수단이라고 믿는 것이 퀴어 공동체의 정체성의 일부라고 해보자. 그렇다면 동성 결혼이 민족국가에서 정의한 결혼으로 수용된다는 것은 집단의 경계를 약화하는 동화정책으로 읽힐 수도 있다. 즉 동성 결혼이 받아들여지면 게이 공동체의 경계가 바뀔 수도 있다.

주류에 수용되려면 공동체가 자아를 정의하는 방식이 바뀌어야 한다는 대가가 발생할 수 있다. 퀴어 공동체가 연애 관계를 바라보는 기존 표준 모델을 함께 거부하는 것으로 정의된다면, 당신이 주류에서 받아들여질 때 공동체와 당신의 자아는 어떻게 될까? 주류에서 동성 결혼을 받아들이는 것이 '타자'의 지위를 상실하는 것을 의미한다면, 게이 및 레즈비언 공동체는 여전히 동일한 공동체라고 할 수 있는가?

국가는 어떻게 강제력을 행사하며,
공동체와 자아의 경계를 정의하는가?

국가는 규칙을 강제해야 하지만 가장 강력하고 효과적인 국가는 가능하면 무력 사용을 피한다. 국민이 국가의 규칙을 자발적으로 받아들이지 않는다면 국가는 국민에 대한 통제력을 상실한 것이다. 사람들이 잡혀갈지도 모른다고 생각할 때만 도로 규칙을 따른다고 생각해보자. 도로는 아수라장이 될 것이다. 사람들을 항상 효율적으로 감시하려면 비용이 너무 많이 들기 때문에 국가는 자발적으로 규칙을 따르는 사람들에 의존한다.[19]

국가는 극단적인 감시와 힘으로 사람들을 통제할 수 있지만, 무력만으로 공동체 사람들이 상호작용하는 방식을 통제하기는 매우 어렵다. 폭력을 사용하면 관계가 원활하게 작동하지 못하게 되고 원활한 상호작용에서 발생하는 혜택이 모두 가로막힌다. 복잡하지만 매끄럽고 대부분 자발적인 상호작용에서 생성되는 모든 사회적 재화를 떠올려보자. 누군가 불쑥 튀어나와 부딪칠까 봐 두려워하지 않고 차를 운전하고, 아이들을 학교에 내려줄 때 전문 교육자들이 아이들을 잘 돌봐주리라 기대하고, 카드나 현금을 꺼내 물건이나 서비스료를 지불할 때도 처음 보는 사람이 의심 없이 그 지불을 수락하리라고 기대할 수 있다.

기업의 설립은 국가가 사람들 간의 상호작용을 수월하게 만드는 방법의 전형이다. 예를 들어 법적 틀은 계약을 강제할 수 있어 불신이라는 비용을 줄인다. 사람들은 상대방이 합의 내용을 지키지 않으면 국가에 의지해 비용을 회수할 수 있다는 사실을 안다.

이를 통해 사람들은 더 쉽게 협력해 가치 있는 상품과 서비스를 만들고 공동체의 삶의 질을 향상한다. 국가는 사람들이 생각할 수 있는 것, 즉 현실 경험을 바꾸어 무력을 사용하지 않고 서로 상호작용하는 방식을 형성할 때 가장 효율적으로 기능한다.[20]

가장 강력한 형태의 국가는 희생하려는 의지를 끌어낸다. 타인과의 연결, 당신이 타인과 함께한다는 생각, 이런 타인이 당신 일부를 구성한다는 생각이 있다면 국가의 이름으로 고통받고 심지어 죽을 수 있다. 국가와 자신을 동일시할 때, 국가를 위해 죽는 것은 계속 살기 위해서다. 국가가 유지된다면 육신이 죽는다 해도 자아는 계속 이어질 것이기 때문이다.

국가가 특히 강력할지는 모르지만, 그 작동 방식은 다른 거대한 사회 집단과 마찬가지로 운영된다. 흔히 국가를 떠올릴 때 물리적 장소를 떠올리겠지만 국가에 꼭 영토가 필요하지는 않다. 내일 침략자가 쳐들어와 이 땅이 자신의 것이라고 주장한다면 국가에 대한 유대감이 사라질까? 그렇지는 않을 것이다. 국가가 더는 세계지도에 존재하지 않더라도 애국자들 사이에서 하나의 관념으로 계속 존재할 수 있고 아마 계속 존재할 것이다. 우리는 국가 없는 민족stateless nation의 일부가 된다.

역사에는 자치 민족국가가 되려는 민족 운동의 사례가 넘쳐난다. 2017년 스페인 카탈루냐 지방의 정치인들은 카탈루냐를 독립 민족국가로 선언했다. 이후 스페인 정부는 국민투표가 위헌이라고 선언했다. 인류 역사 상당 부분 동안 유대인은 스스로를 국가 없는 민족으로 규정했다. 오늘날 로마니족, 퀘벡인, 나바호족, 쿠르드족, 타밀족, 티베트인 그리고 여기에 포함되지 않은 수많은 사람이 자신을 국가 없는 민족으로 규정한다. 민족은 민족이라는 개념으로 서로 결속된 자아로 이루어진 공동체다. 국기, 공용어, 국가國歌, 심지어 지정학 등 다른 모든 것은 그저 여러 자아를 하나로 모으거나 유지하는 역할을 할 뿐이다.

국가를 단일 개념인 '국민people'으로 정의하면 국민 사이에 분열이라는 문제가 제기된다. 국민의 뜻에 기초한 국가에서 어떻게 다양한 국민이 연대하고 그 연대를 유지할 수 있을까? 가장 쉬운 방법은 가장 강력한 집단에 우선권을 주는 것이지만 이 경우 열성적인 반체제 인사가 나타나면 국가는 약화된다. 정치적 소수 집단의 분노로 타격을 입은 민족국가도 많다. 스리랑카의 타밀 호랑이 Tamil Tigers, 영국의 아일랜드공화군Irish Republican Army, IRA, 남아프리카 공화국의 아프리카민족회의African National Congress, ANC는 공동체가 살던 민족국가에 공개적으로 도전한 정치 운동 가운데 일부에 불과하다.

국가에서 일어나는 정치적 논쟁은 흔히 선거에서 누가 선출되어야 하는지, 누가 국가의 혜택을 받고 국가를 통제해야 하는지에 관한 질문을 두고 분열된다. 민족국가는 국민을 폭넓게 정의할 방법을 찾아 정치적으로 독자생존하고 힘을 발휘할 수 있어야 하지만, 동시에 국가를 관리할 수 있도록 '국민'에 누가 포함될지 그 경계를 명확하게 유지해야 한다.21

민족국가의 인종적 지배와 사회적 불평등으로 인한 국가 정체성 위기

많은 민족국가가 적어도 부분적으로는 인종적·민족적 다수로 정의된다. 일부 집단이 국가 기구에 큰 통제력을 행사한다는 점에서 그렇다. 이 집단은 국가 공직을 불균형하게 점유하고, 교육 기회에서 더 많은 혜택을 얻고, 경찰력을 덜 경험하고, 형사 사법 제도에서 더 나은 대우를 받는다. 민족국가는 흔히 이런 집단으로 조직되어 지배력을 유지한다. 집단에 유리한 의사 결정 규칙을 만들어 집단의 지배력을 유지하기도 한다. 예를 들어 투표 기회를 지배 집단으로 제한할 수도 있다. 미국에서 투표권은 원래 재산을 소유한 비교적 적은 수의 백인 남성으로 제한되어 있었다. 지배 집단은 가치있는 자원 그리고 사람들이 이런 자원을 정당하게 얻으려 할 때 필요하다고 여기는 요소를 통제하며 유지될 수도 있다. 소수가 다수의 의지를 차단할 수 있는 의사 결정 규칙을 집중적으로 통제할 수도 있다. 가령 입법을 변경할 때 투표권자의 3분의 2처럼 압도적 다수가 필요하다고 요구하는 메커니즘이 그런 사례다. 이 모든 사례에서 '국민'의 지배력을 유지하려는 움직임은 민족국가가 작동하는 방식 속에서, 흔히 인종이나 민족의 관점으로 규정되는 사회적 자아의 중요성을 드러낸다.

민족국가의 제도를 통제하는 집단에 속해 있다는 것은, 당신이 그 국가의 국민으로서 보장된 권리와 자유를 누릴 수 있는지 여부에 직접적인 영향을 미친다. 당신은 무작위적인 폭력으로부터 보호받을 수 있는가? 국민에게 할당된 혜택을 온전히 기대할 수 있는가? 당신이 속한 민족국가가 특정 인종-민족으로 구성되었는

데 당신이 지배적인 인종이나 민족이 아니라면, 시민권을 받을 수는 있겠지만 '올바른' 유산을 지닌 사람들만큼 국가 일원으로서 동일한 혜택을 받지 못할 가능성이 크다.[22,23]

연구에 따르면 어떤 나라에서든 민족국가 전반에 걸쳐 지배적인 인종이나 민족 구성원은 다른 구성원보다 더 나은 교육 성과를 얻고 돈을 더 많이 벌고 더 오래 산다. 미국에서는 백인 남성이 흑인 남성보다 평균 약 4년 더 오래 살 것으로 기대된다. 호주에서는 2018년부터 2019년까지 원주민의 주당 소득 중간값이 다른 호주인의 주당 소득 중간값보다 약 65퍼센트 낮았다. 이런 위계 구조는 민족국가의 본질에 녹아들어 있다.

신성한 권위로 세워진 군주제가 왕위 계승의 안정성에 의존하듯, 민족국가가 제공하는 체제는 민족에 대한 안정적인 이해에 의존한다. 누가 한 국가의 '국민'으로 인식되는지에 대한 질문은 전쟁, 반란, 혁명 같은 위기를 촉발할 수 있다. 민족의 정의는 갈대처럼 흔들리면 안 된다. 민족의 정의가 실존적 변화를 겪으면, 즉 누가 '국민'으로 인식되는지가 달라지면 혼란이 일어난다. 집단을 구성하는 자아가 달라지고, 기존 애국자들이 자신의 자아가 더 이상 그 나라를 정의하지 않는다고 느끼면 이들은 자기 민족을 구하기 위해 나라를 파괴할 수도 있다.[24,25,26]

내가 이 글을 쓰는 동안 미국에서는 대부분의 경제적·신체적 복지 측면에서 백인이 계속 우위를 점하고 있는데도, 일부 백인 민족주의자들은 백인대체이론(White Replacement Theory, 소수민족이 백인을 대체할 것이라며 혐오를 부추기는 음모론-옮긴이)을 주장한다. 이 이론은 일부 음지의 지식인들이 백인 미국인을 소수민족으로 대체

할 계획을 품고 있다고 주장한다. 어떤 자아가 미국인이라는 개념을 정의하는지에 대한 노골적인 근심이다. 2021년 5월, 미국 법무장관 메릭 갈런드Merrick Garland는 의회에서 미국이 직면한 가장 큰 국내 위협은 "인종적·민족적 동기를 지닌 폭력적인 극단주의자", 즉 "특히 백인의 우월성을 옹호하는 자들"이라고 증언했다. 사람들은 공동체를 정의하는 힘을 쉽게 포기하지 않는다.[27,28]

일부 백인 미국인이 자신이 '진짜' 미국인이라는 신념을 지키기 위해 기꺼이 폭력에 가담한다는 사실은, 사람들이 자신의 자아감을 국가 정체성에 얼마나 강하게 결속하고 있는지를 드러낸다. 백인이 아닌 다른 민족으로 규정된 미국인이 더 많은데 사람들이 왜 그렇게 신경 쓰는지 궁금할 수도 있다. 미국을 백인의 나라로 정의하는 사람들에게 인구 구조의 변화는 국가의 파괴처럼 느껴질 수 있다. 주변에 '그런 사람들'이 있다는 것과 그들이 '우리' 국가에 넘쳐나도록 놓아두는 일은 별개다. J. K. 롤링이 '월경하는 사람들'이라는 말에 반대한 것과 같은 논리다. 남성과 여성의 정의가 바뀌도록 허용하면, 흔히 받아들여지는 젠더에 대한 통념을 깨고 젠더에 대해 공유된 합의를 바탕으로 정의되는 관계를 재고해야 한다. 국가 보호, 젠더 보호, 인종 집단 경계 보호는 곧 자아를 보호하는 일이다.

국가의 거주지 정책으로 인한 자아와 사회적 환경의 상호작용

국가가 사람들의 삶에 미치는 영향을 알아보고 싶다면 사람들이 사는 곳만 보아도 충분하다. 1940년대와 1950년대, 그리고 1960년대에 이르기까지 미국 연방주택관리청Federal Housing Administration은 흑인 가족의 연방 지원 주택담보대출을 제한함으로써 교외 주택을 거의 구매하지 못하게 했다. 이와 대조적으로 백인 가족은 도시 지역을 떠나 교외로 대거 이주했고 새 주택을 구매할 때 정부 보조금도 받았다. 그 결과 교외의 대규모 지역 사회는 백인들로 구성되었고 자원이 박탈된 도심 지역에는 흑인이 채워졌다. 대중교통이나 도로를 어디에 배치할 것인가 같은 결정조차 새로운 공동체의 존속 가능성에 영향을 미쳤다. 교외에 거주하는 사람들은 직장이 있는 도시로 통근하기가 훨씬 쉬워졌지만, 다른 면에서 도로가 도심을 관통하면서 소음과 공해가 발생하고 공동체 공간을 파괴했다. 이러한 구조적 선택들의 결과는 요람에서 무덤까지 개인의 삶 전반에 걸쳐 영향을 미친다.[29,30]

거주지는 그 사람이 맺는 상호작용과 관계, 즉 이 책 전체에서 우리가 알게 된 자아 형성 메커니즘의 주요 원천이다. 다른 곳에서 태어나 다른 사람들에게 둘러싸여 있다면, 자원이 풍부한 환경에서 태어났거나 반대로 자라면서 즐기던 것을 박탈당했다면 우리는 어떤 사람이 되었을까? 나는 주로 시카고 남부에서 자랐다. 운 좋게도 상당한 교육 기회를 제공할 자원이 있는 학교에 다녔다. 고등학교 때 수업을 여러 번 빼먹기 시작하자 선생님이 큰 관심을 보여주었고, 덕분에 계속 순조롭게 학업을 마칠 수 있었다. 대학에서 교수들은 심리학 박사 학위를 받는 것이 어떠냐고 제안했다. 대학원 지도교수는 심리학이라는 렌즈를 통해 세상을 보라고 가르쳐주었다. 이들 한 사람 한 사람이 내 인생의 방향을 결정했다. 어린 시절 환경이라는 행운에서부터 이어진 이런 일련의 영향 없이 지금의 나로 사는 것이 가능할까? 아마 그렇지 않을 것이다. 나는 내 환경의 총합이자 당시 어디에 살았는지의 결과로 내 삶에 들어온 사람들의 총합이다.

사회적 구조와 국가는 개인의 결과에 영향을 준다

만약 자신이 처한 환경과 관계없이 지금의 자신이 당연히 그렇게 되었으리라 믿는다면, 성공한 사람은 자신의 성공을 정당화하고, 실패한 사람은 의지력으로 운명을 바꿀 수 있다고 믿게 된다.[31,32] 우리가 어떤 사람인지, 무엇을 이루었는지는 대부분 우리가 속한 환경과 함께하는 사람들의 영향 속에서 형성된다는 현실은, 마땅히 누릴 자격이라는 주장에 의문을 던진다. 성과가 오직 재능과 노력의 결과라는 생각은 처음부터 완전히 터무니없다. 사람들이 이 말을 진정으로 믿는다면, 자녀에게 지위 경쟁에서 생각할 수 있는 모든 이점을 주려고 그렇게 많은 걱정을 하거나 돈을 쓰지는 않을 것이다. 사람마다 재능이나 노력이 다르지 않다거나 이런 차이가 결과에 영향을 미치지 않는다는 뜻은 아니다. 그러나 이것이 어떤 사람의 결과를 결정하는 유일한 요인이라고 말하는 것은 우스꽝스럽다. 오히려 이런 것들이 주요 결정 요인이라고 말하는 편이 조금 덜 어리석어 보인다. 같은 사람이 베트남과 미국에서 태어났다면 분명 둘의 결과는 다를 것이다. 나는 여기에서 더 나아가 서로 다른 두 사람이 미국에서 태어났거나 베트남에서 태어났을 때 각 나라에서 두 사람 사이의 차이 역시 같지 않다고 말하고 싶다. 다시 말해 사람들이 지닌 기회는 국가에 따라 다를 뿐만 아니라 국가 안에서도 사람들은 지능이나 근면성만으로 서열화되지 않는다. 사회적 구조만 다른 집단 사이에서도 유의미한 차이가 발생한다는 사실은 이런 주장에 무게를 싣는다.

국가가 만든 집단 간의 차이가 어쨌든 국가 운영 때문에 형성된 것은 아니라는 생각은 말이 되지 않는다. 사회 체계, 특히 국가와 연관된 체계의 운영을 참조하지 않고 집단 간의 차이를 설명하려면 집단의 본성을 보는 본질주의적 신념이 필요하다. 일부 집단은 선천적으로 더 우수하고 똑똑하며 열심히 일한다는 믿음 말이다. 집단 간 차이가 사회적 권력의 운영을 나타낸다고 보거나, 생물학적 방식으로 그 차이를 설명할 수도 있다. 그러나 앞서 주장한 것처럼 집단이 사회적 구성물이라면, 단점이든 장점이든 모든 불평등은 집단의 타고난 특성을 나타낸 것이 아니다. 사회 집단에는 타고난 특성이란 없기 때문이다.

국가의 정체성과 자유의 충돌: 애국심과 정치적 결정의 교차점에서

사람들은 국가가 개인의 선택과 삶의 가능성을 완전히 통제하도록 내버려두는 것을 본능적으로 거부한다. 그 점은 이해할 만하지만 국가의 진정한 힘을 잘못 이해하는 경우가 많다. 자신이 국가로 정의된다는 것은 어떤 사회 집단이든 그 집단 구성원의 자격에 수반되는 특정 제한을 받아들인다는 것이다. 국가가 지나치게 제한을 가한다고 비난하는 애국자들은 그들의 애국심 역시 자유를 포기하는 것을 시사한다는 점을 깨닫지 못한다. 자유를 희생하지 않고도 국가 정체성이 존재할 수 있는 듯 행동한다면, 자아와 국가의 본질을 전부 오해하는 것이다. 국가가 총기 구매를 허용할지, 백신을 맞도록 강요해야 하는지 걱정하는 것은 합리적인 논쟁거리다. 그러나 국가의 진정한 힘은, 자신을 스스로 애국자라고 정의하려면 특정한 신념을 지녀야 한다고 요구하는 능력에 있다. 어떤 면에서 진정한 미국 애국자가 된다는 것은 미국이 근본적으로 선하고 모든 영역에서 탁월하다고 믿는 것이다. 이런 신념을 지니려면 자유에 필요한 다른 가능성들을 애써 외면해야 한다. 맹목적인 추종과 맹목적인 지지는 자유에 반한다. 그러나 이 자유는 사람들이 자신이 속한 집단, 따라서 자신의 자아를 선택받은 자라고 여길 때 기꺼이 지불하는 대가일 것이다.

계속 생각을 이어보자. 권력, 정체성, 그리고 관점이 교차하는 지점에 대해 한 가지 중요한 점을 덧붙이고 싶다. 일부 집단은 자신의 세계관을 객관적이거나 중립적이라고 볼 수 있는 힘이 있다. '어디에도 속하지 않는 관점'에서 나온 이런 견해는 그들이 속한 집단의 이익에 도움이 되거나 최소한 도움이 되는 듯 보인다. 한편 다른 집단의 입장은 그들의 사회적 정체성에서 나온다고 추정되며, 따라서 덜 '합리적'이거나 덜 중립적이라고 인식된다. 여기서 우리는 '에서'와 '위한'을 구분해야 한다. 모든 정치적 입장은 어떤 정체성'에서' 나오지만, 반드시 그 주장을 내놓은 사람이 속한 사회 집단의 이익을 '위한' 것은 아니다.

일부 집단의 이익을 포착하기 위해 '정체성 정치'라는 문구를 사용하는 것에서 권력과 정체성의 협업을 볼 수 있다. 정치를 사람들이나 집단 간의 관계를 통치하는 일에 대해 개별적·집단적 결정을 내리는 것으로 이해한다면 모든 정치는 정체성 정치다. 사람들이 내리는 결정은 그들이 누구인가에 뿌리를 두고 있다. 자신이 누구인지가 세상을 바라보는 지각을 형성하기 때문이다. '어디에도 속하지 않는 관점' 같은 것은 없다.

우리가 서 있는 위치가 사회적 정체성에 중요하다

이 책 전반에 걸쳐 논의한 것처럼 우리 모두는 한 사람도 빠짐없이 사회적 공간 안에 있으며 사회적 정체성을 지닌다. 이런 정체성은 우리의 선호에 영향을 미친다. 우리는 모두 어디선가 판단을 내린다. 자신의 태도에 대해 신중하게 생각할 수 없다거나 모든 입장이 똑같이 타당하다는 말이 아니다. 누군가 다른 사람의 견해를 특정 사회적 관점에서 비롯된 것이라고 깎아내릴 때는 즉시 의심해봐야 한다는 뜻이다. 사람들이 자신의 정체성 자체에서 영향받는다는 생각은 비판을 위한 잘못된 근거가 된다. 이런 영향은 특히 비판하는 사람을 포함해 모든 사람에게 적용되기 때문이다.

우리의 판단이 사람들을 어떻게 통치해야 하는지를 규정할 때, 우리가 서 있는 위치는 상당한 무게를 지닌다. 정치 영역에서 우리는 공동으로 생산된 사회적 재화 할당은 물론 생산과 관련된 비용에 대해 결정을 내린다. 공적 재화를 위한 자원인 세금을 걷는 방법, 상충하는 사회적 욕구에 우선순위를 부여하는 방법, 사람들이 누려야 할 자유의 본질과 범위, 안전을 위해 사람들이 감내해야 하는 자유의 한계를 결정한다. 우리가 내리는 결정은 사람들이 살고 죽는 방식에 영향을 미친다. 따라서 이러한 결정의 중요성을 고려한다면, 사람들이 자신이 사회적 맥락 속에서 정확히 어디에 서 있는지를 성찰해야 한다는 요구는 결코 과도하지 않다.

당신과 모든 것

9장

삶의 의미는
어디에서 오는가?

삶의 의미와 죽음의 선택: 삶의 본질을 발견하는 과정

사람들에게 무엇이 인생을 의미 있게 만드는지 묻는다면 가족, 친구, 건강, 직업 등을 이야기할 것이다. 분명 의미가 있는 것들이지만, 조금 더 깊이 들어가보자. 이런 것들은 왜 우리에게 의미가 있을까? 인생이 의미 있다고 느끼려면 무엇이 필요할까? 의미란 우리가 만드는 것이고 의미의 핵심에는 자유롭다는 느낌과 자아가 있다고 말해도 놀랍지 않을 것이다.

삶의 의미에 대해 생각할 때 가장 먼저 떠오르는 것은 죽음이다. 삶이 어디에서 끝나는지 살펴보면 우리가 어디에 있는지, 무엇이 우리를 목적지로 데려가는지 더 명확하게 살필 수 있다. 후회하며 떠날까? 체념한 채 슬픔을 안고 떠날까, 아니면 만족하며 떠날까? 삶이 끝났다는 사실에 그저 기뻐할 수도 있다. 여정이 끝나는 방식은 여정 자체를 명확하게 만든다.

나는 집에서 사랑하는 사람들에게 둘러싸여 비교적 고통을 적게 받으며 우아한 죽음을 맞고 싶다. 사람들은 좀 더 적극적으로 삶을 끝내는 방식에 개입하기도 한다. 임무를 수행하다 죽을 수도 있다는 사실을 알면서도 전쟁터에 나간다. 스스로 목숨을 끊는 일은 가장 두드러지는 사례다. 대부분의 사람은 적극적으로 죽음을 받아들이기를 피하지만, 죽음을 선택한다는 것은, 우리가 삶에 어떤 의미를 부여하며 그 의미를 어떻게 경험하는지를 보여준다.

1963년 6월 11일, 승려 틱꽝득Thích Quảng Đức은 남베트남 정부의 불교도 박해에 항의하기 위해 사이공의 번화한 교차로에서 분신했다. 사망하던 날 그는 차에서 내려 도로에 방석을 놓고 앉았고 동료 시위자가 그의 머리에 가연성 액체를 부었다. 그다음 그는 염불을 외고 스스로 성냥을 그었다. 목격자들에 따르면 지켜보던 사람들은 통곡했고 시위하는 승려들을 통제하던 경찰을 포함한 일부 사람들이 불타는 그의 시신 앞에 엎드려 절했다고 한다. 그 순간은 이제는 상징적인 사진으로 남았다. 틱꽝득은 많은 승려와 시민들이 지켜보는 가운데 화염에 휩싸인 채 길 한가운데에 고요히 앉아 있다.

그다음 주 승려 네 명과 비구니 한 명이 그를 따라 같은 방식으로 공개 자살했다. 틱꽝득의 행위는 결국 디엠 정권의 몰락을 촉발한 주요 사건으로 여겨진다. 그의 몸이 불타는 모습을 담은 사진이 전 세계로 퍼져나갔고 국제적 반응을 일으키며 디엠 정권에 상당한 압박을 가했다. 남베트남 정부는 결국 불교도들의 요구에 순순히 따르게 되었다.

2010년 12월 17일, 튀니지에서 채소 장사를 하던 스물여섯 살의 타리크 알타이브 무하메드 부아지지Tarek el-Tayeb Mohamed Bouazizi는 자기 몸에 시너를 붓고 지역 관공서 앞에서 분신했다. 추정에 따르면 당국은 수년간 부아지지를 괴롭혔다고 한다. 최근에는 채소 수레와 저울을 빼앗고 뺨을 때리며 모욕하기도 했다. 그는 자기 몸에 시너를 붓고 성냥을 긋기 직전 "어떻게 먹고살라고!"라고 계속 외쳤다고 한다. 많은 이들은 그의 행동이 좌절감에서 왔다고 여겼다. 그러나 몇 시간 만에 그의 자해는 시위로 이어졌고 결국 23년이나 튀니지를 통치했던 지네 엘아비디네 벤 알리Zine al-Abidine Ben Ali의 축출로 정점에 이르렀다. 부아지지는 사건 이후 혼수상태에 빠졌고 그 후 한 달도 채 되지 않아 사망했지만 그는 '아랍의 봄'으로 알려진, 나라 전역에서 권위적인 정권에 저항한 일련의 정치 운동의 시발점으로 기억된다.

그렇다면 누군가 자기 삶을 끝내기로 선택한다는 것은 무슨 의미일까? 그런 선택은 삶의 의미와 본질에 대해 무엇을 드러낼까? 승려와 채소장수는 둘 다 신체적으로 같은 행위를 했지만 그 결과에는 중요한 차이점이 있다. 틱꽝득은 화염이 자기 몸을 태울 때 침착하게 연꽃처럼 가부좌를 틀고 앉아 있었다. 말 그대로 몸이 불타고 있는데도 그는 놀랍게도 외부 세계에 영향받지 않는 듯했다. 승려는 스스로 목숨을 끊는 행위에서 최대한의 효과를 끌어내고자, 자기 죽음을 둘러싼 스펙터클을 계획하고 조정했다. 물론 다른 사람들은 이후 그의 삶에 의미를 부여함으로써 그의 행동에 반응했다. 그는 사망한 다음 추앙받았다. 오늘날 호치민시에는 그의 희생을 기리는 동상이 있다.

틱꽝득과 대조적으로 타리크 알타이브 무하메드 부아지지의 행동은 자기 삶을 그다지 가치 있게 여기지 않는 사람, 더 정확하게는 다른 사람이 자기 삶에서 의미를 빼앗아 결국 살아갈 가치를 잃었다고 느낀 사람의 행동이었다. 채소장수의 이야기는 자신이 통제할 수 없는 사회적 강요에 갇혀버렸다고 느낀 사람의 이야기다. 그의 삶은 외부 환경에 제약받아 결국 절망에 빠졌다. 그에게 부족한 것은 자유롭다는 느낌이었다. 자기가 기른 채소를 팔 수 없고 가족을 부양할 수도 없고 자신을 보호할 수도 없다는 눈에 보이는 제약을 마주하자, 그는 살아갈 의지를 잃었다. 어떤 면에서 그가 스스로 불을 붙인 행위는 자유를 주장하는 행위였다.

승려의 삶은 많은 이가 '의미 있는 삶'을 떠올릴 때 연상하는 모습이다. 자신의 운명을 스스로 통제한다고 느끼며, 안락함이나 육체적 쾌락을 넘어선 무언가에 인생을 헌신하기로 결심한 삶이다. 승려들이 고귀한 대의를 위해 봉사하거나 단순한 일을 완수하는 데 기쁨을 느낀다고 생각할 수도 있다. 그런 삶이 모두에게 맞지는 않지만, 승려의 삶에서 어떤 의미를 찾는 사람들을 쉽게 떠올릴 수 있다. 승려의 삶은 훌륭하고 채소장수의 삶은 안타까워 보이겠지만, 이런 차이에도 불구하고 두 사람은 모두 중요한 정치적 변화를 불러일으켰다. 두 사람의 삶은 모두 의미를 갖게 되었다.

삶을 산다는 것의 의미와 삶을 의미 있게 경험한다는 것은 전혀 다르다. 삶을 산다는 것의 의미는 삶을 구성하는 개별 사건에서 온 사실로부터 회고적으로 구성될 수 있다. 이렇게 할 수 있다는 것은 삶을 최대한 의미 있게 경험한다는 것과는 다르다. 당신이 세상을 떠난 뒤 당신의 삶에 의미를 부여하는 일은 다른 이들의 몫이다. 그들은 당신을 대신해, 어쩌면 자신을 위해 그 일을 이어가겠지만, 그렇다고 지금 이곳에서 당신이 살아 있는 동안의 시간을 의미 있게 만들어주지는 않는다. 다시 말하면 지상에서의 시간이 무의미하게 느껴졌더라도 육신의 죽음 이후 자아는 의미를 지닐 수 있다. 그러나 여기에서는 다음 질문에 집중해보자. 삶이 의미 있게 느껴지는가?

삶의 의미: 연결과 시간의 중요성

어떤 것이든 의미가 있으려면 세상이 이치에 맞아야 한다. 세상은 질서정연해야 하고 우리는 그 안에서 자신의 위치를 찾을 수 있어야 한다. 이런 행동은 우리가 누릴 수 있는 자유를 제한하고 심지어 우리가 용인할 만한 자유의 양을 한정한다. 앞서 논의한 바와 같이 완전한 자유는 아마 얻을 수 없을 것이다. 완전한 자유를 사회적 영향을 받지 않는 상태로 이해한다면 그런 자유는 우리의 인간성과 양립할 수 없다. 인간이 된다는 것은 다른 사람들과 관계 맺는다는 것이다. 사회적 영향을 전혀 받지 않는다면 다른 사람과 관계 맺는 것 자체가 불가능해진다. 타인은 그저 내가 누구인지 보여주는 것이 아니라 내가 누구인지를 정의하고, 내 자아들 사이의 긴장은 '영혼'을 갈기갈기 찢어놓을 수 있다. 사람들은 우리의 영혼을 산산조각 낼 수 있다. 장 폴 사르트르Jean-Paul Sartre가 말한 것처럼 "타인은 지옥이다!"[1]

당신을 당신으로 만드는 바로 그 관계와 상호작용은, 타인이 존재하는 한 당신이 완전히 자유로울 수 없다는 사실을 분명히 전한다. 갇혀 있다는 느낌이 들면 불필요한 관계나 자신을 얽매는 힘에서 벗어나고 싶어질 수 있다. 그러나 다른 사람을 피한다고 해서 의미 있는 삶으로 이어질 것이라 기대할 근거는 거의 없다. 타인과 그들이 부여하는 제약이 없다면 삶은 일관성을 잃고, 우리도 일관성을 잃게 된다. 일관성이 없는 곳에는 의미도 없다.

자유롭게 선택할 수 있다면 그렇게 하고 싶은가? 무엇을 선택해야 하는지 어떻게 알 수 있는가? 대학 교수가 되기로 한 나의 선택과 그 목표를 이루기 위해 내려야 했던 모든 선택을 떠올려보자. 내가 자유롭게 선택했다고 말한다면, 친구와 가족이 내게 미친 영향 그리고 그 선택을 내릴 때 따르는 사회적 비용과 이점을 무시한다는 것은 그 모든 관계를 부정하는 일이다. 우리는 자신이 바라는 결과로 이끄는 좋은 선택을 내리고 싶어 한다. 우리가 내리는 선택이 다양한 방식으로 세상에 연결되기를 원한다. 연구에 따르면 삶의 의미는 목적을 경험하는 일과 관련 있다. 목적이 있으려면 우리의 선택은 순간순간의 존재를 넘어선 더 큰 존재와 연결되어야 한다.

삶의 의미가 중요하다고 이야기하면 사람들은 그런 것에 신경 쓰는 일은 돈 많은 사람, 별다른 생각이나 노력을 하지 않아도 생존이 보장된 사람이나 누릴 수 있는 특권이라고 대답하기도 한다. 그러나 나는 이런 생각에 반대한다. 청구서를 어떻게 낼지 걱정하거나 먹고살 걱정만 하는 사람도 분명히 있지만 그런 사람들이라고 살아가는 방식이나 삶의 의미에 아무런 관심이 없다고 단정할 이유는 무엇인가? 사람들이 '낮은 수준'의 욕구를 충족한 다음에야 의미를 추구한다고 생각하면, 의미란 인간이라면 누구나 추구하는 본질이 아니라 일종의 사치라고 치부하게 된다. 나는 우리 모두 현재 순간을 넘어선 것에 관심이 있다고 주장하고 싶다. 삶의 의미를 갖기 위해 삶의 의미라는 질문을 의식적으로 곱씹거나 그 질문에 대해 목소리를 낼 필요는 없다. 인생은 우리가 그것을 얼마나 세심히 살펴보려 애쓰는지, 아니면 그렇지 않은지에 따라 의미 있게도, 의미 없게도 느껴진다.

삶의 의미를 살펴봐야 할 이유는 충분하다. 자기 삶이 의미 있다고 말하는 사람들은 다른 사람들에게 더 매력적으로 보인다. 심리적 장애 비율이 낮고 인지 저하가 더디고 더 오래 산다. 삶의 의미를 느끼는 일이 얼마나 중요한지 알게 되면 우리는 삶의 의미가 무엇인지 물을 것이다. 다음은 심리학자들이 내놓은 한 가지 정의다.

의미란 우리의 경험을 이해하고, 원하는 미래를 이루기 위해 힘을 쏟을 계획을 세우는 데 도움을 주는 연결과 해석의 망이다. 의미는 삶이 중요하다는 감각, 우리가 삶을 이해할 수 있다는 확신, 그리고 삶이 단지 1초나 하루, 몇 년의 합이 아니라는 믿음을 준다.[2]

다른 정의도 있다.

삶이 사소하거나 순간적인 것을 넘어선 무언가로 느껴질 때, 즉 목적이 있거나 혼돈을 초월한 일관성이 있다고 느껴질 때, 우리는 삶을 의미 있는 것으로 경험한다.[3]

이런 정의는 의미를 심리학적으로 이해할 때 중요한 주제를 포착한다. 두 가지가 눈에 띈다. 첫 번째 주제는 의미가 연결과 관련 있다는 점이다. 두 번째 주제는 시간이다. 두 정의 모두 현재 순간을 넘어선 무언가, 지구상에서 우리가 보내는 시간의 단순한 합보다 더 중요한 무언가가 지닌 중요성을 명시적으로 언급한다.

이 두 가지 주제인 연결과 시간을 통해 의미를 자아와 자유라는 개념에 연결할 수 있다. 연결은 일관성을 만든다. 우리는 사회적 연결이라는 맥락에서 자신이 어떤 사람이고 누군지 알 수 있다. 자아를 형성하는 연결 역시 시공간을 초월해 우리를 타인과 결속한다. 예를 들어 한 국가의 국민이 된다는 것은 일상적이고 일시적인 선을 넘어선다. 우리는 국가 역사의 일부가 되어 국가 미래의 건설을 돕는다. 국가는 우리의 일부이고 우리는 국가의 일부다. 자아를 만드는 연결에는 어떤 의미에서 불멸에 대한 약속이 담겨 있다.4

삶의 의미를 찾기 위한 구조와 자아의 역할

의미를 발견하려면 우리는 주변 세계에서 구조를 인식하고, 어떤 식으로든 그 구조와 연결되어야 한다. 그렇게 하려면 관점이 필요하고 관점을 지니려면 자아가 필요하다. 우리는 혼란스러운 세상에 일관성을 부여하고 의미를 만들기 위해 자아를 구성한다. 자아는 우리가 타인과 관계 맺는 방식에 관한 이야기를 들려준다. 세상을 이해해야 할 때 우리는 자아에 관해 이야기한다.

올리버 색스Oliver Sacks는 저서 《아내를 모자로 착각한 남자》에서 심각한 기억 장애를 앓고 있는 환자를 만난 경험을 자세히 설명한다. 이 이야기에서 '코르사코프 증후군Korsakov syndrome'을 앓는 환자는 주변 사물과 사람을 단서 삼아, 자신이 이해할 수 없는 세계 속에서 끊임없이 이야기를 구성하며 세상을 다시 구축한다. 어느 날 색스가 방에 들어오자 환자는 그가 자신의 정육점에 온 손님이라고 생각하고 고기 조각을 건넸다. 색스가 환자인 톰슨Thompson 씨에게 자신이 손님이 아니라고 하자 톰슨 씨는 즉시 생각을 바꿔 그가 경마장에서 만난 옛 친구라고 믿었다. 그것도 아니라는 사실을 깨닫자 환자는 의사가 입은 흰 가운을 보고 그를 정육점 주인 이라고 생각했다. 이런 식으로 계속 의사에게 투영된 단편적인 정 보로부터 세계가 끊임없이 만들어졌다. 이 환자는 그의 필요에 따 라 의사를 바꾸어 본 인물과 관련해 시시각각 자신의 사회적 자아 를 형성했다. 색스는 톰슨 씨를 관찰하고 이렇게 썼다. "그는 필사 적으로 의미를 찾고, 의미를 만들려고 하며, 무의미라는 심연 위에 끊임없이 의미라는 다리를 놓는다. 그러면서 자신의 발밑에서 언 제나 입을 쩍 벌리고 있는 혼돈을 만드는 것이 틀림없다."5

색스가 언급한 사례가 잘 보여주는 것은, 우리가 단순히 패턴 을 보도록 타고난 것이 아니라, 구조를 보고자 동기부여 받는 존재 라는 사실이다. 구조가 없다면 세상은 터무니없는, 우리 발밑에 있 는 '무의미라는 심연'일 것이다. 의미는 우리의 행동에 내용을 부 여한다. 또한 우리가 하는 일을 무언가에 관한 것으로 만들어준 다. 의미는 생존에 필요한 행동 이상으로 우리를 끌어올린다. 우리 가 할 수 있는 일이란 생존이 전부라 해도 "무엇을 위해 생존하는 가?"라는 질문에 답하려면 구조가 필요하다.

우리는 처음부터가 아니라 중간에 삶에 개입된다. 우리 주변 의 흐름과 소용돌이, 즉 우리가 사는 물리적 장소에 관한 이야기, 우리가 속한 집단, 우리가 누리는 권리, 우리가 짊어져야 할 책임 은 우리가 누구이고 어떤 사람인지를 전적으로 결정하지는 않지 만, 어떤 방향으로 나아가는지에 분명 영향을 미친다. 이런 이야기 는 우리를 정의하는 관계를 형성한다. 이야기는 우리에게 집단 정 체성을 부여하고, 사회적 공간 안에서 우리의 자리를 정해준다. 국 가에는 집단적이고 따라서 개인적인 행동을 통제할 권력을 부여한다. 이야기는 가장 친밀한 관계를 엮을 대본을 제공한다. 우리에게 작용하는 문화적 힘은 삶을 일관성 있다고 느끼게 만드는 제약에 중요한 역할을 한다. 여기에 자신의 독특한 관계 경험, 가족의 역동적인 관계, 친구와 경쟁자, 사랑하는 사람을 더한다. 이들이 모두 더해져 일관된 세계가 나타난다.

일관성은 필요하지만 삶의 의미를 경험하는 데는 충분하지 않다. 우리는 모두 다양한 방식으로 세상에 영향을 미치며 하루를 보낸다. 빨래하고, 요리하고, 청소하고, 일하고, 놀고, 쉰다. 이런 활동 대부분은 완전히 잊힌다. 우리는 이런 활동이 매우 중요하거나 삶에 의미를 더한다고 생각하지는 않는다. 이런 활동은 그저 유지 관리에 불과하다. 우리는 어딘가로 나아가는 느낌을 받고 싶어 하지만 인생의 많은 활동은 같은 자리에서 그저 맴도는 듯 느껴진다. 인생은 일관적이면서 동시에 목적이 없게 느껴질 수 있다.

인생은 목표, 이루고자 하는 것이 있을 때 더 의미 있게 느껴진다. 오늘도, 내일도, 모레도 일어나 달리면 앞으로 더 건강해질 것이다. 앞으로 더 건강해지려는 욕망은 오늘의 내 행위에 목적을 부여한다. "이것을 왜 하는가?"라는 질문을 던진다고 생각해보자. 그저 해야 하기 때문이라고 말한다면, 그 행동은 어떤 미래 지향적 목표를 위해 한다고 답할 때보다 삶의 의미를 경험하도록 이끌 가능성이 훨씬 낮다.

삶의 의미와 선택: 현재를 넘어서 미래로 이어지는 목적

이 시점에서 중요한 질문을 던질 수 있다. "목표가 정말 중요한 이유는 무엇인가?" 우리가 내리는 선택, 우리가 하는 일이 중요하다는 느낌은 삶의 의미를 경험한다는 것을 생각할 때 가장 중요하다. 의미를 논할 때 진정한 질문은 "우리의 삶은 과연 의미 있는 무언가가 될 수 있을까?"일 것이다.

우리가 중요하다는 생각은 내가 하는 행동이 단순한 행위를 넘어선다는 의미다. 우리는 서로에게만 영향을 미치는 것이 아니다. 정의, 존엄성, 인간의 가능성 같은 개념에도 영향을 미친다. 우리 행동은 당면한 목표를 넘어선다. 내 삶은 우주적 의미에서 살 가치가 있다. 나는 우주적인 것의 일부이고 내 삶은 이 전체에 기여한다. 삶에 의미가 있는지 묻는 이런 질문은, 우리가 더 거대한 무언가와 연결되어 있다고 믿는지, 어떤 장대한 드라마에서 우리가 해야 할 중요한 역할이 있다고 느끼는지, 지금 경험하는 것이 전부라고 믿는지 등으로 요약된다. 마틴 루터 킹 주니어Martin Luther King Jr.는 "기꺼이 죽음을 바칠 무언가가 없다면 삶을 바칠 만한 무언가도 없는 셈이다"라고 말했다. 역사의 흐름이 정의를 향해 굽어 있다는 믿음에는 신념이 필요하다. 즉, 우리가 작은 역할을 맡고 있는 더 큰 구조가 존재한다는, 알 수 없는 무언가에 대한 믿음 말이다.

최근 누군가에게 들은 말이 있다. 구조를 만든다는 행위 자체가 이미 의미를 창조하는 일이며, 그 점이 중요하다는 사실이었다. 디너 파티에서 만난 한 남성은 에이즈가 창궐하던 시기 샌프란시스코에 살았던 이야기를 들려주었다. 그가 살던 카스트로는 게이가 많은 지역이었고 지금도 여전히 그렇다. 1990년대 샌프란시스코의 카스트로는 암울했다. 당시 '게이 암'으로 불리던 에이즈가 1980년대 초반 지역 사회에 퍼지기 시작해 1990년대가 되자 큰 타격을 입혔다. 한때 유명했던 게이 목욕탕은 문을 닫았고 샌프란시스코의 게이 퍼레이드는 한층 가라앉았다. 수척한 얼굴과 가늘어지는 머리카락에서 이 질병에 잠식되었다는 사실이 분명히 드러났다.

나와 이야기를 나눈 남성은 동네에 일을 보러 갈 때마다 이웃들이 사라지는 것을 목격했다고 말했다. 좋아하는 동네 커피숍의 바리스타, 꽃집 주인, 매주 토요일 식료품점에서 마주친 이웃이었다. 에이즈가 삶 구석구석을 건드리는 것 같았다. 에이즈 진단을 받은 많은 친구가 마치 내일이 없다는 듯 사치스러운 여행과 파티에 신용카드를 긁어댔다.

결국 나와 이야기를 나눈 남성도 에이즈 진단을 받았다. 그는 자신이 병에 걸렸다는 사실을 알았을 때 가장 먼저 토마토가 떠올랐다고 말했다. 그는 매년 봄이면 화분에 토마토를 심었고 부푼 기대를 품고 정성껏 돌보았다. 에이즈 진단을 받았을 때 그해에 귀찮게 토마토를 심어야 할지 고민했다. 토마토를 심어도 나중에 맛있게 먹을 가능성이 거의 없다고 생각했지만, 어쨌든 토마토를 심으면 돌보는 데 꽤 시간을 들여야 할 것이 분명했다.

그가 처한 상황이 극단적이기는 하지만 그 상황에는 매우 일반적인 특징이 있다. 특정한 미래에 거는 희망 때문에 현재 순간을 얼마나 자주 희생해왔는지 생각해보라. 무하마드 알리Muhammad Ali

가 "나는 훈련하는 순간이 너무 싫었지만 스스로 이렇게 다짐했다. '그만두지 마. 지금 고통을 감내하고 남은 인생은 챔피언으로 살아' 라고 말이다"라는 유명한 말을 남겼다.

권투 경기를 위한 훈련, 토마토 가꾸기, 학위 과정에 등록해 공부하기, 직장에서 더 큰 노력을 기울이기 등은 모두 챔피언으로서의 삶, 박사 학위, 높은 승진 같은 미래에 대한 어떤 약속을 위해 현재의 삶을 조금 희생하는 행동으로 이해할 수 있다. 이렇게 이해하면 행동의 가치는 결과에 따라 달라진다. 아무도 토마토를 맛있게 먹을 수 없으리라는 사실을 알면서도 토마토를 돌본다면, 시간과 귀중한 인생을 낭비하는 셈이다. 이것은 인생의 의미를 구성하는 요소를 이해하는 한 가지 방법이다. 삶의 가치가 달성한 목표에 달려 있다는 생각이다.

그러나 나와 이야기를 나눈 그 남성은 역경을 딛고 오래 살아남아 에이즈에 효과적인 치료법의 혜택을 받을 수 있었고, 결국 내게 그 이야기를 들려주었다. 그의 설명에 따르면 토마토를 어떻게 해야 할지에 대한 대답은 분명했다. …물론 그는 토마토를 심었다. 낙관주의나 살아야 할 목적을 가지려 애쓰는 일과는 아무런 관련이 없었다. 그는 곰곰이 생각한 끝에, 토마토가 맛있기는 하지만 토마토를 먹는 것이 핵심은 아니라는 사실을 깨달았다고 말했다. 토마토를 심는 행위의 핵심, 그 목적은 돌보기였다. 그는 행동이 낳은 결과가 아니라 행동 자체에서 목적을 발견했다고 주장했다. 임박한 종말에 직면한 그는 행동에 목적을 부여할 때 미래의 중요성을 보지 않았다. 식물을 돌보며 자유롭게 시간을 보낼 수 있다는 단순한 사실만으로도 그는, 남겨진 시간에 잃어버릴 뻔했던 풍요로움을 되찾을 수 있었다.

행동할 자유가 행위에, 더 나아가 우리 삶에 의미를 부여한다는 생각에는 오랜 지적 역사가 있다. "인간에게서 모든 것을 빼앗을 수 있지만 단 하나 불가능한 것이 있다. 주어진 환경에서 자신의 태도를 선택하고 자신만의 길을 선택하는, 인간의 마지막 자유다"라는 빅터 프랭클Viktor Frankl의 명문에는 기운을 북돋는 낙관주의가 깃들어 있다. 이 구절은 우리가 삶을 바라보는 태도를 선택할 수 있고 이 선택이 삶에 의미를 부여한다고 암시한다.6

자유와 의미: 선택의 힘과 행동이 삶에 미치는 영향

자유롭다는 느낌이 중요한 이유는 우리가 자유를 삶과 목적에 대한 소유권과 연관짓기 때문일 것이다. 행동이나 태도를 자유롭게 선택할 수 있다면 그 삶은 자신의 것이다. 그리고 우리는 스스로 삶을 소유했다고 느끼고 싶어 한다. 다른 사람이 꼭두각시 줄로 내 행동과 태도, 나를 통제하고 있다고 여기면 끔찍할 것이다. 전능하신 하느님을 믿는 사람들도 보통 인간은 자유롭다는 생각을 받아들인다.

자유라는 개념은 적어도 삶의 일부가 내 것이라는 느낌을 준다. 그러나 소유권을 지녔다는 느낌에는 이런 자유가 꼭 필요하지 않을 수도 있다. 우리의 행동이나 태도가 내 것이라 느끼는 데 필요한 것은 자유롭다는 느낌뿐이다. 어쩌면 자유로운 선택 여부는 그리 중요하지 않을지도 모른다.

1959년 고전적인 한 심리학 연구에서는 실제 자유 여부와 무관하게, 자유롭다고 느끼는 것의 중요성을 설명한다. 이 연구에서는 먼저 참가자에게 몹시 지루한 작업을 수행하도록 요청했다. 실이 감긴 실패를 빈 서랍에 넣었다가 꺼내기를 반복하는 것이다. 각 참가자는 30분 동안 이 작업을 수행한다. 그런 다음 다른 패널 앞에 앉아 48개의 손잡이를 각각 시계 방향으로 1/4바퀴 돌린 다음 처음으로 돌아가 또 1/4바퀴 더 돌린다. 참가자들은 이 작업을 30분 동안 반복한다.

한 시간 뒤 연구자는 실험을 종료하고 다음 참가자에게 대본대로 실험을 소개해달라고 요청했다. 여기가 중요한 부분이다. 연구자는 참가자들에게 "실험 정말 해볼 만해요. 아주 재미있고 즐겁고 호기심 생기고 흥미로웠어요"라고 소개해주면 그 대가로 1달러 또는 20달러를 주겠다고 제안했다. 거의 모든 사람이 돈에 상관없이 다음 참가자에게 실험을 소개하겠다고 했다. 이렇게 참가자들은 무엇보다 스스로 선택했다고 느끼게 되었다. 참가자들은 다음 참가자(실제로는 연구자 측 사람)에게 과제를 소개한 다음 그 경험에 대해 면담했다. 참가자들에게는 그 과제가 얼마나 즐거웠는지, 다음에 비슷한 실험이 있다면 얼마나 흔쾌히 참여할지 여부를 질문했다.

핵심은 다음과 같다. 1달러를 받은 사람은 20달러를 받은 사람보다 과제를 더 좋아했고 향후 비슷한 실험에 더 많은 관심을 표했다. 이 연구는 흔히 '불충분한 정당화insufficient justification'라는 개념을 설명하는 데 이용된다. 20달러를 받은 사람은 자기 행동이 돈 때문이라고 설명할 수 있지만, 1달러를 받은 사람은 고작 그 돈 때문에 누군가에게 거짓말했다고 정당화하기가 어렵다. 자신이 싫어하는 일을 한 이유를 설명할 수 없다면 사람들은 그 일에 더 많은 헌신을 보인다. 지루한 과제를 흥미진진하다고 설명하기로 선택했고 그렇게 해야 할 외적인 이유가 없다면, 분명 실제로 그 과제를 흥미진진하다고 여기게 된다.[7,8]

내가 '불충분한 정당화 효과'에 흥미를 느낀 이유는, 겉보기에는 전혀 자유롭지 않은 상황에서도 사람들이 스스로를 자유롭다고 믿을 수 있음을 보여주기 때문이다. 어쩌면 자유란 관점의 문제일지도 모른다. 연구자의 관점에서 볼 때 그들은 연구에 대해 다른 사람에게 거짓말을 하지 않고 자유롭게 자리를 뜰 수도 있었다. 그들을 조종하는 연구자가 있다는 사실을 몰랐다면 우리는 그들이 자유롭다는 데 동의할 것이다. 자유롭다는 느낌이 들려면 외부 영향이 없어야 하는 것이 아니라, 그저 그 영향을 명확히 볼 수 없는 상태만으로 충분하다. 자유롭다는 느낌은 우리가 목적을 느끼는 데 필요한 전부일지도 모른다.

자유롭다는 느낌이 목적을 갖는 데 충분하다고 가정해도 여전히 문제가 남는다. 모든 선택에 목적이 있고 따라서 의미에 기여할 수 있다면, 무엇을 할지 어떻게 결정해야 할까? 보통 의미를 묻는 질문은 결정을 내리는 데 도움을 얻기 위해서다. 엔지니어로 사는 것과 만화가로 사는 것 중 어느 쪽이 더 나은 삶, 즉 '더 의미 있는' 삶인가? 아이를 갖는 것과 갖지 않는 것은? 다른 도시로 이사하는 것과 지금 자리를 지키는 것은? 그러나 모든 행동이 같은 의미를 지닌다면 왜 사치스러운 여행을 가지 않고 토마토를 심을까?

의미와 결과를 전혀 다른 방식으로 연결하는 두 개념을 살펴보자. 먼저 '무거움'은 오늘 우리의 행동이 미래에도 영향을 미친다는 생각이다. 이런 생각의 가장 극단적인 형태로 보면 모든 일이 똑같은 방식으로 계속 발생하도록 예정되어 있다. 이 우주에서 우리가 하는 모든 일에는 무게가 있다. 그 일을 기꺼이 반복해서 영원히 해야 하기 때문이다. 모든 일이 영원히 되풀이된다는 극단적인 생각은 차치하더라도, 관계 속에서 계속 영향을 미치는 행위에는 분명한 무게가 있다.

두 번째 생각은 모든 일이 한 번만 발생하고 결국 흔적도 남기지 않고 사라진다는 개념이다. 이런 생각을 '가벼움'이라고 하자. 우리가 하는 어떤 행동도 지속적인 결과를 가져오지 않는다. 모든 것은 무한하고 무심한 우주를 배경으로 그저 지나간다.[9,10]

'가벼움'이라는 생각은 엄청난 자유를 준다. 우리는 한 번뿐인 인생을 살고 원하는 대로 할 수 있다. 모든 결과는 어차피 사라지고, 그렇지 않더라도 우주의 무심함이 그런 결과를 무의미하게 만들 것이다. 결정과 책임의 무게에 갇혀 있다는 생각을 견디기 힘들다면 가벼움이라는 개념이 마음에 들 것이다. 그러나 우리가 하는 어떤 일도 지속적인 결과를 가져오지 않는다면 모든 것에는 의미가 없는 것일까?

반면 무게를 짊어지려면 명확한 자아감이 필요하다. 대부분의 결정에 따른 대가는 관계에 고스란히 남기 때문이다. 어떤 면에서는 당연하다. 우리가 내리는 여러 중대한 결정은 타인에게 영향을 미친다. 결혼하겠다는 결정, 아이를 갖겠다는 결정, 친구나 가족을 떠나 이사하겠다는 결정, 이런 결정은 모두 당신 또는 가까운 사람들에게 영향을 미친다. 결정을 내리려면 먼저 선택의 무게를 따져봐야 한다. 선택이 미래의 어떤 결과에도 영향을 미치지 않거나 그 결과가 중요하지 않다고 여긴다면 무슨 선택이든 차이가 있을까? 미래에 중요하지 않은 선택에는 무게가 없다.

자아의 영속성과 삶의 의미:
미래와 타인과의 관계 속에서 자아를 찾다

단지 토마토를 돌보기로 선택하는 일만으로도 행위에는 목적이 생기고, 우리는 그 속에서 의미를 느낀다. 그러나 당신의 행동이 중요하고 우주적 의미에서 삶이 가치 있다고 느끼고 싶다면 목적 있는 행동 이상이 필요하다. 어떤 행동이 중요하고 의미 있다는 생각은 그 행동이 현재를 넘어 영향을 미친다는 믿음에 달려 있다.11

토마토를 키우던 내 친구가 주장한 것처럼 우리는 시간과 목적 사이의 관계를 끊을 수 있을지도 모른다. 영생을 다룬 공상과학 영화를 본 적이 있을 것이다. 이런 영화에는 여러 장치가 사용된다. 영화 〈터크 에버래스팅Tuck Everlasting〉에서 터크 가족은 영원히 노화를 멈추는 마법의 샘을 우연히 발견한다. 〈아델라인: 멈춰진 시간The Age of Adaline〉에서 아델라인은 낙뢰와 관련된 이상한 사고로 영원히 스물아홉 살에 머무른다. 그러나 불멸에 관한 이야기는 어떤 형태로 전개되든 내게는 늘 섬뜩하게 느껴진다. 그리고 보통 이런 이야기의 교훈은 영원히 산다는 것이 생각만큼 대단하지 않다는 것이다. 정말 영원히 살고 싶은가? 그런 욕망은 어디에서 오는가?

우리는 행동에 무게가 있고 그런 행동이 선택의 순간을 넘어 확장되며, 타인에게 계속 영향을 미친다고 믿고 싶어 한다. 우리는 미래에도 자신이 계속해서 중요하다고 믿고 싶다. 그렇다면 중요한 사람이 되고자 하는 욕망은 어떤 의미에서는 불멸하고자 하는 욕망이다. 우리는 자아의 어떤 면이 영원하기를 바란다. 어떤 사람에게 불멸은 의식을 클라우드에 업로드하거나, 뇌를 동결해두었다가 의학과 과학이 충분히 발전하면 다시 되살리는 방식으로 의식적 경험을 영원히 보존하려는 시도일 수도 있다. 그러나 어쩌면 우리가 진정으로 원하는 것은 육신이 아닌 자아가 영원히 사는 것일지도 모른다. 자녀나 손자를 통해 유산을 남기거나, 책을 쓰거나, 또는 자신의 이름을 건물에 새기는 방식으로 공헌해 물리적으로 남기는 것을 의미할 수도 있다. 자선 단체나 국가처럼 육신의 죽음 뒤에도 지속될 무언가에 자신을 단단히 결속하는 것을 의미할 수도 있다. 우리가 더 거대한 무언가, 영원히 지속되리라고 상상할 수 있는 무언가의 일부라면, 자아가 무한정 지속되리라고 상상할 수 있다. 이런 상상은 인간 존재에 무게를 부여한다. 우리는 자신이 창조한 것과 사람들이 맺을 관계 속에서 자아가 영속하리라고 상상할 수 있다.

당신이 이 책을 읽을 때 나는 당신과 관계 맺고 있으며, 내가 육체적으로 살아 있든 아니든 그렇게 할 수 있다. 나는 더는 지구상에 없는 작가들과 자주 소통한다. 우리가 사회적 연결을 통해 살아간다고 여기려면 몸에 관한 생각을 넘어 자아를 사회적으로 이해해야 한다. 시간이 흘러도 자아의 연속성이 유지된다고 믿을수록, 자신의 삶이 의미 있다고 더욱 확신하게 된다. 가까운 사람들이 나중에 나에 대한 의견을 공유하리라고 더 많이 믿을수록 더욱 자기 연속성을 지녔다고 말할 것이다. 즉 타인이 미래의 내 자아를 보는 한 나도 내 미래의 자아를 볼 수 있다. 자아감은 내 자아가 타인과 공유된다는 인식에서 큰 영향을 받는다. 우리는 타인과 공유하는 자아가 자신이라고 믿는다.12

자아와 자유의 균형: 삶과 죽음 사이에서 의미를 찾다

우리는 사회적 연결을 통해 현재와 미래를 잇는다. 사회적 연결은 자기 연속성을 만드는 데 도움을 준다. 자아가 관계 속에 존재한다면 연속성이라는 감각은 미래에 대해 공유된 기대와 관련될 수밖에 없다. 그런 공유는 미래에 현실감과 무게감을 부여한다. 승려가 자신의 몸에 불을 붙였을 때 그는 육체적인 죽음 이후 그 행위가 지닐 의미를 분명히 알았다. 국민을 위해 더 나은 정치적 미래를 염원하는 희망, 동포들과 공유한 희망이 있었다. 이 동포 중 일부는 같은 꿈을 위해 그의 모범을 따랐다. 그와 다른 사람들은 육체적으로 세상을 떠난 뒤에도 자신이 아끼는 사람들에게 영향을 미치기를 바라며 자기 희생 행위에 동참했다. 그들은 자신의 행위, 자신의 자아를 타인의 미래에 투사했다. 마틴 루터 킹 주니어는 암살되기 전날 밤 자아에서 타자가 되는 이 연금술을 명시적으로 언급한 것으로 유명하다. "저는 산 정상에 올라본 적이 있습니다. …저는 약속의 땅을 보았습니다. 나는 당신과 함께 거기에 가지 못할 수도 있습니다. 그러나 저는 오늘 밤 국민인 우리가 약속의 땅에 도착하리라는 사실을 당신이 알게 되기를 바랍니다." 그는 "나는 당신과 함께 거기에 가지 못할 수도 있습니다"라고 했지만 "국민인 우리가 약속의 땅에 도착하리라"라고 말한 것에도 주목하자. 그가 언급한 '우리'에는 그 자신도 포함된다. 그는 자신을 다른 사람들과 엮음으로써 육체적 존재를 넘어 자아를 확장했다.

미래가 무게를 지닐 때 우리가 내리는 결정은 의미를 지닌다. 우리 삶도 마찬가지다.

무게가 없는 미래가 두려울 수 있다. 그런 미래는 우리 앞에 펼쳐진 미지의 바다다. 채소장수가 본 미래도 그랬을 것이다. 우리는 전혀 의미 없는 삶을 살 수도 있다. 어느 시점에 이르면 우리의 육체적 자아는 더는 존재하지 않게 될 것이다. 우리는 죽게 된다. 자아에 대한 이런 실존적 위협은 의미에 대한 위협도 된다. 죽음은 시간적 연속성을 물리적으로 단절시킨다. 모든 것이 끝나고 우리가 아는 사람들도 결국 모두 죽게 된다면 지금 우리가 내리는 선택은 무슨 의미가 있을까? 우리는 모두 무의미라는 그림자 안에서 그것과 싸우며 산다.

앞서 살펴본 것처럼 사람들은 자아를 갖는 것만으로 만족하지 않으며 그저 자유롭다는 느낌에 안주하지도 않는다. 사실 의미를 갈구하는 욕망은 육체적 자아와 자유를 넘어선 욕망으로 이해할 수 있다. 의미 있다고 느끼려면 자아에 대한 욕구와 자유에 대한 욕망이 균형을 이루어야 한다. 그렇다면 '의미가 있다'는 감각은 어쩌면 우리가 균형을 이루고 있다는 신호일지도 모른다.

*

10장

죽음 이후에도
남는 자아

인간은 대체로 사회적 구성물이며,
어떤 사람의 죽음이 지닌 사회적 의미를 부정하는 것은
그를 두 번 죽이는 것이다.
한 번은 육체를, 그다음은 영혼을 죽이는 셈이다.

- 제라르 프뤼니에G rard Prunier

몸과 자아: 죽음, 존재 그리고 인간 경험의 경계

인간의 몸은 경이롭고도 두렵다. 인체는 우리를 화나게 만든다. 인체는 아름답고도 우스꽝스럽다. 인체는 노래하고 춤추고 잠자고 꿈꾸고 먹고 마신다. 인체는 아프고 쓰러지고 늙는다. 인간이 된다는 것은 놀랍고 불완전한, 살과 피로 이루어진 신체가 된다는 것이다. 우리는 동물이다. 우리의 물리적 존재는 영광스러울 수 있지만 신체는 우리의 연약함, 불완전함, 육체적 무상함을 끊임없이 떠올리게 한다.

인간 조건이 지닌 고통스러운 현실은 우리 모두와 가까운 사람들에게 피할 수 없는 종말이 있다는 점이다. 이것이 육체적 죽음의 진실이다. 종말이 다가오는 것을 볼 수는 있지만 종말은 거의 항상 멀게 느껴지거나 파악하기 힘들다. 우리가 아는 것이란 결국 삶뿐이다. 우리는 나이 들며 의심의 여지 없이 노화의 징후를 본다. 운이 좋다면 어린아이의 몸에서 십 대와 성인의 몸으로 바뀌며 몸이 강해지고 활기차게 된다. 그러나 어느 순간 몸이 쇠약해지기 시작한다. 유연성이 떨어지고 힘이 약해지며 피부도 처진다. 한때는 수월했던 것도 점점 어려워진다.

누군가가 죽었다고 할 때 모든 사람은 그 사람의 몸이 다했다고 이해한다. 말하지는 않지만 암묵적으로 주장하는 것은 그 사람이 곧 몸이라는 것, 적어도 살아 있는 몸 없이는 자아가 존재할 수 없다는 것이다. 그러나 이 책에서 우리가 알게 된 대로 자아는 몸이 아니다. 삶과 죽음이라는 관점에서 자아는 몸과 비슷한 것일 수는 있다. 말하자면 자아는 한꺼번에 죽지 않을 수도 있다. 자아의 일부는 잠시 깜박이다 지나가고 자아의 다른 부분은 평생 지속될 수도 있다. 어떤 자아의 죽음은 고통스럽지 않고 심지어 기쁘게 지나가지만, 다른 자아의 죽음은 당신을 갈기갈기 찢어놓는 듯 느껴질 수 있다.

최근 은퇴한 내 배우자의 은퇴연에서 나는 은퇴가 장례식과 돌잔치를 합친 것 같다고 생각했다. 자아의 한 측면은 죽지만 새로운 것, 새로운 누군가가 태어난다. 변호사, 의사, 교사로서의 자아는 끝나지만 정원사나 프랑스어 학습자로서의 자아가 탄생한다. 오래된 관계는 사라지고 새로운 관계가 탄생한다. 졸업, 독립, 결혼, 출산도 마찬가지다. 이혼이나 배우자를 육체적으로 떠나보내는 일, 부모의 사망 역시 한 자아의 끝이자 다른 자아의 시작이다. 삶과 죽음, 하나의 상태에서 다른 상태로의 전환이 육체에서는 자연스럽게 일어나는데, 자아에서만 복잡할 이유가 있을까?

관계와 상호작용이 자아를 정의한다는 사실을 받아들인다면 무엇이 자아의 죽음을 구성할까? 몸의 종말은 필연적으로 자아의 종말을 의미하는가? 죽는다는 것은 무슨 의미인가? 사는 동안 우리는 관계를 끝내고 속해 있던 집단을 바꾸고 아는 사람의 죽음을 겪는다. 이때마다 우리 일부가 조금씩 죽는다. 집단을 떠난다는 것은 그 집단으로 규정되었던 자아 일부를 남겨두고 떠난다는 것이다. 어떤 단계에서 당신과 관계 맺었던 사람이라도 그 관계가 끝나면 더는 존재하지 않는다. 마지막 수업이 끝나면 당신은 더는 학생이 아니다. 배우자가 사망하면 당신은 더는 누군가의 배우자가 아니라 배우자를 잃은 사람이다. 교인이었는데 교회에서 파문당했다면 교회 공동체가 규정한 당신의 일부는 죽는다.

이런 관점에서 몸과 자아는 시간이 지나며 살고 동시에 죽는다. 자아를 신체의 관점에서 설명한다면 자아는 온전히 우리 피부 안에 있으며 육체적 죽음은 곧 자아의 종말이다. 그러나 자아를 사회적으로 정의하도록 허용한다면, 죽음이 무엇이며 죽음이 자아의 본질에 대해 무엇을 말해주는지 질문해볼 가치가 있다.

누군가가 죽은 시점을 어떻게 결정하는가? 심장이 멎고 뇌의 상위 기능이 멈추고 기본적인 신체 기능을 제어하는 뇌 영역이 완전히 멈추면 생이 끝나는가? 이런 상황에서 회복될 수 있다면 이 사람은 죽은 것인가? 우리가 당신의 신체 기능을 완전히 끌 수 있다면, 즉 당신의 몸속 장기를 떼어내 두었다가 미래의 어느 시점에서 다시 모아 당신을 소생시킬 수 있다면 어떨까? 당신은 죽은 것일까?

의학적으로 죽었다고 선언한 직후에도 몸이 완전히 죽지는 않는다는 사실은 흥미롭다. 죽었다고 말할 때 그것은 무슨 의미인가? 신체의 모든 부분이 기능을 멈췄다는 말은 분명 아닐 것이다. 뇌만 남아서 기능하더라도 많은 이들은 여전히 살아 있다고 여긴다. 우리의 기억이 온전하기 때문일까? 아직 세상과 상호작용할 수 있다고 생각하기 때문일까? 여전히 세상과 상호작용할 수 있다면 우리는 같은 사람일까? 당신은 여전히 당신인가?

당신이 세상과 소통하는 데 사용하는 장치인 당신의 몸을 바꾸면 세상을 바라보는 당신의 경험도 바뀔 것이다. 그렇다면 당신은 다른 사람이 된다는 의미일까? 누군가의 눈과 귀를 교체해 시청각 입력이 바뀌었다고 상상해보자. 근시 교정 수술처럼 간단한 문제일 수도 있고 청각 경험에 영향을 미치는 인공와우 이식만큼 중대한 문제일 수도 있다. 둘 다 그 사람이 세상을 경험하는 방식에 영향을 미친다. 그러나 대부분의 사람은 그 사람을 자기 자신의 개선된 형태라고 볼 것이다.

아마 이런 질문에 간단히 답할 수 있을지도 모른다. 당신은 당신의 뇌, 적어도 당신의 신경 패턴이나 마찬가지다. 이런 견해를 굳건히 받아들이고 자신을 컴퓨터에 업로드해 영원히 살 수 있을 날을 기다리는 사람들도 있다. 업로드된 자아가 원본의 확장이 아니라 복제된 별개의 존재라는 명백한 문제는 잠시 접어두자. 내가 당신의 의식을 업로드했는데 약간 결함이 있다면, 예를 들어 달콤한 맛이 새콤한 맛으로 느껴지도록 프로그래밍했다면 당신은 여전히 당신인가? 어느 정도 결함이 있어야 더는 당신이 아니라고 볼 수 있을까? 당신 일부 중 어느 정도가 결함, 적어도 예측 불가능성으로 정의되는가? 다시 말하지만 삶과 죽음의 경계는 명확하지 않다. 죽음에 관한 질문은 모두 삶에 관한 것이다. 죽음을 어떻게 이해하느냐가 곧 자신을 어떤 존재로 보느냐를 드러낸다.

불멸의 추구와 자아의 사회적 맥락: 영원히 살고 싶다는 욕망

인간은 육체적 죽음을 단번에 정복할 수 있는 비밀인 젊음의 샘을 오랫동안 찾아 헤맸다. 무상함은 두렵다. 피할 수 없는 일이라면 차라리 생각을 흐트러뜨리며 시간을 보내는 편이 낫다. 우리는 돈이나 권력을 좇고 사소한 말다툼을 하고, 보통은 죽음이 임박해 온다는 현실을 외면한다. 우리는 비극과 말도 안 되는 소극으로 여흥

을 즐긴다. 우리는 살아가면서 쌓여가는 짐 속에 불안을 감춘다.[1]

죽음에 대한 두려움은 인간 존재의 결정적인 부분이자 인류 시대가 시작된 이래 끊임없이 이어져온 이야기다. 《길가메시 서사시》를 다시 떠올려보자. 엔키두가 죽자 길가메시는 깊은 슬픔에 빠진다. 그는 친구의 콧구멍 한쪽에서 구더기가 나올 때까지 애도하며 친구의 시신을 지킨다. 부패의 징후는 그를 뒤흔들고 자신의 죽음을 떠올린다. 여기에서 우리는 육체적 죽음에 대한 생생한 묘사에 이어 허무하게 끝나는 불멸의 탐구를 보게 된다. 고대 시인들은 불멸을 추구하는 것이 어리석다는 사실을 알았지만, 영생을 추구하는 것은 인간 문화의 중요한 주제다.

2019년 과학자들은 중국 무덤에서 와인 냄새가 나는 노란빛 액체가 담긴 2000년 된 청동 항아리를 발견했다. 처음에는 술이라고 생각했지만 추가 분석한 결과 그 액체에는 질산칼륨과 명반석이 포함되어 있었으며, 이는 당시 도교 문헌에 기록된 불로장생 비약의 제조법과 일치하는 화학 물질 조합이었다. 이들이 발견한 액체를 실제로 누군가가 마셨는지는 알 수 없지만, 고대 중국의 지식인 가운데는 영생을 얻기 위해 불사의 비약을 마시고 목숨을 잃은 이가 적지 않았다는 사례가 많다.

우리는 여전히 불멸에 대한 추구를 포기하지 않았다. 다른 방법으로 전환했을 뿐이다. 앨커 생명연장협회Alcor Life Extension Foundation에 가입하면 사망 선고를 받은 후, 의학 기술이 발전해 죽음의 원인을 치료할 수 있게 되면 다시 살아날 수 있다는 희망으로 신체를 냉동 보존하는 선택이 가능하다. 불멸을 시도하려고 먼저 당신이 죽을 필요도 없다. 기업가 드미트리 이츠코프Dmitry Itskov

는 2045 계획2045 Initiative을 시작했다. 이 조직의 웹사이트에 따르면 이들의 주요 과학 프로젝트는 "개인의 개성을 더 발전된 비생물 매개체에 전달하고 불멸에 이르도록 수명을 연장하는 기술을 개발하는 것을 목표로 한다". 본질적으로 그의 목표는 로봇 또는 사이보그라고 할 만한 기계를 창조하는 것이다. 이 기계는 인간의 몸 없이도 사람의 마음이라고 생각되는 인간의 정수를 수용하고 지원할 수 있어, 수명을 무한히 연장할 수 있다.[2]

이런 계획들의 목표는 오늘날 우리가 이해하는 '자아의 확장'으로 보인다. 소생은 단지 아주 긴 잠에서 깨어나는 일과 같을 것이다. 다소 거칠더라도, 여전히 '당신은 당신'일 것이다. '2045 계획'은 그 의도를 더욱 분명히 드러낸다. 이 계획의 목표는 무한히 업그레이드하거나 수리할 수 있는 '비생물 매개체'로 인간의 개성을 옮기는 것이다. 대부분의 사람들은 '개성을 옮긴다'는 말이, 옮긴 후에도 그 존재가 여전히 동일한 사람임을 뜻한다고 이해한다.

사람을 냉동해두었다가 사망 원인이 해결된 다음 수년 뒤 소생시킬 수 있는 기술이 개발될지 누가 알겠는가? 우리는 언젠가 개인의 신경 패턴을 정밀하게 복제해 클라우드에 업로드할 수 있는 계산 능력과 기술적 정교함을 갖추게 될지도 모른다. 그러나 이런 불멸을 얻는 데 성공한다면 사람들은 그들이 보존하기 위해 그토록 열심히 싸웠던 것을 파괴할 수도 있다. 이런 일이 성공한다는 것은 인간성의 연장이 아니라 종말일 수도 있다. 그러나 이런 불멸의 시도는 인간이 '순수한 의식'의 형태로 존재하더라도 여전히 같은 사람일 것이라는 가정에 기반한다. 물론 그런 순수한 의식이라는 것이 실제로 존재한다는 전제가 필요하다. 그러나 당신의 의식을 클라우드에 업로드할 수 있어도 당신은 여전히 죽을 것이다. 클라우드 속 당신은 근본적으로 당신이 아니기 때문이다. 사회적 관계 없이 당신은 존재할 수 없다. 사회적 맥락이 당신을 만든다. 지금의 당신이 되려면 당신이 존재하는 사회적 상황을 다시 만들어야 한다. 하지만 불완전한 타인들과의 관계 속에 살아가는 불완전한 존재인 우리가, 자신의 불완전함이나 타인의 결함 없이 존재할 수 있다고 믿는다면 그것은 인간 본성에 대한 심각한 오해다.

보존하려고 했던 삶의 경험을 다시 시작하지 않고도 몸을 소생시킬 수 있을지도 모른다. 삶에서 중요하게 여기는 것, 지성이나 관대함, 정신력에는 의식이 아닌 다른 것이 필요할 수도 있다. 우리가 원하는 것, 즉 지금 경험하는 자아가 지속되려면 현재 살아가는 사회적 맥락을 필요로 한다.

자아와 관계: 죽음 이후에도 지속되는 연결

나이가 들며 우리 모두 신체가 쇠퇴한다는 사실을 자각하고 이런 자각과 함께 어느 정도 상실감을 느낀다. 오늘의 나는 이제까지의 내가 아니다. 반면 우리 대부분은 자아 본질주의자다. 자아감은 비교적 안정적으로 느껴진다. 내일 일어나도 오늘의 나와 같을 것이다. 신체의 쇠퇴에 대한 두려움은, 사실 우리가 제대로 이해하지 못하는 자아에 대한 두려움에서 비롯된다. 자신이 죽으리라는 사실을 안다고 말하는 것과 죽음을 정말로 이해하는 것은 별개의 문제다. 우리가 경험해온 것은 오직 삶뿐이며, 우리가 아는 것은 오직 존재하는 것뿐이다. 그래서 우리는 자아를 유지하는 수단인 신체적 경험, 세상을 감각하는 인터페이스를 연장하려고 하는 것일지도 모른다.

육체의 죽음을 생각하는 것은 물론 달갑지 않지만, 진정으로 두려워하는 것은 죽음 그 자체가 아니라 살아 있는 동안 겪게 되는 변화와 소멸의 과정이다. 일어날지도 모를 고통, 활력 상실, 의료 시설에서 찾아올 수 있는 비존엄성, 이런 것은 모두 살아가는 동안 죽음을 맞는 과정에서 따라오는 근심이다. 죽음에 이르면 이런 경험은 모두 끝날 것이다. 존재하지 않게 된다는 사실이 두려운 이유는 분명하지 않다. 다만 '존재하지 않게 된다'는 것과 '이곳에서 사라진다'라는 것은 서로 다르다.

자아의 한 형태가 당신의 몸 뒤에 남아 계속 살아간다고 믿는다면, 죽음은 그저 육체적으로 여기에 없다는 사실을 의미할 뿐이다. 아끼는 사람들과 영원히 헤어진다는 생각에 두려울 수 있다. 미지의 것, 어디로 가는지 알 수 없다는 것도 두려울 수 있다. 이런 두려움은 더는 여기에 존재하지 않거나 사별하는 것에 대한 두려움이다. 죽음이란 존재 자체가 아닌 완전한 망각을 의미하는 것일 수도 있다. 이곳에 남겨진 이들은 여전히 애도할 것이 많지만, 떠나간 사람이 두려워할 일은 무엇일까? 망각의 경험을 두려워한다는 것은 무슨 의미가 있을까? 그런 경험을 할 '당신'은 없는데 말이다.

당신은 육신이 끝난 뒤에 무엇이 올지에 대해 나름의 믿음을 갖고 있다. 무언가가 있다면 말이다. 나는 사후 세계를 믿지 않는다. 이런 관점에서 볼 때 삶은 의식적인 경험이 연속됨을 의미한다. 내 몸의 형태나 고유한 의식이 지속되리라고 믿지 않는다. 그러나 이런 것이 내 자아를 구성한다고도 생각하지 않는다. 몸과 자아는 연결되어 있지만 그 둘은 하나가 아니며 동일하지도 않다.

따라서 육신이 죽은 다음에도 자아는 남을 수 있다. 죽음 이후의 삶이라기보다 죽음 이후의 자아라고 생각해보자. 그러나 자아도 불멸은 아니다. 자아는 몸보다 오래 살 수 있지만 몸이 죽듯 자아도 결국 죽는다.

내 몸이 죽을 때 내게서 분명히 떠나갈 것은 내 의식적인 경험이다. 즐겨 마셨던 와인 한 잔, 오토바이를 타고 달릴 때 스쳐 지나간 공기, 배우자와 함께 춤을 추었던 경험 같은 것이다. 그래서 나는 감동적인 모든 순간은 물론 평범한 순간도 음미하려 애쓴다. 이런 순간은 세상과 만나는 의식적 접점에 의존하기 때문이다. 이런 순간은 내 몸보다 오래 지속되지는 않을 것이다. 삶을 제대로 살아갈 때 나는 내 삶에 몰두한다. 삶은 앨범, 대화, 멋진 식사, 곤란한 만남, 나무 사이로 불어오는 산들바람 속에 있다. 내가 지속되리라 기대하지 않는 것은 이런 것들이다.

실제로 내가 어느 정도는 지속되리라고 예상하는 것은 사회적으로 구성된 내 자아다. 즉 내가 만든 관계가 나를 지속시키길 바란다. 적어도 한동안은 새로운 사람들이 내 삶의 경험을 발견하고 각자의 사회적 상황에서 나와 관계 맺을 수 있을지도 모른다. 교수로서 나는 여러 박사과정 학생에게 조언했고, 아마 그들은 자기 학생들에게 나에 대해 이야기할지도 모른다. 호언장담하는 내 성향을 두고 농담하거나 발표할 때 내 버릇에서 받은 인상을 따라 할지도 모른다. 새로 온 학생들은 나를 한 번도 만나지 못했겠지만, 내가 어떤 사람이었는지 느끼고 내가 자기 지도교수에게 어떤 영향을 미쳤고 역으로 그들이 내게서 어떤 영향을 받았는지 알아챌 수도 있다. 이렇게 나는 신체적으로 경험할 기회가 없는 미래의 연구에 참여한다.

내 자아가 신체적 죽음 이후에도 존재할 수 있다는 주장은 신비로운 것이 아니다. 나는 사람들을 내려다보는 의식 있는 영혼, 일종의 유령으로 살아가리라 기대하지 않는다. 물론 그렇게 된다면 멋진 일일지도 모르지만. 내 희망은 가족과 친구들, 내가 어떤 식으로든 만나는 사람들이 나를 겪으며 나와 맺은 관계를 유지하고, 나와 함께한 경험을 나누며 서로 관계 맺는 것이다. 그들이 우리가 함께한 시간에 관해 이야기하고, 내 결점을 두고 웃고, 이런 대화가 그들을 서로 연결하는 데 도움이 되고, 그러면서 나에 대한 기억과 나와의 연결을 강화하기를 바란다. 이런 상호작용은 지금의 나를 구성하고 내 몸이 사라진 뒤에도 지속될 관계를 이어 나갈 것이다. 우리가 죽은 뒤에 남는 것은 관계다. 이 관계는 육체가 죽어도 소멸하지 않는다. 관계는 육체적 삶과 죽음의 갈래나 슬픔 때문에 바뀔지 몰라도 어쨌든 지속된다.

내가 기억되는 한 내 자아의 어떤 부분은 계속 살아남는다. 나만 이런 생각을 하는 것은 아니다. 많은 이들이 자신이 떠났을 때 남길 유산에 관해 이야기한다. 부유한 사람들은 때로 수백만 달러를 지불하고 자신의 이름이나 사랑하는 이의 이름을 건물에 남긴다. 나는 릴랜드 스탠퍼드 주니어 대학교Leland Stanford Junior University에서 가르친다. 창립 가문의 유일한 자녀이자 열다섯 살에 사망한 소년의 이름을 딴 학교다. 지속될 무언가에 결속되려는 욕망, 자신의 무언가를 뒤에 남겨두고 싶은 욕망은 죽음 너머로 자아를 확장하려는 욕망으로 보인다. 아마 이 책은 내가 죽은 후에도 계속 남을 것이다. 새로운 사람들은 이 책을 읽고 나와 상호작용할 것이다. 독자들은 내가 들어가는 말에서 요청한 것처럼 손가락을 꼼지락거릴지도 모른다. 나는 이 책을 쓰면서 내 자아와 미래의 자아들 사이에 연결 가능성을 만들고 있는 셈이다.

어머니가 끔찍한 사고로 돌아가셨는데 나는 그 사실을 모른다고 상상해보자. 만약 죽음이 관계의 끝이라면, 어머니와 나의 관계는 어머니가 세상을 떠난 순간 끝난 셈이다. 그러나 그것은 조금 부당한 생각처럼 느껴진다. 어쩌면 내가 어머니의 죽음을 알게 된 순간이 진정한 끝일지도 모르겠다. 하지만 그 또한 온전히 옳다고는 할 수 없다. 내 육체적 삶이 끝날 때까지 그 관계를 나와 함께 가져갈 수도 있다. 나는 남은 평생 어머니의 목소리를 들을 수 있고, 그렇게 해서 어머니가 알지 못했던 다양한 관계에서 내가 드러나는 방식에 영향을 미칠 수 있다. 당신도 나와 어머니의 관계가 어머니의 죽음 이후에도 이어진다고 믿는다면, 내가 육체적 죽음이 곧 자아의 끝이 아니라고 말하는 이유를 이해할 것이다.

자아와 사회적 관계: 죽음 이후에도 지속되는 연결의 의미

한 걸음 더 나아가보자. 내게 아이가 있고 아이는 나를 통해 우리 어머니와 관계 맺고 있다고 가정해보자. 우리 아이는 이야기, 사진, 영상을 통해서만 내 어머니인 할머니에 대해 알고 있다. 우리 아이가 할머니를 직접 만난 적은 없지만 할머니와 관계 맺고 있다고 주장할 수 있다. 우리 아이는 할머니에 대해 자부심을 느끼고 할머니처럼 되고 싶어 하거나 할머니를 기쁘게 해드리고 싶어 할지도 모른다. 할머니에 관한 생각은 아이가 관계 속에서 상호작용하는 방식이나 미래에 대한 선택을 만든다.

당신은 우리 아이가 내 어머니인 자기 할머니를 잘 모른다고 주장할 수도 있다. 우리 아이가 할머니를 직접 알지는 못한다는 말이라면 맞다. 그렇다면 그것이 왜 중요한가? 만약 그것이 우리 아이가 할머니를 잘 알지 못하거나, 어머니의 진정한 자아를 모른다는 뜻이라면 그 점은 분명 중요할지도 모른다. 그러나 어머니 밑에서 자란 나는 어머니를 정말 잘 알까?

하지만 누군가를 진정으로 안다는 것은 과연 무엇을 의미할까? 그 사람에 대해 모든 것을 안다는 뜻은 아닐 것이다. 어떤 면에서 당신이 아주 잘 안다고 생각했던 누군가에 대해 다른 사실을 알고 놀랄 수도 있다. 누군가를 전부 안다는 것이 불가능하기도 하지만, 그 사람을 만나는 경험도 당신에게만 고유한 것이다. 당신이 유일한 존재이기 때문이다. 당신이 누군가에 대해 아는 모든 것은 자신이라는 렌즈를 통해 걸러진 것이다.

당신은 모든 관계에 무언가를, 바로 당신의 자아를 가져온다. 당신이 타인을 경험하는 방식은 공유될 수 있지만 그렇다고 당신이 아는 그 사람과 내가 아는 그 사람이 같다는 의미는 아니다. 분명 이런 일을 경험한 적이 있을 것이다. 친구의 부모님을 처음 만났을 때를 떠올려보자. 보통 그럴 때 친구의 '다른 면'을 봤을 것이다. 평소에는 거친 친구지만 부모님과 함께 있을 때는 놀라울 정도로 온순하다. 이때 당신이 실제로 보고 있는 것은 친구의 다른 자아, 보통 그 사람을 보는 관계망과는 다른 관계망에서 만들어진 자아다.

아마 당신은 이전에 알던 친구의 자아와 부모와 함께 있을 때 본 자아 중 어떤 것이 진짜냐고 묻지는 않을 것이다. 둘 다 진짜다. 우리 아이가 내 어머니에 대해 다른 관점을 지녔다고 해서 내 관점이 진짜라는 뜻은 아니다. 나는 그저 내 어머니를 다르게 알고 있을 뿐이다. 사실 우리 아이는 나를 보는 관점을 통해 우리 어머니를 보기 때문에, 아이는 어머니에 대해 내가 몰랐지만 사실이라 여겨지는 무언가를 말해줄 수도 있다. 자아들은 자아를 구성하는 관계만큼이나 복잡하다.

따라서 관계가 서로의 자아에 영향을 주고받는 상호적인 과정이라면, 누군가가 죽었다고 해서 생전에 알지 못했던 사람과 진정한 관계를 맺을 가능성까지 사라지는 것은 아니다. 자아가 상호작용과 관계로 이루어진 네트워크라면, 그것을 기억하고 이어가는 이들이 있는 한 자아는 사라지지 않는다. 죽음은 관계의 끝이 아니며, 이는 육체적 죽음이 자아의 끝은 아니라는 의미다.

자아는 육체적 죽음 이후에도 관계 속에서 지속된다

자아가 육체보다 오래 살 수 있다는 생각이 자아가 불멸이라는 생각과 동일한 것은 아니다. 자아는 관계 속에 존재한다. 자아는 상호작용 안에 살고 그 안에서 진화한다. 당신의 자아를 구성했던 관계와 상호작용의 별자리가 다른 사람의 관계 속에서 계속 존재하는 한, 당신의 자아 또한 살아 있는 것이다. 이 자아는 당신이 육체적으로 죽기 전에 존재했던 것과 동일한 자아일까? 아니다. 그러나 오늘의 당신은 어제와 같은 자아인가?

만약 내일이 되어 주변의 모든 사람이 당신의 존재를 잊거나 부인한다면, 육체적으로 죽었든 살아 있든 그 자아는 존재하지 않는다. 아는 모든 사람이 죽고 새로 태어난 사람은 아무도 당신의 존재를 모른다면 그 자아도 더는 존재하지 않는다. 결국 우리 모두에게도 이런 운명이 닥치겠지만 그 과정의 시작이나 끝을 알리는 것은 육체적 죽음이 아니다.

자아는 나이를 먹는다. 우리가 남길 공적에 관한 생각은 희미해지고, 삶을 향한 열정의 기억은 흐려질 것이며, 욕망의 날카로운 가장자리는 무뎌진다. 이런 일은 평생에 걸쳐 일어난다. 때로 우리는 노인들이 우리만큼 강렬한 욕망을 지닌 적이 없다는 듯, 그들의 분노가 우리의 분노만큼 뜨거웠던 적이 없다는 듯, 그들이 지금 우리처럼은 한 번도 존재한 적이 없다는 듯 대한다. 자신에 대한 기억과 그 기억이 이어나가는 관계는 진화하다 결국 사라질 것이다. 이것이 자아가 죽는 과정이다.

우리의 자아와 사랑하는 사람의 자아가 육신의 죽음 이후에도 지속될 수 있다는 생각으로 이 장을 맺을 수도 있다. 그러나 대신 나는 다른 말로 끝맺으려 한다. 우리는 모두 적어도 두 번의 죽음을 겪는다. 한 번은 육체적 죽음, 한 번은 더욱 최종적인 자아의 죽음이다. 오늘날 불멸을 위한 놀라운 노력이 이어지지만 가장 일어날 확률이 높은 일은 육신의 죽음이다. 우리는 한동안 기억될지 모른다. 우리의 자아도 지속될 것이다. 그러나 결국 관계 속에 존재하는 우리에 대한 기억도 희미해지고 마찬가지로 죽게 된다. 나는 우리가 죽음을 멈출 수 있다고는 생각하지 않는다. 어쩌면 우리는 그것을 멈추기를 원하지도 말아야 할 것이다.

육체적 죽음은 삶에 무게와 의미를 부여한다. 우리는 부분적으로 삶이 유한하기 때문에 삶에 감사한다. 매 순간이 가능성이다. 모든 순간이 우리 앞에 무한히 펼쳐지지 않는다는 사실은 두려움과 체념을 불러일으키기도 하지만 행위에 동기를 부여할 수도 있다. 체념하거나 두려워하기보다, 오히려 삶에 동기를 부여받고 감사하기로 선택할 때 우리는 더 잘 살아갈 수 있다.

죽음에 직면했을 때 죽음은 우리가 제한된 피조물로서 서로 관계 맺도록 한다. 우리는 죽을 때 다른 사람들이 우리를 애도하기를 바란다. 그러나 우리는 그들이 확장될 여지를 만들어줄 수도 있다. 우리가 누구였는지는 그들 이야기의 일부가 된다. 그 이야기 속에 우리가 풍요로움을 더하지는 못하더라도, 적어도 불필요한 제한을 덜어낼 수는 있을 것이다. 우리는 관계에 독특한 경험을 선사하고 배우자, 친구, 가족 구성원 자아의 경계를 바꾼다. 우리의 존재 자체가 타인을 만들고 요구한다. 삶을 구성하는 것은 이런 관계다. 관계는 윤리도 만든다. 우리는 아낌없이 주고 우아하게 떠나기 위해 애써야 한다. 축제는 영원히 계속되지 않으며 그래서도 안 된다.

나가며

'나'라는 존재를 다시 생각하는 이유

존재의 사회적 본질에 대해 깊은 경외감과 경이를 느낀다. 대학원에서 이 책에 대한 몇 가지 아이디어가 떠올랐을 때 눈앞에 새로운 세상이 열린 듯했던 느낌을 지금도 기억한다. 내가 사는 세계의 표면 아래 작동하는 세계가 있는 것 같았고 이따금 이 모두를 움직이는 스프링과 기어를 볼 수 있었다. 나는 연결되고자 하는 인간의 욕구, 우리가 세상을 보는 방식에 타인이 미치는 영향, 질서에 대한 욕구와 이 질서를 함께 만드는 능력을 분명히 보았다. 우리가 매일 엮는 일상적인 상호작용 아래에는 세계가 있지만 우리는 대체로 살아가면서 해결해야 하는 일에만 집중한다.

삶의 작동 원리, 그리고 우리 존재를 형성하는 거대한 관계의 그물망을 조금 더 명확히 바라볼 때, 우리가 이해해야 할 신비가 얼마나 많은지 새삼 놀라게 된다. 그러나 이것만으로는 충분하지 않다는 이야기를 많이 들었다. 사람들이 이 정보로 무엇을 해야 하는지, 가림막이 걷히면 세상을 어떻게 탐색해야 할지 알고 싶어

한다는 점은 분명하다. 사실 나는 이 정보를 바탕으로 당신이 무엇을 해야 하는지를 말해줄 적임자라고는 생각하지 않는다. 이 책을 시작할 때 인생을 고칠 공식 따위는 없으며 당신의 인생을 고치는 것이 결코 내 목표가 아니라고 말했던 점을 기억하자. 그렇다 해도 이런 사유는 중요하며, 당신이 삶을 이해하고 살아가는 방식에 분명한 영향을 미친다. 어떻게 그러한지 명확히 살펴보자.

나는 당신이 삶의 어느 지점에 있든, 자아를 이해하고 지금의 당신이 어떻게 형성되었는지를 함께 살피겠다는 약속으로 이 책을 시작했다. 나는 자아가 관계와 상호작용이 복잡하게 배열된 산물이라고 말했다. 그렇게 말하고 나니 너무 당연한 생각처럼 들린다. 그랬기를 바란다. 그러나 자아가 사회적 산물이라는 사실을 깨닫고 믿게 되면 어떻게 될까? 이 책의 목적은 그 질문에 대한 답을 살펴보는 것이었다.

자아는 사회적 관계에서 형성되며, 자유와 선택은 사회적 환경에 영향받는다

다른 사람이 우리를 창조한다면 우리는 그만큼만 자유로울 수 있다. 나는 이것이 문제라고 생각하지는 않는다. 사실 나는 사회 구조가 부여하는 제약이 위안이 된다고 믿는다. 지금까지 살펴본 것처럼, 무한한 선택이 가능하다는 생각은 그리 만족스러운 답이 되지 않는다. 무엇보다 우리가 다른 사람들과 효과적으로 관계 맺고 타인에게 이해받으려면 그들이 우리를 인지할 수 있어야 한다.

우리는 관계를 통해 존재하지만, 그 관계가 우리의 자유를 제한한다는 점은 인정해야 한다. 받아들이기 어려운 것은 자아가 태어날 때 주어진, 형언할 수 없고 불변하는 본질이 아니라는 사실이다. 물론 우리는 생물학적 청사진인 DNA를 갖고 태어나지만 이것이 운명을 정하는 것은 아니다. 우리 안에 발견해야 할 본질적인 자아가 없다는 사실은 사람들이 자아를 이해하는 방식에 도전장을 내밀며, 우리는 이처럼 세계관을 뒤흔드는 도전에 쉽사리 대응하지 못한다. 이런 점을 고려하면, 우리에게 중요한 것은 자아를 인식하고, 그 감각이 단순한 겉모습이 아니라 우리를 정의하는 더 깊고 지속적인 진실을 포착한다고 믿는 일이다. 나는 이런 관점을 너그럽게 받아들이고, 자아란 당신이 속한 사회가 만든 역동적인 산물일 수도 있다는 가능성을 고려하자고 제안했다. 어려운 제안이라는 사실도 잘 알고 있다.

세상을 예측할 수 있다고 느낄 때 우리는 편안히 지낼 수 있다. 따라서 우리가 세상의 중심이라 여기는 '당신'과 '나'가 유동적일 수 있다는 생각은 불편하다. 중심이 흔들린다면, 그 밖의 것은 과연 얼마나 안정적일 수 있을까? 설상가상으로 내가 설명한 세상에서는 누구도 자신의 실체를 드러낼 수 없다. 좋든 나쁘든, 이 세상에서 우리가 누구이며 어디에 있는지는 사회적 힘과 타인에 의해 끊임없이 형성된다. 우리는 평생, 그리고 지금 이 순간에도 수많은 영향을 받고 있으며, 그 영향들이 우리를 여기로 이끌었고 앞으로 또 다른 곳으로 데려갈 것이다. 물론 당신은 이미 이런 사실을 알고 있었을지도 모른다.

우리는 자신이 여전히 굳건히 운전대를 쥐고 있거나 그래야 한다는 생각에 집착한다. 자유롭다는 느낌, 자기 삶을 책임진다는 느낌, 자신의 운명을 통제하고 있거나 그럴 수 있다는 느낌 없이는 살아가기 힘들다. 물론 우리에게 자유가 있는지, 그리고 그 자유가 책임을 수반하는지도 중요하다. 하지만 내가 말하고자 하는 핵심은 그것이 아니다. 우리는 '나'라는 개념에 지나치게 집착한 나머지, 종종 그것을 오해한다는 점이다. 나는 대부분의 사람이 자아를 이해하는 방식에 대안을 제시했다.

내가 누군지 선택할 수 있다고 해도 혼자서는 결코 그렇게 할 수 없다. 상상할 수 있는 선택지, 선호, 행위의 결과에 대한 해석, 행위의 실제 결과는 모두 우리가 살아가는 사회 환경과 연관이 있다. 우리는 생물학적 특성으로 제한되고, 관계로 다듬어지고 형성되며, 문화로 의미를 갖게 되는 거울이다. 이 거울로 다른 사람에게 우리의 실재를 비춰 보인다.

본질적 자아와 사회적 환경의 관계

내가 제안한 관점의 의미가 마음에 들지 않을 수도 있다. 안락하게 살거나 상당한 사회적 특권을 누린다면 내 주장이 불편하게 느껴질 수 있다. 흔히 인생에서 좋은 것을 갖는 것만으로는 충분하지 않다. 우리는 이런 것을 출생이나 사회 환경에서 그저 얻은 것이 아니라 우리 미덕이 나타내는 증거라고 생각한다. 그 미덕은 근면성으로 나타날 수도 있고, 선천적인 지능일 수도 있고, 고귀한 출생이라는 신성한 손길일 수도 있다. 그 미덕이 무엇이든 우리는 그

것에 어떤 본질이 부여되어야 한다고 여긴다. 본질적이고 핵심적인 자아가 없다고 여기려면 큰 성공 앞에서 겸손해지는 일은 중요하지만, 실제로 그렇게 행동하기는 쉽지 않다.

반면 삶이 버겁다면 상황은 좀 더 복잡하겠지만 이때도 여전히 본질적인 자아를 원할 이유가 있다. 상황과 관련 없는 본질이 있다고 생각하면 세상을 다른 방향으로 바꿀 수 있다고 상상할 수 있다. 상황을 개선하려고 "정신 차려", "힘내", "나를 믿어" 같은 자기 훈계를 할 수도 있다. 본질적인 자아는 세상이 부여한 자아와 분리되어 있으며 우리는 그 자아를 넘어 올라갈 수 있다. 주어진 환경을 극복할 수 있다.

이런 생각을 버릴 때 발생할 비용을 감안하고라도 왜 내 사고방식을 채택해야 할까? 그 대가로 무엇을 얻을 수 있을까? 나는 이런 사고방식을 통해 자기 자신과 다른 사람의 자아에 대한 이해가 깊어지고 삶의 경험에 또 다른 차원이 더해지기를 바란다. 우리가 다른 사람을 형성하는 데 어떤 역할을 하는지를 생각해보는 일은 충분히 가치 있다. 우리의 존재는 주변 사람에게 영향을 미치며, 그들에게 무언의 요구를 건넨다. 이런 사실을 인정하고 받아들일 때 힘과 책임감을 동시에 느낀다.

사회적 관계와 공동체의 힘이 자아를 정의한다

보통 우리는 권력을 다른 사람이 원하는 자원을 통제하는 것으로 생각한다. 나는 당신에게 돈을 주겠다고 약속하거나 어떤 형태의 처벌을 할 것이라고 위협할 수 있다. 우리가 서로를 만들어간다는 사실을 받아들인다면, 힘은 더 이상 물질적인 결과를 통제하는 능력에만 국한되지 않는다. 당신은 평범하고 일상적인 상호작용에서 힘을 발휘한다. 당신은 다른 사람의 자아를 긍정하거나 그에 도전한다. 당신은 타인의 존재 가능성을 열어주거나 닫을 수 있다. 그리고 타인 역시 당신에게 그렇게 할 수 있다. 당신과 타인이 이 가능성과 그에 수반하는 책임을 진지하게 받아들인다면, 당신의 행동 방식과 세상에 어떤 변화가 일어날까?

어떤 사람을 여성 또는 남성, 흑인 또는 백인, 미국인 또는 독일인이라고 결정할 때 우리는 그 사람이 어떤 사람이고 누가 될 수 있는지에 영향을 미친다. 우리를 여성 또는 남성, 흑인 또는 백인, 미국인 또는 독일인으로 봐달라고 요청할 때 우리는 다른 사람에게 자신이 어떤 사람인지 (다시 한 번) 고려해달라고 요청하는 셈이다. 누군가가 "좋은 아침이에요" 하고 인사하거나, 스쳐 지나가며 살짝 미소 짓는 단순한 교류조차 거부된다면 그 부재는 모두에게 영향을 남긴다. 아주 짧은 순간이라도, 우리는 상대의 인간성을 인정하지 않고 동시에 자신의 인간성이 인정받을 기회를 잃게 된다.

관계와 그 관계가 만드는 공동체는 복잡한 문제다. 우리가 태어나는 세상은 텅 비어 있지 않다. 우리와 자아를 구성하는 관계는 과거와 연결되고 미래로 투영되는 공동체, 즉 자아들의 네트워크에 존재한다.

우리를 자아의 공동체로 결속시키는 정체성에는 '타고난' 것이 없다. 우리는 그저 어떤 정체성을 가진 존재가 아니라, 특정한 공동체 안에서 형성된 정체성을 지닌 존재다. 이곳에서는 이것이고 저곳에서는 저것이다. 공동체는 정체성을 부여하면서 엄청난 힘을 지니게 된다. 자신이 원하는 대로 자신을 보지 않는 공동체에 사는 경험은 고통스럽다. 그러나 공동체가 현실을 해석하는 방식을 강요할 권력을 갖게 될 때, 바로 그 순간 공동체는 위험해진다. 민족국가는 세계를 조직하고 운영한다. 국제 정치, 국가 정치, 심지어 지역 정치도 흔히 공동체를 서로 대립하게 만든다. 그리고 이런 공동체에 사는 자아는 집단의 이름으로 기꺼이, 말 그대로 목숨을 바쳐 싸우기도 한다.

자아가 공동체를 구성하고 공동체는 자아가 갈망하는 불멸의 감각을 제공한다는 사실을 이해하지 않고서는 정치를 제대로 이해할 수 없다. 제대로 일하는 정치인이라면, 공유된 정체성을 중심으로 사람들을 결집하는 것보다 더 효과적인 일이 없다는 사실을 누구보다 잘 안다. 특히 외부의 '적'이 인식될 때는 더욱 그렇다. 정체성 투쟁은 실존적인 투쟁이다.

자아가 어떻게 작동하고 무엇인지 바라보는 믿음은 삶의 경험에 영향을 미친다. 그런 믿음은 당신이 무엇에 빚지고 있는지, 무엇을 성취해야 한다고 여기는지, 무엇이 좋은 삶을 만든다고 생각하는지에 영향을 미친다. 수많은 믿음은 삶의 방식과 삶을 느끼는 방식에 영향을 미친다. 그러나 이 가운데 많은 믿음은 검증되지 않은 가정에 바탕을 둔다. 다른 사람이 당신을 형성한다고 믿으면서 동시에 자신이 다른 사람보다 더 많이 받을 자격이 있다고 믿을 수 있을까? 공동체가 매일 당신을 형성한다는 사실을 깨닫는다면 공동체에 무엇이 가장 도움이 될지 자문하지 않을까?

자아의 어떤 면에 만족하지 못한다면 내면을 살피는 대신 관계를 고려해보라고 제안하고 싶다. 가까운 사람과 어떻게 교류하는가? 그 관계 안에서 당신은 타인에게 무엇을 만들어주며, 반대로 그들은 당신 안에서 무엇을 형성하고 있는가? 어떤 공동체에 속해 있는가? 어떤 사회적 정체성이 당신을 정의하는가?

당신의 자아가 사회적 창조물이라면 타인의 자아 역시 마찬가지다. 다른 사람을 이렇게 볼 수 있다면 더 깊은 평정 상태에 도달할 수 있을 것이다. 우리 모두가 서로에게 책임이 있다는 사실을 받아들인다면 다른 사람의 결점을 용서하거나 과거를 돌아보기가 좀 더 쉬워질 수도 있다. 우리 자아처럼 다른 사람들의 자아도 그들이 맺은 관계의 결과다.

이런 질문을 품고 살아간다면 우리는 조금 더 친절해지고, 인내심 있고, 관대해질 수 있을 것이다. 어쩌면 삶이 이전보다 견디기 수월해지고, 타인을 조금은 더 쉽게 이해하게 될지도 모른다.

주석

들어가며: 당신은 나의 거울

1. Gilbert, Daniel T., Elizabeth C. Pinel, Timothy D. Wilson, Stephen J. Blumberg, and Thalia P. Wheatley. "Immune Neglect: A Source of Durability Bias in Affective Forecasting." Journal of Personality and Social Psychology 75, no. 3 (1998): 617–38. https://doi.org/10.1037/0022–3514.75.3.617.

2. Wilson, T. D. Strangers to Ourselves: Discovering the Adaptive Unconscious. Cambridge, MA: Belknap Press of Harvard University Press, 2002.

3. Wilson, T. D., and D. T. Gilbert. "Affective forecasting: Knowing what to want." Current Directions in Psychological Science, 2005.

4. Wilson, Timothy D., Thalia Wheatley, Jonathan M. Meyers,

Daniel T. Gilbert, and Danny Axsom. "Focalism: A Source of Durability Bias in Affective Forecasting." Journal of Personality and Social Psychology 78, no. 5 (2000): 821–36. https://doi.org/10.1037/0022-3514.78.5.821.

5. Hoffman, Donald. The Case against Reality: Why Evolution Hid the Truth from Our Eyes. New York: Norton, 2019.

6. Mezulis, Amy H., Lyn Y. Abramson, Janet S. Hyde, and Benjamin L. Hankin. "Is there a universal positivity bias in attributions? A meta-analytic review of individual, developmental, and cultural differences in the self-serving attributional bias." Psychological Bulletin 130, no. 5 (2004): 711.

7. Sloman, S. A., and P. Fernbach. The Knowledge Illusion: Why We Never Think Alone. New York: Penguin, 2018, pp. 296–98.

8. Gigerenzer, Gerd, and Daniel G. Goldstein. "Reasoning the Fast and Frugal Way: Models of Bounded Rationality." Psychological Review 103, no. 4 (1996): 650–69. https://doi.org/10.1037/0033-295x.103.4.650.

9. Kahneman, Daniel. "A Perspective on Judgment and Choice: Mapping Bounded Rationality." American Psychologist 58, no. 9 (2003): 697–720.

10. Cooley, Charles Horton. "Looking-glass self." The Production of Reality: Essays and Readings on Social Interaction 6 (1902): 126–28.

11. Mead, George Herbert, and Cornelius Schubert. Mind, Self and

Society 111. Chicago: University of Chicago Press, 1934.

12.　Gaither, Sarah E., Samantha P. Fan, and Katherine D. Kinzler. "Thinking about Multiple Identities Boosts Children's Flexible Thinking." Developmental Science 23, no. 1 (July 2, 2019). https://doi.org/10.1111/desc.12871.

13.　Suh, Eunkook M. "Culture, Identity Consistency, and Subjective Well-Being." Journal of Personality and Social Psychology 83, no. 6 (2002): 1378–91. https://doi.org/10.1037/0022-3514.83.6.1378.

14.　Steele, Claude M. Whistling Vivaldi: How Stereotypes Affect Us and What We Can Do. New York: Norton, 2011.《고정관념은 세상을 어떻게 위협하는가》, 바이북스

15.　Gibson, Carolyn E., Joy Losee, and Christine Vitiello. "A Replication Attempt of Stereotype Susceptibility." Social Psychology 45, no. 3 (May 2014): 194–98. https://doi.org/10.1027/1864–9335/a000184.

16.　Shih, Margaret, Todd L. Pittinsky, and Nalini Ambady. "Stereotype Susceptibility: Identity Salience and Shifts in Quantitative Performance." Psychological Science 10, no. 1 (January 1999): 80–83. https://doi.org/10.1111/1467–9280.00111.

17.　Shih, Margaret, Todd L. Pittinsky, and Amy Trahan. "Domain-Specific Effects of Stereotypes on Performance." Self and Identity 5, no. 1 (January 2006): 1–14. https://doi.org/10.1080/15298860500338534.

18. Carse, James P. Finite and Infinite Games: A Vision of Life as Play and Possibility. New York: Free Press, 2012. 《유한 게임과 무한 게임》, 마인드빌딩

19. Maier, Steven F., and Martin E. Seligman. "Learned helplessness: Theory and evidence." Journal of Experimental Psychology: General 105, no. 1 (1976): 3.

20. Kay, Aaron C., Jennifer A. Whitson, Danielle Gaucher, and Adam D. Galinsky. "Compensatory Control." Current Directions in Psychological Science 18, no. 5 (October 2009): 264–68. https://doi.org/10.1111/j.1467–8721.2009.01649.x.

21. Landau, Mark J., Aaron C. Kay, and Jennifer A. Whitson. "Compensatory Control and the Appeal of a Structured World." Psychological Bulletin 141, no. 3 (May 2015): 694–722. https://doi.org/10.1037/a0038703.

22. Marsh, Abigail A., Hillary Anger Elfenbein, and Nalini Ambady. "Nonverbal 'Accents': Cultural Differences in Facial Expressions of Emotion." Psychological Science 14, no. 4 (July 2003): 373–76. https://doi.org/10.1111/1467–9280.24461.

23. Swann, William B., Alan Stein-Seroussi, and R. Brian Giesler. "Why People Self-Verify." Journal of Personality and Social Psychology 62, no. 3 (1992): 392–401. https://doi.org/10.1037/0022–3514.62.3.392.

24. Stryker, Sheldon, and Peter J. Burke. "The Past, Present, and Future of an Identity Theory." Social Psychology Quarterly 63, no. 4

(December 2000): 284. https://doi.org/10.2307/2695840.

1부: 당신과 자아

1장. 진짜 '나'는 존재하는가?

1. Borges, Jorge Luis. Selected Non-Fictions: Volume 3. New York: Penguin Books, 2000.《말하는 보르헤스》, 민음사

2. Hume, David. A Treatise of Human Nature. Mineola, NY: Dover, 2003.《인간 본성에 관한 논고》, 살림

3. Rothbart, Mary K., Stephan A. Ahadi, Karen L. Hershey, and Phillip Fisher. "Investigations of Temperament at Three to Seven Years: The Children's Behavior Questionnaire." Child Development 72, no. 5 (September 2001): 1394–1408. https://doi.org/10.1111/1467–8624.00355.

4. Rothbart, Mary K., Stephan A. Ahadi, and David E. Evans. "Temperament and Personality: Origins and Outcomes." Journal of Personality and Social Psychology 78, no. 1 (2000): 122–35. https://doi.org/10.1037/0022–3514.78.1.122.

5. Roberts, Brent W., and Wendy F. DelVecchio. "The Rank-Order Consistency of Personality Traits from Childhood to Old Age: A Quantitative Review of Longitudinal Studies." Psychological Bulletin 126, no. 1 (2000): 3–25. https://doi.org/10.1037/0033–2909.126.1.3.

6. Strohminger, Nina, and Shaun Nichols. "The Essential Moral

Self." Cognition 131, no. 1 (April 2014): 159–71. https://doi.org/10.1016/j.cognition.2013.12.005.

7. Ross, Lee, and Andrew Ward. "Naive realism in everyday life: Implications for social conflict and misunderstanding." Values and Knowledge (1996): 103–35.

8. Echterhoff, Gerald, E. Tory Higgins, and John M. Levine. "Shared Reality: Experiencing Commonality with Others' Inner States about the World." Perspectives on Psychological Science 4, no. 5 (September 2009): 496–521. https://doi.org/10.1111/j.1745–6924.2009.01161.x.

9. Higgins, E. Tory, Maya Rossignac-Milon, and Gerald Echterhoff. "Shared Reality: From Sharing-Is-Believing to Merging Minds." Current Directions in Psychological Science 30, no. 2 (April 2021): 103–10. https://doi.org/10.1177/0963721421992027.

10. Allport, Gordon W. The Nature of Prejudice. Boston: Addison-Wesley, 1954.《편견》, 교양인

11. Friesen, Justin P., Aaron C. Kay, Richard P. Eibach, and Adam D. Galinsky. "Seeking Structure in Social Organization: Compensatory Control and the Psychological Advantages of Hierarchy." Journal of Personality and Social Psychology 106, no. 4 (2014): 590–609. https://doi.org/10.1037/a0035620.

12. Whitson, J. A., and A. D. Galinsky. "Lacking Control Increases Illusory Pattern Perception." Science 322, no. 5898 (October 3, 2008): 115–17. https://doi.org/10.1126/science.1159845.

13. Hoffman, Donald. The Case against Reality: Why Evolution Hid the Truth from Our Eyes. New York: Norton, 2019.

14. Koffka, K. Principles of Gestalt Psychology. New York: Harcourt, Brace, 1935.

15. Richer, P. "The concepts of subjectivity and objectivity in Gestalt psychology." Journal of Phenomenological Psychology 10, no. 1 (1979).

16. Bechlivanidis, Christos, Marc J. Buehner, Emma C. Tecwyn, David A. Lagnado, Christoph Hoerl, and Teresa McCormack. "Human Vision Reconstructs Time to Satisfy Causal Constraints." Psychological Science 33, no. 2 (January 4, 2022): 224–35. https://doi.org/10.1177/09567976211032663.

17. Whitson, Jennifer A., Adam D. Galinsky, and Aaron Kay. "The Emotional Roots of Conspiratorial Perceptions, System Justification, and Belief in the Paranormal." Journal of Experimental Social Psychology 56 (January 2015): 89–95. https://doi.org/10.1016/j.jesp.2014.09.002.

18. Macrae, C. Neil, Alan B. Milne, and Galen V. Bodenhausen. "Stereotypes as Energy-Saving Devices: A Peek inside the Cognitive Toolbox." Journal of Personality and Social Psychology 66, no. 1 (January 1994): 37–47. https://doi.org/10.1037/0022-3514.66.1.37.

19. J. Aislinn Bohren, Kareem Haggag, Alex Imas, Devin G. Pope, and National Bureau. Inaccurate Statistical Discrimination: An

Identification Problem. Cambridge, MA: National Bureau of Economic Research, 2019.

20. Fiske, Susan T., and Shelley E. Taylor. Social Cognition: From Brains to Culture. Thousand Oaks, CA: SAGE, 2013.

21. Laurin, Kristin, Aaron C. Kay, and David A. Moscovitch. "On the Belief in God: Towards an Understanding of the Emotional Substrates of Compensatory Control." Journal of Experimental Social Psychology 44, no. 6 (November 2008): 1559–62. https://doi.org/10.1016/j.jesp.2008.07.007.

22. Goldstein, Noah J., Robert B. Cialdini, and Vladas Griskevicius. "A Room with a Viewpoint: Using Social Norms to Motivate Environmental Conservation in Hotels." Journal of Consumer Research 35, no. 3 (October 2008): 472–82. https://doi.org/10.1086/586910.

23. Armel, K. Carrie, and V. S. Ramachandran. "Projecting Sensations to External Objects: Evidence from Skin Conductance Response." Proceedings of the Royal Society of London. Series B: Biological Sciences 270, no. 1523 (July 22, 2003): 1499–1506. https://doi.org/10.1098/rspb.2003.2364.

24. Porciello, Giuseppina, Ilaria Bufalari, Ilaria Minio-Paluello, Enrico Di Pace, and Salvatore Maria Aglioti. "The 'Enfacement' Illusion: A Window on the Plasticity of the Self." Cortex 104 (July 2018): 261–75. https://doi.org/10.1016/j.cortex.2018.01.007.

25. Sforza, Anna, Ilaria Bufalari, Patrick Haggard, and Salvatore

M. Aglioti. "My Face in Yours: Visuo-Tactile Facial Stimulation Influences Sense of Identity." Social Neuroscience 5, no. 2 (April 2010): 148–62. https://doi.org/10.1080/17470910903205503.

26. Langlois, Judith H., Jean M. Ritter, Rita J. Casey, and Douglas B. Sawin. "Infant Attractiveness Predicts Maternal Behaviors and Attitudes." Developmental Psychology 31, no. 3 (May 1995): 464–72. https://doi.org/10.1037/0012-1649.31.3.464.

27. Lorenzo, Genevieve L., Jeremy C. Biesanz, and Lauren J. Human. "What Is Beautiful Is Good and More Accurately Understood." Psychological Science 21, no. 12 (November 4, 2010): 1777–82. https://doi.org/10.1177/0956797610388048.

28. Sherman, G. D., and P. H. Mehta. "Stress, Cortisol, and Social Hierarchy." Current Opinion in Psychology 33 (June 1, 2020): 227–32. https://doi.org/10.1016/j.copsyc.2019.09.013.

29. Rueden, C. R. von, B. C. Trumble, M. Emery Thompson, J. Stieglitz, P. L. Hooper, A. D. Blackwell, H. S. Kaplan, and M. Gurven. "Political Influence Associates with Cortisol and Health among Egalitarian Forager-Farmers." Evolution, Medicine, and Public Health, no. 1 (September 11, 2014): 122–33. https://doi.org/10.1093/emph/eou021.

30. Chetty, Raj, John N. Friedman, Nathaniel Hendren, Maggie R. Jones, and Sonya R. Porter. The Opportunity Atlas: Mapping the Childhood Roots of Social Mobility, no. w25147. Cambridge, MA: National Bureau of Economic Research, 2018.

31. Chetty, Raj, Nathaniel Hendren, and National Bureau. The Impacts of Neighborhoods on Intergenerational Mobility I: Childhood Exposure Effects. Cambridge, MA: National Bureau of Economic Research, 2016.

2장. 거짓 약속: 자기계발과 자율성의 신화

1. La Ferla, Ruth. "Manifesting for the Rest of Us." New York Times, January 23, 2021. https://www.nytimes.com/2021/01/20/style/self-care/how-to-manifest-2021.html.

2. Gill, Christopher. The Structured Self in Hellenistic and Roman Thought. Oxford: Oxford University Press, 2006.

3. Weintraub, Karl Joachim. The Value of the Individual: Self and Circumstance in Autobiography. Chicago and London: University of Chicago Press, 1982.

4. Siedentop, Larry. Inventing the Individual: The Origins of Western Liberalism. Cambridge, MA: Belknap Press of Harvard University Press, 2017. 《개인의 탄생》, 부글북스

5. Christy, Andrew G., Rebecca J. Schlegel, and Andrei Cimpian. "Why Do People Believe in a 'True Self'? The Role of Essentialist Reasoning about Personal Identity and the Self." Journal of Personality and Social Psychology 117, no. 2 (August 2019): 386–416. https://doi.org/10.1037/pspp0000254.

6. Schlegel, Rebecca J., and Joshua A. Hicks. "The True Self and

Psychological Health: Emerging Evidence and Future Directions." Social and Personality Psychology Compass 5, no. 12 (December 2011): 989–1003. https://doi.org/10.1111/j.1751-9004.2011.00401.x.

7. Strohminger, Nina, Joshua Knobe, and George Newman. "The True Self: A Psychological Concept Distinct from the Self." Perspectives on Psychological Science 12, no. 4 (July 2017): 551–60. https://doi.org/10.1177/1745691616689495.

8. Dulaney, Ellen S., Verena Graupmann, and Kimberly A. Quinn. "Who Am I and How Often? Variation in Self-Essentialism Beliefs, Cognitive Style, and Well-Being." Personality and Individual Differences 136 (January 2019): 148–59. https://doi.org/10.1016/j.paid.2017.10.011.

9. Mayr, Ulrich, and Alexandra M. Freund. "Do we become more prosocial as we age, and if so, why?" Current Directions in Psychological Science 29, no. 3 (2020): 248–54.

10. Taylor, Charles. Sources of the Self: The Making of the Modern Identity. Cambridge, MA: Harvard University Press, 1989. 《자아의 원천들》, 새물결

11. Panofsky, Erwin. Idea; a Concept in Art Theory. Translated by Joseph J. S. Peake. Columbia, SC: University of South Carolina Press, 1968. 《파노프스키의 이데아》, 예경

12. Descartes, René. Discourse on Method and Meditations on First Philosophy. Indianapolis, IN: Hackett, 1999.

13. Smith, Norman Kemp. Immanuel Kant's Critique of Pure Reason. Redditch, Great Britain: Read Books, 2011.

14. Smith, Adam. An Inquiry into the Nature and Causes of the Wealth of Nations. Petersfield, UK: Harriman House, 2010.《국부론》, 비봉출판사

15. Smith, Adam. The Theory of Moral Sentiments. New York: Penguin, 2010.《도덕감정론》, 한길사

16. Samuelson, Paul Anthony. Economics: An Introductory Analysis. New York: McGraw-Hill, 1997.《새뮤얼슨의 경제학》, 유비온

17. Adam, Hajo, Otilia Obodaru, and Adam D. Galinsky. "Who You Are Is Where You Are: Antecedents and Consequences of Locating the Self in the Brain or the Heart." Organizational Behavior and Human Decision Processes 128 (May 2015): 74–83. https://doi.org/10.1016/j.obhdp.2015.03.004.

18. Goldstein, M. "The Decade of the Brain." Neurology 40, no. 2 (1990): 321.

19. Bigenwald, Ariane, and Valerian Chambon. "Criminal Responsibility and Neuroscience: No Revolution Yet." Frontiers in Psychology 10 (June 27, 2019). https://doi.org/10.3389/fpsyg.2019.01406.

20. Serra, Daniel. "Decision-Making: From Neuroscience to Neuroeconomics—an Overview." Theory and Decision 91, no. 1 (June 2021). https://doi.org/10.1007/s11238-021-09830-3.

21. Cave, Stephen. Immortality: The Quest to Live Forever and How It Drives Civilisation. London: Biteback, 2013.《불멸에 관하여》, 엘도라도

22. 2045.com. "2045 Initiative." Accessed July 6, 2022. http://2045.com/.

23. Wilson, Timothy D. Strangers to Ourselves. Cambridge, MA: Harvard University Press, 2004.《나는 왜 내가 낯설까》, 부글북스

24. Lewicki, Pawel, Maria Czyzewska, and Hunter Hoffman. "Unconscious Acquisition of Complex Procedural Knowledge." Journal of Experimental Psychology: Learning, Memory, and Cognition 13, no. 4 (1987): 523–30. https://doi.org/10.1037/0278-7393.13.4.523.

25. Stadler, Michael A. "On Learning Complex Procedural Knowledge." Journal of Experimental Psychology: Learning, Memory, and Cognition 15, no. 6 (1989): 1061–69. https://doi.org/10.1037/0278-7393.15.6.1061

26. Hume, David. A Treatise of Human Nature. Mineola, NY: Dover, 2003.《인간 본성에 관한 논고》, 살림

27. Schacter, Daniel L., Kenneth A. Norman, and Wilma Koutstaal. "The Cognitive Neuroscience of Constructive Memory." Annual Review of Psychology 49, no. 1 (February 1998): 289–318. https://doi.org/10.1146/annurev.psych.49.1.289.

28. Zacks, Jeffrey M., Matthew A. Bezdek, and Garrett E. Cunning-

ham. "Knowledge and the Reliability of Constructive Memory." Memory 30, no. 1 (January 2021): 1–4. https://doi.org/10.1080/09658211.2020.1871022.

29. Cohen, Lizabeth. "A Consumers' Republic: The Politics of Mass Consumption in Postwar America." Journal of Consumer Research 31, no. 1 (2004): 236–39. https://doi.org/10.1086/383439.

30. McWilliams, John C. The 1960s Cultural Revolution: A Reference Guide. Santa Barbara, CA: ABC-CLIO, 2020.

31. Kripal, Jeffrey J. Esalen: America and the Religion of No Religion. Chicago: University of Chicago Press, 2008.

32. Emerson, Ralph Waldo. The Essential Writings of Ralph Waldo Emerson. New York: Modern Library, 2000.

33. Rousseau, Jean-Jacques. The Social Contract and Other Later Political Writings. Cambridge: Cambridge University Press, 2018. 《사회계약론》, 펭귄클래식코리아

34. Berlin, Isaiah. The Crooked Timber of Humanity: Chapters in the History of Ideas. Princeton, NJ: Princeton University Press, 2013.

35. Berlin, Isaiah, and Henry Hardy. Freedom and Its Betrayal: Six Enemies of Human Liberty. Princeton, NJ: Princeton University Press, 2014.

36. Aquino, Karl, and Americus Reed. "The Self-Importance of Moral Identity." Journal of Personality and Social Psychology

83, no. 6 (2002): 1423–40. https://doi.org/10.1037/0022–3514.83.6.1423.

37. De Freitas, Julian, Mina Cikara, Igor Grossmann, and Rebecca Schlegel. "Moral Goodness Is the Essence of Personal Identity." Trends in Cognitive Sciences 22, no. 9 (September 2018): 739–40. https://doi.org/10.1016/j.tics.2018.05.006.

38. De Freitas, Julian, and Mina Cikara. "Deep Down My Enemy Is Good: Thinking about the True Self Reduces Intergroup Bias." Journal of Experimental Social Psychology 74 (January 2018): 307–16. https://doi.org/10.1016/j.jesp.2017.10.006.

39. Haslam, Nick. "Dehumanization: An integrative review." Personality and Social Psychology Review 10, no. 3 (2006): 252–64.

40. Bastian, Brock, and Nick Haslam. "Excluded from Humanity: The Dehumanizing Effects of Social Ostracism." Journal of Experimental Social Psychology 46, no. 1 (January 2010): 107–13.

41. Bastian, Brock, and Nick Haslam. "Experiencing Dehumanization: Cognitive and Emotional Effects of Everyday Dehumanization." Basic and Applied Social Psychology 33, no. 4 (October 2011): 295–303. https://doi.org/10.1080/01973533.2011.614132.

3장. 자유의지는 어디까지 가능한가?

1. MacCallum, Gerald C. "Negative and Positive Freedom." Phil-

osophical Review 76, no. 3 (July 1967): 312–34. https://doi.org/10.2307/2183622.

2. American Civil Liberties Union of New York. "Stop-and-Frisk in the De Blasio Era (2019)." Accessed July 7, 2022. https://www.nyclu.org/en/publications/stop-and-frisk-de-blasio-era-2019.

3. Sidanius, Jim, and Felicia Pratto. Social Dominance: An Intergroup Theory of Social Hierarchy and Oppression. Cambridge: Cambridge University Press, 1999.

4. Raven, Bertram H. "The Bases of Power and the Power/Interaction Model of Interpersonal Influence." Analyses of Social Issues and Public Policy 8, no. 1 (September 15, 2008): 1–22. https://doi.org/10.1111/j.1530–2415.2008.00159.x.

5. Pelley, Virginia. "Love Has Lost." Marie Claire, September 7, 2021. https://www.marieclaire.com/culture/a37417778/love-has-won-cult-amy-carlson-stroud-death/.

6. Moyer, Christopher. "From 'Mother God' to Mummified Corpse: Inside the Fringe Spiritual Sect 'Love Has Won.'" Rolling Stone, November 26, 2021. https://www.rollingstone.com/culture/culture-features/love-has-won-amy-carlson-mother-god-1254916/.

7. Young, Harvey. "The Black Body as Souvenir in American Lynching." Theatre Journal 57, no.4 (2005): 639–57. https://doi.org/10.1353/tj.2006.0054.

8. Wengrow, David. The Dawn of Everything: A New History of Humanity. London: Allen Lane, 2021.

9. Young, Harvey. "The Black Body as Souvenir in American Lynching." Theatre Journal 57, no. 4 (2005): 639–57. https://doi.org/10.1353/tj.2006.0054.

10. Christy, Andrew G., Elizabeth Seto, Rebecca J. Schlegel, Matthew Vess, and Joshua A. Hicks. "Straying from the Righteous Path and from Ourselves." Personality and Social Psychology Bulletin 42, no. 11 (September 28, 2016): 1538–50. https://doi.org/10.1177/0146167216665095.

11. Ochs, Elinor, and Lisa Capps. "Narrating the Self." Annual Review of Anthropology 25, no. 1 (October 21, 1996): 19–43. https://doi.org/10.1146/annurev.anthro.25.1.19.

12. Berent, Iris, and Melanie Platt. "The True 'Me'—Mind or Body?" Journal of Experimental Social Psychology 93 (March 2021): 104100. https://doi.org/10.1016/j.jesp.2020.104100.

13. Engs, Ruth, and David J. Hanson. "Reactance Theory: A Test with Collegiate Drinking." Psychological Reports 64, no. 3_suppl (June 1989): 1083–86. https://doi.org/10.2466/pr0.1989.64.3c.1083.

2부: 당신과 그들

4장. 관계는 우리를 안아주는가, 구속하는가?

1. Bastian, Brock, and Nick Haslam. "Excluded from humanity: The dehumanizing effects of social ostracism." Journal of Experi-

mental Social Psychology 46, no. 1 (2010): 107–13.

2. Williams, Kipling D., Christopher K. T. Cheung, and Wilma Choi. "Cyberostracism: Effects of Being Ignored over the Internet." Journal of Personality and Social Psychology 79, no. 5 (2000): 748–62. https://doi.org/10.1037/0022-3514.79.5.748.

3. Higgins, E. Tory, Maya Rossignac-Milon, and Gerald Echterhoff. "Shared reality: From sharing-is-believing to merging minds." Current Directions in Psychological Science 30, no. 2 (2021): 103–10.

4. Tiedens, Larissa Z., and Alison R. Fragale. "Power Moves: Complementarity in Dominant and Submissive Nonverbal Behavior." Journal of Personality and Social Psychology 84, no. 3 (2003): 558–68. https://doi.org/10.1037/0022-3514.84.3.558

5. Baaren, Rick B. van, William W. Maddux, Tanya L. Chartrand, Cris de Bouter, and Ad van Knippenberg. "It Takes Two to Mimic: Behavioral Consequences of Self-Construals." Journal of Personality and Social Psychology 84, no. 5 (2003): 1093–1102. https://doi.org/10.1037/0022-3514.84.5.1093.

6. Chartrand, Tanya L., and Jessica L. Lakin. "The Antecedents and Consequences of Human Behavioral Mimicry." Annual Review of Psychology 64, no. 1 (January 3, 2013): 285–308. https://doi.org/10.1146/annurev-psych-113011-143754.

7. Lowery, Brian S., Curtis D. Hardin, and Stacey Sinclair. "Social Influence Effects on Automatic Racial Prejudice." Journal of Per-

sonality and Social Psychology 81, no. 5 (2001): 842–55. https://doi.org/10.1037/0022–3514.81.5.842.

8. Rossignac-Milon, Maya, and E. Tory Higgins. "Epistemic Companions: Shared Reality Development in Close Relationships." Current Opinion in Psychology 23 (October 2018): 66–71. https://doi.org/10.1016/j.copsyc.2018.01.001.

9. Echterhoff, Gerald, E. Tory Higgins, and Stephan Groll. "Audience-Tuning Effects on Memory: The Role of Shared Reality." Journal of Personality and Social Psychology 89, no. 3 (2005): 257–76. https://doi.org/10.1037/0022–3514.89.3.257.

10. Chartrand, Tanya L., Amy N. Dalton, and Gavan J. Fitzsimons. "Nonconscious Relationship Reactance: When Significant Others Prime Opposing Goals." Journal of Experimental Social Psychology 43, no. 5 (September 2007): 719–26. https://doi.org/10.1016/j.jesp.2006.08.003.

5장. 자아 구축: 타인은 어떻게 나를 만드는가?

1. Aron, Arthur, Elaine N. Aron, Michael Tudor, and Greg Nelson. "Close Relationships as Including Other in the Self." Journal of Personality and Social Psychology 60, no. 2 (1991): 241–53. https://doi.org/10.1037/0022–3514.60.2.241.

2. Aron, A., et al. "Including Close Others in the Cognitive Structure of the Self." In Interpersonal Cognition (New York: Guil-

ford Press, 2005), pp. 206–32.

3. Aron, Arthur, Tracy McLaughlin-Volpe, Debra Mashek, Gary Lewandowski, Stephen C. Wright, and Elaine N. Aron. "Including Others in the Self." European Review of Social Psychology 15, no. 1 (January 2004): 101–32. https://doi.org/10.1080/10463280440000008.

4. Pollack, Eileen. The Only Woman in the Room: Why Science Is Still a Boys' Club. Boston: Beacon, 2016.《평행 우주 속의 소녀》, 이새

5. Chartrand, Tanya L., Amy N. Dalton, and Gavan J. Fitzsimons. "Nonconscious relationship reactance: When significant others prime opposing goals." Journal of Experimental Social Psychology 43, no. 5 (2007): 719–26.

6. Hardin, Curtis D., and E. Tory Higgins. "Shared reality: How social verification makes the subjective objective." (1996).

7. Sherif, M. "A Study of Some Social Factors in Perception." Archives of Psychology 187, no. 60 (1935).

8. Sinclair, Stacey, Elizabeth Dunn, and Brian Lowery. "The Relationship between Parental Racial Attitudes and Children's Implicit Prejudice." Journal of Experimental Social Psychology 41, no. 3 (May 2005): 283–89. https://doi.org/10.1016/j.jesp.2004.06.003.

9. Tesser, A. "Toward a self-evaluation maintenance model of social behavior." Advances in Experimental Social Psychology 21

(1988): 181–227.

10. Festinger, Leon. "A Theory of Social Comparison Process-es." Human Relations 7, no. 2 (1954): 117–40. https://doi. org/10.1177/001872675400700202.

11. Eibach, Richard P., and Steven E. Mock. "Idealizing Parent-hood to Rationalize Parental Investments." Psychological Science 22, no. 2 (January 18, 2011): 203–8. https://doi. org/10.1177/0956797610397057.

6장. 개인은 언제 '우리'가 되는가?

1. Brewer, Marilynn B., and Wendi Gardner. "Who Is This 'We'? Levels of Collective Identity and Self Representations." Journal of Personality and Social Psychology 71, no. 1 (1996): 83–93. https://doi.org/10.1037/0022–3514.71.1.83.

2. Hogg, Michael A., and Mark J. Rinella. "Social Identities and Shared Realities." Current Opinion in Psychology 23 (October 2018): 6–10. https://doi.org/10.1016/j.copsyc.2017.10.003.

3. Hogg, M. A. "Uncertainty-identity theory." Advances in Experi-mental Social Psychology 39 (2007): 69–126.

4. Iyengar, Shanto, Yphtach Lelkes, Matthew Levendusky, Neil Malhotra, and Sean J. Westwood. "The Origins and Consequenc-es of Affective Polarization in the United States." Annual Review of Political Science 22, no. 1 (December 10, 2018). https://doi.

org/10.1146/annurev-polisci-051117–073034.

5. Wilkerson, Isabel. Caste: The Origins of Our Discontents. Random House: NY, 2020. 《카스트》, 알에이치코리아

6. PARENTS INVOLVED IN COMMUNITY SCHOOLS v. SEATTLE SCHOOL DIST. NO. 1. 551 U.S. 701 (2007).

7. McPherson, Miller, Lynn Smith-Lovin, and James M. Cook. "Birds of a Feather: Homophily in Social Networks." Annual Review of Sociology 27, no. 1 (August 2001): 415–44. https://doi.org/10.1146/annurev.soc.27.1.415.

8. Taylor, Shelley E., Susan T. Fiske, Nancy L. Etcoff, and Audrey J. Ruderman. "Categorical and Contextual Bases of Person Memory and Stereotyping." Journal of Personality and Social Psychology 36, no. 7 (1978): 778–93. https://doi.org/10.1037/0022–3514.36.7.778.

9. Fiske, S. T., and S. L. Neuberg. "A Continuum of Impression Formation, from Category-Based to Individuating Processes: Influences of Information and Motivation on Attention and Interpretation." Advances in Experimental Social Psychology 23 (1990).

10. Haslam, Nick, Louis Rothschild, and Donald Ernst. "Essentialist beliefs about social categories." British Journal of Social Psychology 39, no. 1 (2000): 113–27.

11. Prentice, Deborah A., and Dale T. Miller. "Psychological essentialism of human categories." Current Directions in Psychologi-

cal Science 16, no. 4 (2007): 202–6.

12. Byrd, W. Carson, and Victor E. Ray. "Ultimate Attribution in the Genetic Era." The Annals of the American Academy of Political and Social Science 661, no. 1 (August 10, 2015): 212–35. https://doi.org/10.1177/0002716215587887.

13. Hewstone, Miles. "The 'Ultimate Attribution Error'? A Review of the Literature on Intergroup Causal Attribution." European Journal of Social Psychology 20, no. 4 (July 1990): 311–35. https://doi.org/10.1002/ejsp.2420200404.

14. Bolland, O. Nigel, and Orlando Patterson. "Slavery and Social Death: A Comparative Study." Ethnohistory 33, no. 2 (1986): 248. https://doi.org/10.2307/481796.

15. Harth, Nicole Syringa, Thomas Kessler, and Colin Wayne Leach. "Advantaged Group's Emotional Reactions to Intergroup Inequality: The Dynamics of Pride, Guilt, and Sympathy." Personality and Social Psychology Bulletin 34, no. 1 (January 2008): 115–29. https://doi.org/10.1177/0146167207309193.

16. Welten, Stephanie C. M., Marcel Zeelenberg, and Seger M. Breugelmans. "Vicarious Shame." Cognition & Emotion 26, no. 5 (August 2012): 836–46. https://doi.org/10.1080/02699931.2011.625400.

17. Lickel, Brian, Toni Schmader, Mathew Curtis, Marchelle Scarnier, and Daniel R. Ames. "Vicarious Shame and Guilt." Group Processes & Intergroup Relations 8, no. 2 (April 2005): 145–57.

https://doi.org/10.1177/1368430205051064.

18. Phillips, L. Taylor, and Brian S. Lowery. "The Hard-Knock Life? Whites Claim Hardships in Response to Racial Inequity." Journal of Experimental Social Psychology 61 (November 2015): 12–18. https://doi.org/10.1016/j.jesp.2015.06.008.

19. Phillips, L. Taylor, and Brian S. Lowery. "I Ain't No Fortunate One: On the Motivated Denial of Class and Race Privilege." Academy of Management Proceedings, no. 1 (January 2015): 19158. https://doi.org/10.5465/ambpp.2015.19158abstract.

20. Harris, Cheryl I. "Whiteness as Property." Harvard Law Review106, no. 8 (June 1993): 1707–91. https://doi.org/10.2307/1341787.

21. López, Ian Haney. White by Law: The Legal Construction of Race. New York: New York University Press, 2006.

22. Painter, Nell Irvin. The History of White People. New York: Norton, 2011.《백인의 역사》, 해리북스

23. Fry, Peter. "Politics, nationality, and the meanings of 'race' in Brazil." Daedalus 129, no. 2 (2000): 83–118.

24. Tilley, Chloe. "Halle Berry: 'My daughter is black.'" BBC, February 10, 2011. https://www.bbc.co.uk/blogs/worldhaveyoursay/2011/02/halle_berry_my_daughter_is_bla.html.

25. Dolezal, Rachel, and Storms Reback. In Full Color: Finding My Place in a Black and White World. Dallas: Benbella Books, 2017.

26. St. Félix, Doreen. "'The Rachel Divide' Review: A Disturbing

Portrait of Dolezal's Racial Fraudulence." New Yorker, April 26, 2018.

27. Tuvel, Rebecca. "In Defense of Transracialism." Hypatia 32, no. 2 (March 29, 2017): 263–78. https://doi.org/10.1111/hypa.12327.

28. Mandalaywala, Tara M., Gabrielle Ranger-Murdock, David M. Amodio, and Marjorie Rhodes. "The Nature and Consequences of Essentialist Beliefs about Race in Early Childhood." Child Development 90, no. 4 (January 23, 2018): e437–53. https://doi. org/10.1111/cdev.13008.

29. Mancini, Olivia. "Passing as White: Anita Hemmings 1897." Vassar: The Alumnae/i Quarterly 98, no. 1 (Winter 2001). https:// www.vassar.edu/vq/issues/2002/01/features/passing-as-white. html:~:text=%22She%20has%20a%20clear%20olive,pro-nounced%20brunette%20of%20white%20race.%22.

30. Nelson, Maggie. On Freedom: Four Songs of Care and Constraint. London: Vintage Books, 2022.

31. Morrison, Toni. Playing in the Dark: Whiteness and the Literary Imagination. New York: Vintage, 1992.

32. Mailer, Norman. The White Negro. San Francisco: City Lights Books, 1972.

33. Gelman, S. "Psychological Essentialism in Children." Trends in Cognitive Sciences 8, no. 9 (September 2004): 404–9. https:// doi.org/10.1016/j.tics.2004.07.001.

34. Medin, Douglas L., and Andrew Ortony. "Psychological essen-

tialism." Similarity and Analogical Reasoning 179 (1989): 195.

35. "AncestryDNA Winter Sale," iSpot.tv, 0:28, published by AncestryDNA, February 8, 2018. https://www.ispot.tv/ad/weoJ/ancestrydna-winter-sale-greatness.

36. Gould, Stephen Jay. The Mismeasure of Man. New York: Norton, 1981. 《인간에 대한 오해》, 사회평론

37. Wu, Ellen D. "The color of success." In The Color of Success. Princeton, NJ: Princeton University Press, 2013.

38. Laqueur, Thomas. Making Sex: Body and Gender from the Greeks to Freud. Cambridge, MA: Harvard University Press, 1992. 《섹스의 역사》, 황금가지

39. Jackman, Mary R. The Velvet Glove: Paternalism and Conflict in Gender, Class, and Race Relations. Berkeley, CA: University of California Press, 1994.

40. Graham, Sandra, and Brian S. Lowery. "Priming unconscious racial stereotypes about adolescent offenders." Law and Human Behavior 28, no. 5 (2004): 483–504.

41. Rattan, Aneeta, Cynthia S. Levine, Carol S. Dweck, and Jennifer L. Eberhardt. "Race and the fragility of the legal distinction between juveniles and adults." PLOS One 7, no. 5 (2012): e36680.

42. Dolezal, Rachel, and Storms Reback. In Full Color: Finding My Place in a Black and White World. Dallas: Benbella Books, 2017.

43. Schmitt, Michael T., Russell Spears, and Nyla R. Branscombe. "Constructing a Minority Group Identity Out of Shared Rejec-

tion: The Case of International Students." European Journal of Social Psychology 33, no. 1 (January 2003): 1–12. https://doi.org/10.1002/ejsp.131.

44. Eshraghi, Adrien A., Ronen Nazarian, Fred F. Telischi, Suhrud M. Rajguru, Eric Truy, and Chhavi Gupta. "The Cochlear Implant: Historical Aspects and Future Prospects." The Anatomical Record: Advances in Integrative Anatomy and Evolutionary Biology 295, no. 11 (October 8, 2012): 1967–80. https://doi.org/10.1002/ar.22580.

45. AudismFreeAmerica. "NAD's 1991 Position Statement on Cochlear Implants." Blogspot.com, 2009. http://audismfreeamerica.blogspot.com/2009/06/nads-1991-position-statement-on.html.

46. Bourdieu, Pierre. Outline of a Theory of Practice. Cambridge: Cambridge University Press, 1977.

47. Appiah, Kwame Anthony. Lies That Bind: Rethinking Identity. New York: Liveright, 2019.

48. Bouterse, Leah, and Cara Wall-Scheffler. "Children are not like other loads: A cross-cultural perspective on the influence of burdens and companionship on human walking." PeerJ 6 (2018): e5547.

49. Wu, Peixia, Clyde C. Robinson, Chongming Yang, Craig H. Hart, Susanne F. Olsen, Christin L. Porter, Shenghua Jin, Jianzhong Wo, and Xinzi Wu. "Similarities and Differences in Mothers'

Parenting of Preschoolers in China and the United States." International Journal of Behavioral Development 26, no. 6 (November 2002): 481–91. https://doi.org/10.1080/01650250143000436.

50. Jetten, Jolanda, Nyla R. Branscombe, S. Alexander Haslam, Catherine Haslam, Tegan Cruwys, Janelle M. Jones, Lijuan Cui, et al. "Having a Lot of a Good Thing: Multiple Important Group Memberships as a Source of Self-Esteem." Edited by Tom Denson. PLOS One 10, no. 5 (May 27, 2015): e0124609. https://doi.org/10.1371/journal.pone.0124609.

7장. 내 선택은 내 것인가?

1. Honey, Michael K. Going Down Jericho Road: The Memphis Strike, Martin Luther King's Last Campaign. New York: Norton, 2008.

2. J. K. Rowling, Twitter, @jk_rowling, 3:02pm, 4:09pm, 4:16pm, June 6, 2020.

3. Martin, A. E. (forthcoming). "Gender Relativism: How Context Shapes What Is Seen as Male and Female." Journal of Experimental Psychology: General.

4. Anderson, Benedict. Imagined Communities: Reflections on the Origin and Spread of Nationalism. London and New York: Verso, 1983.《상상된 공동체》, 길

5. Seton-Watson, Hugh. Nations and States: An Enquiry into the

Origins of Nations and the Politics of Nationalism. London: Routledge, 2020.

6.   Wimmer, Andreas, and Yuval Feinstein. "The Rise of the Nation-State across the World, 1816 to 2001." American Sociological Review 75, no. 5 (October 2010): 764–90. https://doi.org/10.1177/0003122410382639.

7.   Hobsbawm, Eric J. Nations and Nationalism since 1780: Programme, Myth, Reality. Cambridge: Cambridge University Press, 1992.《1780년 이후의 민족과 민족주의》, 창비

8.   Wilkins, Clara L., Cheryl R. Kaiser, and Heather Rieck. "Detecting Racial Identification: The Role of Phenotypic Prototypicality." Journal of Experimental Social Psychology 46, no. 6 (November 2010): 1029–34. https://doi.org/10.1016/j.jesp.2010.05.017.

9.   Xiao, Vivian L., Brian S. Lowery, and Amelia Stillwell. "Gender Backlash and the Moderating Role of Shared Racial Group Membership." Personality and Social Psychology Bulletin (February 21, 2022): 014616722210745. https://doi.org/10.1177/01461672221074543.

10.   Dunbar, Adam, Charis E. Kubrin, and Nicholas Scurich. "The threatening nature of 'rap' music." Psychology, Public Policy, and Law 22, no. 3 (2016): 280.

11.   Lips, H. M. "Women Across Cultures: Common Issues, Varied Experiences." https://www.cambridge.org/core/elements/abs/women-across-cultures/92B716F9C0DBF-

FA52B41056305AED048.

12. Hogg, Michael A., and Mark J. Rinella. "Social identities and shared realities." Current Opinion in Psychology 23 (2018): 6–10.

13. Appiah, Kwame Anthony. Lies That Bind: Rethinking Identity. New York: Liveright, 2019.

14. Brown, Judith K. "A Cross-Cultural Study of Female Initiation Rites." American Anthropologist 65, no. 4 (August 1963): 837–53. https://doi.org/10.1525/aa.1963.65.4.02a00040.

15. Docter, Richard F. From Man to Woman: The Transgender Journey of Virginia Prince. Northridge, CA: Docter Press, 2004.

8장. 자아 다시 쓰기: 변하는 나, 지속되는 나

1. Tsugawa, S., and H. Ohsaki. "Negative Messages Spread Rapidly and Widely on Social Media." Computer Science, Proceedings of the 2015 ACM Conference on Social Networks.

2. Cinelli, Matteo, Gianmarco De Francisci Morales, Alessandro Galeazzi, Walter Quattrociocchi, and Michele Starnini. "The echo chamber effect on social media." Proceedings of the National Academy of Sciences 118, no. 9 (February 23, 2021). https://www.pnas.org/doi/10.1073/pnas.2023301118.

3. Del Vicario, Michela, Alessandro Bessi, Fabiana Zollo, Fabio Petroni, Antonio Scala, Guido Caldarelli, H. Eugene Stanley, and Walter Quattrociocchi. "The Spreading of Misinformation

Online." Proceedings of the National Academy of Sciences 113, no. 3 (January 4, 2016): 554–59. https://doi.org/10.1073/pnas.1517441113.

4. Cinelli, Matteo, Gianmarco De Francisci Morales, Alessandro Galeazzi, Walter Quattrociocchi, and Michele Starnini. "The echo chamber effect on social media." Proceedings of the National Academy of Sciences 118, no. 9 (February 23, 2021). https://doi.org/10.1073/pnas.2023301118.

5. Basbanes, Nicholas A. On Paper: The Everything of Its Two-Thousand-Year History. New York: Vintage, 2014.《종이의 역사》, 21세기북스

6. Rosenfeld, Michael J., Reuben J. Thomas, and Sonia Hausen. "Disintermediating Your Friends: How Online Dating in the United States Displaces Other Ways of Meeting." Proceedings of the National Academy of Sciences 116, no. 36 (August 20, 2019): 201908630. https://doi.org/10.1073/pnas.1908630116.

7. Swisher, Kara. "Serving as An Agent of Change." Washington Post, February 12, 1996.

8. Lloyd, Emily. "This Bridge Called My Mac: Lesbian Feminist Politics on the Internet." Off Our Backs 25, no. 1 (1995): 12–13.

9. Proust, Marcel. In Search of Lost Time. Edited by William C. Carter. Translated by C. K. Scott-Moncrieff. New Haven, CT: Yale University Press, 2013.《잃어버린 시간을 찾아서》, 민음사

10. Eakin, Paul John. Fictions in Autobiography: Studies in the Art

of Self-Invention. Princeton, NJ: Princeton University Press, 2016

11. Kassin, Saul M., and Katherine L. Kiechel. "The Social Psychology of False Confessions: Compliance, Internalization, and Confabulation." Psychological Science 7, no. 3 (May 1996): 125–28. https://doi.org/10.1111/j.1467–9280.1996.tb00344.x.

12. Golding, Jonathan M., and Colin M. Macleod. Intentional Forgetting: Interdisciplinary Approaches. Mahwah, NJ: Erlbaum, 1998

13. Schwartz, Barry. The Paradox of Choice: Why More Is Less. New York: Ecco, 2016.《선택의 심리학》, 웅진지식하우스

14. Hunter, Dard. Papermaking: The History and Technique of an Ancient Craft. New York: Dover, 1978.

15. Kurlansky, Mark. Paging through History. New York: Norton, 2016

16. Kurlansky, Mark. Paging through History. New York: Norton, 2016.

17. Weber, Max, David S. Owen, and Tracy B. Strong. The Vocation Lectures. Indianapolis, IN: Hackett, 2004.

18. Michael J. Bowers, Attorney General of Georgia v. Michael Hardwick, and John and Mary Doe, 478 U.S. 186 (1986).

19. Acemoglu, Daron, and James A. Robinson. Why Nations Fail: The Origins of Power, Prosperity and Poverty. London: Profile Books, 2012.《국가는 왜 실패하는가》, 시공사

20. Kessler, Friedrich. "Contracts of Adhesion—Some Thoughts about Freedom of Contract." Columbia Law Review 43, no. 5 (July 1943): 629. https://doi.org/10.2307/1117230.

21. Calhoun, Craig. "Nationalism and Ethnicity." Annual Review of Sociology 19 (August 1993): 211–39. https://doi.org/10.1146/annurev.so.19.080193.001235.

22. Sidanius, James, and Felicia Pratto. Social Dominance: An Intergroup Theory of Social Hierarchy and Oppression. Cambridge: Cambridge University Press, 1999.

23. Calhoun, Craig. "Nationalism and Ethnicity." Annual Review of Sociology 19 (August 1993): 211–39. https://doi.org/10.1146/annurev.so.19.080193.001235.

24. Fossen, Thomas. "Political Legitimacy as an Existential Predicament." Political Theory (October 5, 2021): 009059172110478. https://doi.org/10.1177/00905917211047842.

25. Lipset, Seymour Martin. "Some Social Requisites of Democracy: Economic Development and Political Legitimacy." American Political Science Review 53, no. 1 (1959): 69–105.

26. Tyler, Tom R. "Psychological Perspectives on Legitimacy and Legitimation." Annual Review of Psychology 57, no. 1 (January 2006): 375–400. https://doi.org/10.1146/annurev.psych.57.102904.190038.

27. Devos, T., and M. R. Baanaaji. "American = White?" Journal of Personality and Social Psychology 88, no. 3 (2005): 447–66.

28. Mosse, George L. "Racism and Nationalism." Nations and Nationalism 1, no. 2 (July 1995): 163–73. https://doi.org/10.1111/j.1354–5078.1995.00163.x.

29. Mills, Alison. "The Color of Law: A Forgotten History of How Our Government Segregated America." Berkeley Planning Journal 29, no. 1 (March 27, 2018). https://doi.org/10.5070/bp329138440.

30. Massey, Douglas S., and Nancy A. Denton. American Apartheid: Segregation and the Making of the Underclass. Cambridge, MA: Harvard University Press, 2003.

31. Phillips, L. Taylor, and Brian S. Lowery. "I Ain't No Fortunate One: On the Motivated Denial of Class Privilege." Journal of Personality and Social Psychology (June 18, 2020). https://doi.org/10.1037/pspi0000240.

32. Unzueta, Miguel M., Brian S. Lowery, and Eric D. Knowles. "How Believing in Affirmative Action Quotas Protects White Men's Self-Esteem." Organizational Behavior and Human Decision Processes 105, no. 1 (January 2008): 1–13. https://doi.org/10.1016/j.obhdp.2007.05.001.

3부: 당신과 모든 것

9장. 삶의 의미는 어디에서 오는가?

1. Sartre, Jean-Paul. No Exit and Three Other Plays. New York: Vintage Books, 1957.

2. Steger, M. F. "Experiencing meaning in life: Optimal functioning at the nexus of well-being, psychopathology, and spirituality." In P. T. P. Wong (Ed.), The Human Quest for Meaning, 2nd ed., pp. 165–84. New York: Routledge, 2012.

3. King, L. A., J. A. Hicks, J. Krull, and A. K. Gaiso. "Positive affect and the experience of meaning in life." Journal of Personality and Social Psychology 90 (2006): 179–96.

4. King, L. A. "The Commonplace Experience of Meaning in Life." International Journal of Existential Psychology and Psychotherapy 5, no. 1 (2014).

5. Sacks, Oliver. The Man Who Mistook His Wife for a Hat and Other Clinical Tales. Toronto: Knopf Canada, 2021. 《아내를 모자로 착각한 남자》, 알마

6. Frankl, Viktor E. Man's Search for Meaning. 1946. Reprint, Boston: Beacon Press, 2006. 《죽음의 수용소에서》, 청아출판사

7. Festinger, Leon, and James M. Carlsmith. "Cognitive consequences of forced compliance." Journal of Abnormal and Social Psychology 58, no. 2 (1959): 203.

8. Bem, Daryl J. "Self-perception theory." In Advances in Experi-

mental Social Psychology, vol. 6, pp. 1–62. San Diego, CA: Academic Press, 1972.

9. Kundera, Milan. The Unbearable Lightness of Being. New York: Harper & Row, 1985. 《참을 수 없는 존재의 가벼움》, 민음사

10. Nietzsche, Friedrich. The Gay Science. Translated by Thomas Common. Mineola, NY: Dover Philosophical Classics, 2006.

11. King, L. A. "The Commonplace Experience of Meaning in Life." International Journal of Existential Psychology and Psychotherapy 5, no. 1 (2014).

12. Chu, C., and B. S. Lowery. "Perceiving a Stable Self-Concept Enables the Experience of Meaning in Life."

10장. 죽음 이후에도 남는 자아

1. Cave, Stephen. Immortality: The Quest to Live Forever and How It Drives Civilization. New York: Crown, 2012. 《불멸에 관하여》, 엘도라도

2. 2045.com. "2045 Initiative." Accessed July 6, 2022. http://2045.com/.

소셜 셀프

초판 1쇄 인쇄 2026년 3월 25일
초판 1쇄 발행 2026년 4월 8일

지은이 브라이언 로워리
옮긴이 장혜인
펴낸이 고영성

책임편집 김주연   **디자인** 이화연   **저작권** 주민숙

펴낸곳 ㈜상상스퀘어
출판등록 2021년 4월 29일 제2021-000079호
주소 경기도 성남시 분당구 성남대로 52, 그랜드프라자 604호
팩스 02-6499-3031
이메일 publication@sangsangsquare.com
홈페이지 www.sangsangsquare-books.com

ISBN 979-11-94368-96-0 03180

- 상상스퀘어는 출간 도서를 한국작은도서관협회에 기부하고 있습니다.
- 이 책은 저작권법에 따라 보호를 받는 저작물이므로 무단 전재와 복제를 금지하며,
  이 책 내용의 전부 또는 일부를 사용하려면 반드시 저작권자와 상상스퀘어의 서면 동의를 받아야 합니다.
- 파손된 책은 구입하신 서점에서 교환해드리며 책값은 뒤표지에 있습니다.